Hildegard von Bingen

AF195632

Das Buch

Hildegard von Bingen, Klosterfrau im 12. Jahrhundert, gilt als erste Naturärztin. Ihre ganzheitlichen Behandlungsmethoden, ihre Rezepte für ein gesundes Leben, ihr Wissen über die Heilkraft der Edelsteine und ihre Ratschläge zur Selbstbehandlung sind unentbehrliche Leitfäden für den modernen Menschen geworden. Viel wurde bereits über sie geschrieben, doch hat man sie dabei vornehmlich als Heilkundige und Mystikerin dargestellt. Eberhard Horst rückt dieses Bild zurecht: Er zeigt Hildegards Realismus, ihren kritischen Mut im Umgang mit den Kirchenoberen und ihre fast schon sträfliche Kühnheit bei der Blicköffnung auf den ganzen Menschen. Dabei widerlegt er nicht nur bisherige Fehlannahmen über die frühe, in Weltabgewandtheit verbrachte Zeit Hildegards, sondern weist auch nach, daß sie ihre Sehergabe keineswegs mystischem Entrücktsein verdankte, sondern bewußt als einen Zustand gesteigerter Wachheit gestaltete. Gerade in der kritischen Abgrenzung zu den Mystifizierungen Hildegards entsteht so das Porträt einer ebenso mutigen wie faszinierenden Frau, die Irrlehren und Sittenverfall bekämpfte, noch als Siebzigjährige Predigtreisen unternahm und ihre Visionen zu einer geschichtstheologischen Gesamtschau verband.

Der Autor

Eberhard Horst, geboren 1924 in Düsseldorf und wohnhaft in Gröbenzell bei München, hat mehrere erfolgreiche historische Biographien verfaßt und sich dabei unter anderem mit Porträts herausragender Frauengestalten des Mittelalters einen Namen gemacht. Er ist Mitglied des P.E.N. sowie der Europäischen Akademie der Wissenschaften und Künste. Horst wurde mehrfach ausgezeichnet, beispielsweise mit dem Bundesverdienstkreuz.

Eberhard Horst

Hildegard von Bingen

Die Biographie

List Taschenbuch

Besuchen Sie uns im Internet:
www.ullstein.de

Wir verpflichten uns zu Nachhaltigkeit
• Papiere aus nachhaltiger Waldwirtschaft
und anderen kontrollierten Quellen
• ullstein.de/nachhaltigkeit

Ungekürzte Ausgabe im List Taschenbuch
List ist ein Verlag der Ullstein Buchverlage GmbH, Berlin
7. Auflage 2025
© Ullstein Buchverlage GmbH, Friedrichstraße 126, 10117 Berlin 2009
© 2003 by Ullstein Heyne List GmbH & Co. KG
© 2000 by Econ Ullstein List Verlag GmbH & Co. KG, München/Claassen Verlag
Wir behalten uns die Nutzung unserer Inhalte für Text und
Data Mining im Sinne von § 44b UrhG ausdrücklich vor.
Bei Fragen zur Produktsicherheit wenden Sie sich bitte an
produktsicherheit@ullstein.de
Umschlagkonzept: HildenDesign, München – Stefan Hilden
Umschlaggestaltung: Hauptmann und Kampa Werbeagentur, München – Zürich
Titelabbildung: »Hildegards Vision« (Detail), *Liber divinorum operum* (ca. 1230)
Druck und Bindearbeiten: ScandBook, Litauen
ISBN 978-3-548-60208-0

Inhalt

Vorwort	7
ERSTER TEIL Die Berufung	11
1. Von Kindheit an	13
2. Auf dem Disibodenberg	22
3. Die Welt draußen	30
4. Schreibe, was du siehst und hörst	39
5. Gerufen aus der Verborgenheit	48
ZWEITER TEIL Die Äbtissin	57
6. Klosterleben	59
7. Richardis von Stade	69
8. Eine himmlische Symphonie	76
9. Heilkräfte der Natur	86
10. Charismatisches Heilwissen	97
DRITTER TEIL Öffnung zur Welt	109
11. Die Äbtissin und der Kaiser	111
12. Das Schisma	119
13. Elisabeth von Schönau	126
14. Der Mensch in der Verantwortung	134
VIERTER TEIL Unerschrockene Predigerin	143
15. Erste Predigtreisen	145
16. Gegen die Katharer	152
17. Die Briefschreiberin	158
18. Die Klostergründerin	165

FÜNFTER TEIL Die vollendete Welt	171
19. Welt und Mensch	173
20. Die Unbekannte Sprache	180
21. Volmars Nachfolger	187
22. Das Interdikt	198
23. Vollendeter Lebenslauf	206
24. Über den Tod hinaus	213
ANHANG	225
Zeittafel	227
Anmerkungen	230
Ausgewählte Bibliographie	263

Vorwort

Ein letztgeborenes Mädchen im Jugendalter der klösterlichen Obhut zu übergeben, war nichts Außergewöhnliches. Auch nicht eine lange, mehr als drei Jahrzehnte währende Zeit der Stille, des Heranwachsens als Klausnerin, als Inklusin im frühen 12. Jahrhundert. Ein zeitgemäßes Klosterleben nach der Regel des heiligen Benedikt schien der jungen adligen Hildegard vorbestimmt, wäre ihr nicht in ihrem 43. Lebensjahr ein zweites Leben aufgetragen worden. Ein Leben als Seherin, als Schauende und Prophetin, die niederschrieb, was sie »aus himmlischer Eingebung« empfing. Der Beginn ist ihr so wichtig, daß sie wie nirgendwo sonst in ihren Schriften ihr genaues Alter festhält: »42 Jahre und 7 Monate«.

Von nun an, innerhalb eines Jahrzehnts, entstand die Niederschrift dessen, was die Seherin in ihrer ersten großen *Schau-Periode* »sah und hörte« und *Scivias* nannte, »Wisse die Wege«. Aber zur selben Zeit beginnt ihr der Öffentlichkeit zugewandtes Leben. In der ihr eigenen resoluten Bewußtheit verwirklicht sie ihre nach innen gekehrte wie nach außen wirksame Berufung.

Ein beispielloser Vorgang. Die zur Einkehr, zu ihren Visionen berufene Klosterfrau Hildegard wird zugleich und keineswegs mit geringerer Intensität zur Ärztin und Naturkundigen, zur Dichterin und Komponistin, zur Volkspredigerin, die noch als Siebzigjährige Predigtreisen unternimmt. Sie korrespondiert mit den Großen ihrer Zeit, den Herrschern und Kirchenfürsten, bekämpft Irrlehren und Sittenverfall, zumal unter den Klerikern.

Im Zeitalter Friedrich Barbarossas, der Auseinandersetzungen zwischen Kaiser und Papst, in einer von religiöser Sehnsucht und weltlicher Angst geschüttelten Zeit, drängt sie zur Reform, verbinden sich ihre Visionen zu einer geschichtstheologischen Gesamtschau. Sie besteht auf dem übergeordneten Zusammenhang der geschaffenen Welt und des Menschen, seiner Verantwortung und Verbundenheit mit dem Weltganzen. Hat doch Gott »die Gestalt des Menschen nach dem Bauwerk des Weltgefüges, nach dem Kosmos gebildet, so wie ein Künstler seine Formen hat, nach denen er seine Gefäße macht«. Und in zeitübergreifender Erkenntnis sieht Hildegard »jedes Geschöpf mit einem anderen verbunden, und jedes Wesen wird durch ein anderes gehalten«.

Zeitgebunden ist die Sprache Hildegards wie ihr Bilderreichtum. Das erschwert dem heutigen Leser die Lektüre ihrer Schriften. Sie ist keine geschulte Denkerin, ebenbürtig den zeitgenössischen Scholastikern. Nicht das begriffliche Denken, sondern das Schauen und Mitteilen von Bildern entspricht ihrer eigentümlichen Fähigkeit. Ihre Ausdrucksweise ist eigenwillig, poetisch, nicht selten faszinierend selbst bei theologisch relevanten Aussagen.

Um so erstaunlicher ist ihre unbeirrbare Realitätsbezogenheit: als Klostergründerin und Äbtissin, in ihrem gesamten nach außen gerichteten Handeln, ihrer kirchlich-politischen Engagiertheit, ihren ernüchternd kritischen Briefen, ihrem der Allgemeinheit wie ihrem Konvent verpflichteten Dienst.

Realistisch begreift Hildegard ihr Berufensein zur Seherin, die ihre Schau nicht mystischem Entrücktsein verdankt, sondern gesteigerter Wachheit. Sie gesteht, ihre Geschichte habe sie »nicht im Traum, nicht im Schlaf oder in Verwirrung (empfangen), sondern in wachem Zustand, bei klarem Verstand, durch die Augen und Ohren des inneren Menschen, an zugänglichen Orten, wie Gott es wollte«.

Selbst ihrer charismatischen Heilkunde und deren Anwendung liegt ein unbedingter Realismus zugrunde. Als ihr eine bereits als unheilbar aufgegebene besessene Adlige anvertraut wurde, verzichtet sie auf den üblichen Exorzismus und nimmt sie die adlige Frau zu einer Gemeinschaftstherapie innerhalb ihres Konvents auf, und die Besessene wurde geheilt.

Das Beispiel zeigt Hildegards Befähigung zum Heilen, zeigt aber auch, wie mißverständlich es wäre, ihr heilendes und therapeutisches Wirken modisch zu reduzieren auf eine sogenannte Hildegard-Medizin. Ihr Krankheits- wie ihr Heilwissen stand in der Tradition der Klostermedizin. Jedoch manche der unter ihrem Namen überlieferten Rezepturen sind ungewisser Herkunft, und sie widersprechen nachweislich ihrer Grundauffassung.

In ihrer nie verleugneten Glaubenstreue mischen sich konservative und zeitüberwindende, heute nicht weniger gültige Vorstellungen. Ihrer Zeit voraus erweist sich ihre radikale Anthropozentrik, ihr unbefangener Blick auf den ganzen Menschen. Bewundernswert ist ihre Kühnheit, die Kühnheit einer Klosterfrau des zwölften Jahrhunderts, die das Aufeinanderbezogensein von Mann und Frau hervorhebt und freimütig von der geschlechtlichen Beziehung und Gleichrangigkeit der Geschlechter spricht. »Mann und Frau sind auf eine solche Weise miteinander vermischt, daß einer das Werk des anderen ist.«

In gleicher Weise sieht die Äbtissin Hildegard entgegen jeglicher religiös mißverstandener Herabsetzung der menschlichen Leiblichkeit das Zusammengehörige von Körper und Seele. Kein Thema variiert sie so oft wie eben dieses, wenn auch in der Sprache ihrer Zeit. Nach ihren Worten »besitzt die Seele alles in allem die umarmende Liebe zu ihrem Leibe, mit dem sie am Werk ist«.

Sie war von labiler Gesundheit, oft genug von Krankheiten geplagt. Aber doch durchpulst ihr Leben bis ins hohe Alter eine wiederholt ihre eigenen Kräfte regenerierende Energie. Hildegard kennt und verschweigt nicht das Leid und den Schmerz. Sie schreckt nicht davor zurück, allzu menschliches oder menschenunwürdiges Verhalten, die moralisch wie politisch abgründigen Verhältnisse in ihrer Zeit, wo immer den christlich vorgegebenen Prinzipien Verrat droht, beim Namen zu nennen.

Es waren vor allem ihr realistisch-kritischer Mut und die fast schon sträfliche Kühnheit einer Frau, einer Klosterfrau des 12.

Jahrhunderts, in ihrer Blicköffnung auf den *ganzen* Menschen, die mich drängten, aus meiner Sicht ihre Lebensgeschichte zu schreiben.

Aber ich sehe nicht weniger die Visionärin und Prophetin Hildegard, die dichtende und musizierende Äbtissin und heilskundige Theologin, die nicht müde wird, ihren eigenen wie den Zeitgenossen der kommenden Jahrhunderte vom Zusammenklang der Schöpfung zu sprechen, von der großen Symphonie. »Alles nämlich, was in der Ordnung Gottes steht, antwortet einander. Die Sterne funkeln vom Licht des Mondes, und der Mond leuchtet vom Feuer der Sonne. Jedes Ding dient einem Höheren, und nichts überschreitet sein Maß.«

Erster Teil

Die Berufung

Dem König aber gefiel es, eine kleine
Feder zu berühren, daß sie in Wundern
emporfliege. Und ein starker Wind
trug sie, damit sie nicht sinke.

Hildegard an Papst Eugen III.

1. Von Kindheit an

Die überschaubare Geschichte der heiligen Hildegard nimmt ihren Anfang an einem Herbsttag des Jahres 1106, als die Eltern ihre achtjährige Tochter der Obhut der sechs Jahre älteren Grafentochter Jutta von Sponheim übergaben. Es war nicht ungewöhnlich, ein junges adliges Mädchen einer durch Klugheit und Frömmigkeit ausgewiesenen Lehrmeisterin anzuvertrauen. Von der vierzehnjährigen Jutta heißt es in einem zeitgenössischen Bericht: »Sie war jugendlichen Alters, doch übertraf sie die ältesten Frauen an geistiger Reife.« Schon dies mußte Hildegards Eltern, dem Edelfreien Hildebert von Bermersheim und seiner Frau Mechtild, willkommen gewesen sein. Sie waren der gräflichen Familie von Sponheim freundschaftlich verbunden, kannten Jutta, die dreijährig ihren Vater verloren hatte und von ihrer Mutter »mit großer Liebe« erzogen wurde.

Für das sensible Mädchen Hildegard wird es wichtiger gewesen sein, eine Lehrmeisterin zu finden, die ihren eigenen innersten Wünschen entsprach. Um diese Zeit hatte Jutta bereits vor dem Erzbischof Ruthard von Mainz ihr Gelübde zu einem jungfräulichen Leben abgelegt, »gegen den Willen aller ihrer Verwandten«. Ihr Bruder Meinhard, entsetzt von der Absicht seiner vierzehnjährigen Schwester, zu einer strapaziösen Wallfahrt aufzubrechen, verhinderte dies. Jedoch unterstützte er nach seinen Kräften den konsequent religiösen Lebensplan seiner Schwester.

Diese Zusammenhänge waren den Eltern Hildegards nicht

verborgen geblieben. Es ehrt sie, daß sie dem Drängen ihrer Tochter zu einer religiösen Lerngemeinschaft mit Jutta nachgaben, noch vorklösterlich, aber doch eindeutig in der Zielrichtung auf ein gottgeweihtes Leben. Hildegard war ihr letztgeborenes, ihr zehntes Kind, und vielleicht dachten die frommen Eltern schon jetzt daran, ihre Tochter »gleichsam als ihren *Zehnten*« Gott darzubringen, wie der frühe Chronist Wibert von Gembloux vermutet.

Von den adligen Eltern wissen wir kaum mehr als deren Namen und ihren Stammsitz in Bermersheim, ihrer Gutsherrschaft nördlich von Alzey im geschichtsträchtigen rheinfränkischen Land zwischen Rhein, Mosel und Maas. Überliefert ist lediglich in der von den Mönchen Gottfried und Theoderich teilweise noch zu Lebzeiten Hildegards verfaßten Lebensgeschichte, die Eltern seien »in die Sorgen der Welt verwickelt und mit äußeren Gütern reich gesegnet« gewesen.

Mit Gewißheit entstammte Hildegard einer frommen, im Glauben gefestigten Familie. Drei ihrer Geschwister wählten einen geistlichen Beruf. Ihr Bruder Hugo wurde geistlicher Domkantor und Lehrer an der Domschule von Mainz; ein anderer Bruder, Roricus, amtierte als Kanonikus in Tholey an der Saar, einem der Diakonate des Erzstiftes Trier. Eine Schwester, Clementia, wird später in dem von Hildegard gegründeten Kloster Rupertsberg den Schleier nehmen. Von drei weiteren Schwestern, Irmengard, Odilia und Jutta, ebenso vom ältesten der Brüder, Drutwin, blieben allein die Namen erhalten.

Überliefert ist nicht, wer dem Mädchen Hildegard auf dem Weg vom familiären Herrensitz zur westlich gelegenen Burg Sponheim das Geleit gab. Aber die Begleitung der Familie war selbstverständlich. Von den älteren Geschwistern wird mitgeritten, mitgefahren sein, wer noch nicht in Klausur oder unabkömmlicher Dienstverpflichtung lebte. Der Gutsherr Hildebert von Bermersheim wird seine Tochter zu Pferd begleitet haben. Reiten, mit Pferden wie mit Kühen und ländlichem Getier umgehen konnte auch die Achtjährige, aufgewachsen auf dem väterlichen Gutshof von Bermersheim zwischen Weinbergen, Wäldern und ertragreich bewirtschaftetem Land. Doch eher wird die Mutter darauf bestanden haben, das zarte Mädchen an ihrer Seite im Reisewagen mitzunehmen.

Die Eltern, die ihre jüngste Tochter nach einer späteren Notiz Hildegards »unter Seufzern Gott weihten« und die ihren Entschluß und den Willen Hildegards sicherlich schweren Herzens erfüllten, werden kaum im Eiltempo gereist sein. So wird die wahrscheinlich größere, auch von Dienstleuten begleitete Reisegruppe von Bermersheim bis zum westlich gelegenen Ziel im Hügelland jenseits der Nahe kaum weniger als einen vollen Tag unterwegs gewesen sein.

Verläßliche Hinweise auf Hildegards vorklösterliche Jahre in Gemeinschaft mit Jutta von Sponheim sind spärlich, bis auf den Vermerk, daß Jutta nach ihrer Jungfrauenweihe von der frommen Witwe Uda von Göllheim eine religiöse Erziehung erhielt, an der Hildegard für etwa zwei Jahre teilnahm. Erstmals genannt wurde die gebildete Erzieherin, »die im Habit der heiligen Religion lebte«, in der 1992 in lateinischer Sprache, 1997 in deutscher Übersetzung veröffentlichen Vita Juttas von Sponheim.

Ihre volle Bedeutung gewinnt die wiederentdeckte Jutta-Vita, weil sie auch auf Hildegard bezogen als früheste, 1137 verfaßte Lebensbeschreibung in der Datierung als zuverlässig erkannt wurde. Allerdings verlangt die neue Datierung ein Umdenken in der Chronologie der Jugendjahre Hildegards. Bisher galt als verbindlich, daß es keine derartigen vorklösterlichen Vorbereitungsjahre gab und schon das achtjährige Mädchen seiner klösterlichen Gemeinschaft mit Jutta auf dem Disibodenberg zugeführt wurde. So vermerkt der Benediktinermönch Gottfried im ersten Teil seiner Hildegard-Vita: »Im Alter von acht Jahren ließ sie sich auf dem Berg des heiligen Disibod einschließen, um mit Christus begraben zu werden.«

Bei dieser Notiz in der im Jahrzehnt nach Hildegards Tod vollendeten Vita handelt es sich nach neuester Erkenntnis um eine »ungeschickte Verkürzung«. Offensichtlich wertete der Vita-Schreiber die Jahre der geistlichen Erziehung Hildegards als Klosterjahre. Aber schon deswegen konnte die Achtjährige die Frauenklause auf dem Disibodenberg im Jahre 1106 nicht bezogen haben, weil erst in der Jahresmitte 1108 der Grundstein zur Errichtung des Benediktinerklosters gelegt wurde und bis zur Fertigstellung kaum weniger als einige Jahre vergingen.

Der um die Gründungszeit sechzehnjährigen Jutta von Sponheim und der jüngeren Hildegard konnten die Bauarbeiten nicht verborgen bleiben. Zu bekannt war die Geschichte des Disibodenbergs. Zudem erhob sich der bewaldete, nach dem heiligen Disibod benannte Hügel nur wenig mehr als eine gute Wegstunde von der Burg Sponheim südwärts, an der Einmündung des Glan in die Nahe.

Auf der Anhöhe über dem Nahetal soll in vorchristlicher Zeit eine dem Totengott Wotan geweihte Kultstätte gestanden haben. Zu Wotan gehörten die *Disen*, Schutzgeister des Menschen. Jedoch deutet der Name Disibodenberg nach der Überlieferung auf den irischen Wandermönch Disibod, der im 7. Jahrhundert mit einigen Gefährten im Nahegebiet missionierte. »Von der Schönheit der Naturlandschaft überwältigt«, so wird berichtet, habe Disibod sein Wanderleben aufgegeben, um auf der Anhöhe mit Hilfe der örtlichen Landadligen das erste Kloster zu gründen, während er selbst in der Nähe bis zu seinem Tod als Einsiedler lebte.

Im Gedenken an den von den ansässigen Landleuten verehrten Mönch Disibod siedelte sich am gleichen Ort eine Klerikergemeinschaft an. Die Priester werden zur Verbreitung und Festigung des christlichen Glaubens im Nahegebiet beigetragen haben. Jedoch zerstörten Kriegshorden, die durch das Nahetal zogen, wiederholt das kleine Kloster. Als der Mainzer Erzbischof Willigis kurz vor der Jahrtausendwende den Disibodenberg besuchte und am Grabmal des heiligen Disibod niederkniete, gelobte er, »den verwüsteten Ort wiederherzustellen sowie ein Stift mit zwölf Klerikern zu errichten«.

Von diesem Stift der mit der Seelsorge in der Gegend betrauten Kanoniker blieben keine sichtbaren Reste überliefert. Was auf der Hügelkuppe des Disibodenberges noch heute zu sehen ist, gehörte zum 1108 gegründeten weiträumigen Klosterkomplex, dessen ursprüngliche Bauten von der Abteikirche bis zum Kapitelsaal oder dem Küchenbereich noch im ruinösen Zustand gut erkennbar ist. Vermutlich an der Südwestecke der Klosterbauten lag die kleinere Frauenklause, die Hildegard mit ihrer Meisterin Jutta und einer »anderen Dienerin Gottes« aufnahm und in der Hildegard über vier Jahrzehnte lebte.

Die Jahre seit dem November 1106, vor dem Klostereintritt Hildegards, aber schon losgelöst vom Elternhaus, lassen sich unschwer als Jahre der Einstimmung in das erstrebte Klosterleben erkennen. Die Erziehung in Gemeinschaft mit Jutta diente ausschließlich dem künftigen geistigen Leben, schon jetzt dem weltlichen Treiben entzogen. Es war eine Sonderart des Noviziats, noch außerhalb des Klosters, möglicherweise deswegen, weil die Frauenklause auf dem Disibodenberg zu den ganz zuletzt errichteten Bauten gehörte.

Am Allerheiligentag des Jahres 1112 konnten die drei jungen Frauen nach ihrer gemeinsamen Prozession in ihre Klause einziehen. Die Meisterin Jutta zählte zwanzig, Hildegard vierzehn Jahre. Ihren Unterhalt sicherte eine angemessene Mitgift, die Hildegards Eltern dem Mönchskloster übereigneten. Der Bruder Juttas vermachte dem Kloster die »Schenkung eines Witwengutes« von Juttas inzwischen verstorbener Mutter Sophie von Sponheim.

Es muß ein überaus feierlicher Akt gewesen sein, als die jungen Frauen vor dem Abt des Klosters ihr monastisches Gelübde ablegten und ihren Ordensschleier empfingen. Der gesamte Konvent war versammelt. Zahlreiche Adlige aus der Umgebung waren heraufgekommen. »Viele Persönlichkeiten von hohem und mittlerem Rang wohnten dem Ritus, der einer feierlichen Bestattungszeremonie glich, mit brennenden Fakkeln bei; sie sollten daran erinnern, daß sie dem um Mitternacht kommenden Bräutigam mit leuchtenden Lampen entgegeneilen wollten.«

Hildegards Eltern und ihre Geschwister waren aus Bermersheim angereist. Nach üblicher Weise spricht der Vater Hildebert in der feierlichen Messe eine »Übergabeformel«, mit der er seine Tochter »Gott darbringt«. Angesichts der zahlreichen anwesenden Zeugen übergibt er Hildegard im Namen des dreifaltigen Gottes ihrer Meisterin Jutta. Seine Tochter möge, der benediktinischen Regel gemäß, für immer und alle Zeit an diesem Ort bleiben.

Die drei Frauen waren, wie sie gelobten, der Welt gestorben. Sie wurden »zu Grabe getragen«, wie es in der drastisch mittelalterlichen Symbolsprache heißt. Die Mitfeiernden führten die Meisterin Jutta, Hildegard und die auch Jutta genanntte Dritte zu ihrer Klause, deren Zugänge nach dem Einzug vermauert wurden. Von nun an lebten die jungen Frauen als Eingeschlossene, als Inklusen. »Es gab nur ein kleines Fenster, durch das man zu bestimmten Zeiten mit Besuchern sprechen konnte und durch das Lebensnotwendiges hineingereicht wurde.«

Es muß wohl später, vielleicht noch in der ersten Phase der strengen Abgeschlossenheit, eine Auflockerung gegeben haben, jedenfalls für die Meisterin Jutta. Von ihr wird in deren nun zugänglicher Vita berichtet, sie habe auch den Mönchen durch »heilsame Ermahnungen und Ratschläge« gedient. Und schon von Jutta wird überliefert, was nach deren Tod ihrer Nachfolgerin Hildegard ähnlich zugesprochen wird: »Von ringsum her kamen Leute, welchen Standes auch immer, Adlige, Nichtadlige, Reiche und Arme, Pilger und Gäste, die allein die Frau *Jutta*, die Inkluse, aufsuchten, ihr allein als einem himmlischen Orakel ihre Aufwartung machten. Alle brachten ihr Bewunderung und Verehrung entgegen aufgrund der Weisheit, die ihr von Gott gegeben war.«

Für die vierzehnjährige Hildegard begann eine lange Zeit der Stille, der Einkehr in der monastischen Abgeschiedenheit. War es sechs Jahre zuvor noch der Vater, der über ihr Leben zumindest mitentschied, indem er seine Tochter der geistlichen Erziehung zuführte, so gelobte Hildegard nun allein, im Sinne der benediktinischen Regel zu leben. Nicht mehr der Vater entschied über ihre Zukunft.

Es hätte noch nicht einmal der Vorbestimmung durch die Eltern bedurft. Ihre eigene innere Bereitschaft gab schon das Kind Hildegard zu erkennen. Sie sagt es selbst, als Fünfzigjährige rückblickend, in einem ihrer Briefe, gerichtet an Papst Eugen III. »Von Kindheit an« habe in ihrer Seele ein großes Licht geleuchtet, das sie zu keiner Zeit verlassen habe. Die Briefschreiberin Hildegard ergänzt durch eines ihrer schönsten poetischen Wortbilder, ebenso auf ihre Berufung in der Kindheit bezogen: »Dem König gefiel es, eine kleine Feder zu berühren, daß sie in Wundern emporfliege. Und ein starker Wind trug sie, damit sie nicht sinke.« Ein wunderbares Bild für das Selbstverständnis von Leichtigkeit und Geborgenheit.

Aber was bedeutet die ja auch eigenhändig notierte Feststellung, »unter Seufzern« hätten die Eltern sie, die Achtjährige, Gott geweiht? Vielleicht zögerten die Eltern und war es die junge Hildegard, die den Vater zu seinem Entschluß gedrängt hatte oder ihm zumindest aus ganzem Herzen zustimmte.

Die Eltern hatten Grund zur Besorgnis, jetzt erst recht, als sie ihre Tochter dem entbehrungsreichen monastischen Leben überließen. Hildegard war ein kränkelndes Kind. Aber sicherlich nahm schon das Mädchen mit ungemein wachen Augen auf, was immer ihr begegnete. Auf dem Gutshof in Bermersheim, in der Großfamilie, ging es lebhaft zu, und es konnte nur so gewesen sein, daß die Geschwister wie alle auf dem Gutshof ihr, der zarten Jüngsten, mit Liebe begegneten. Natürlich gab es für das Mädchen Zeiten der Freude, der Begeisterung im Umgang mit den Tieren, eine kindliche Offenheit, Neugier und Weltzugewandtheit. Ihre später entstandenen Schriften, ihre Kenntnisse der ländlichen Gegebenheiten, der einfachen, elementaren Vorgänge im Ablauf der Jahreszeiten und des natürlichen Lebens wären undenkbar ohne die Erfahrungen in ihrer Kindheit.

In ihrer im hohen Alter verfaßten, in Bruchstücken erhaltenen Vita schreibt Hildegard über ihre Jugendjahre: »Viele äußere Dinge erfuhr ich nicht wegen der häufigen Erkrankungen, an denen ich von der Muttermilch an bis jetzt gelitten habe, die meinen Leib schwächten, so daß meine Kräfte nachließen.«

Ihre Empfindsamkeit gegenüber allem, was ihr als Kind begegnete, war dadurch nicht eingeschränkt. Ihr Biograph, der Mönch Gottfried, der Mitte der siebziger Jahre der Äbtissin Hildegard als Sekretär diente, bestätigt dies eindringlich: »Beinahe von Kindheit an hatte sie fast ständig an schmerzhaften Krankheiten zu leiden, so daß sie nur selten gehen konnte. Und da ihr ganzer Körper ununterbrochenen Schwankungen unterworfen war, glich ihr Leben dem Bild eines kostbaren Sterbens. Was aber den Kräften des äußeren Menschen abging, das wuchs dem inneren durch den Geist der Weisheit und Stärke zu.«

Hildegard spricht selbst wiederholt von einer lebenslang ertragenen »zitternden Unruhe«, und »niemals, nicht eine einzige Stunde« von Kindheit an habe sie das Gefühl von Sicherheit gehabt.

Schon im Kindesalter überkommt sie vereinzelt jene visionäre Sensitivität, die sie später, als reife, hochgeachtete Nonne nach ihren eigenen Worten befähigt, Erfahrungen »in mystischer Schau und im Lichte der Liebe« aufzunehmen.

Wie sehr ihre Seele und ihre Sinne empfänglich waren für etwas zunächst Unbegreifliches, vermerkt Hildegard selbst viel später, mehr als siebzig Jahre alt. Das Erinnerte notiert sie mit der ihr eigenen glaubhaften Konkretheit, ohne Übertreibung. »In meinem dritten Lebensjahr sah ich ein großes Licht, daß meine Seele erbebte, doch wegen meiner Kindheit konnte ich mich nicht darüber äußern.«

Ihr Rückblick zeigt deutlich die Verwunderung, ja Verwirrung, die das junge Mädchen bei dem ihr Unerklärlichen befiel. »Bis zu meinem fünfzehnten Lebensjahr sah ich vieles, und manches erzählte ich einfach, so daß diejenigen, die es hörten, sich sehr wunderten, woher es käme und von wem es sei. Da wunderte ich mich auch selbst, daß ich, während ich tief in meine Seele schaute, doch auch das äußere Sehvermögen behielt, und daß ich dies von keinem anderen Menschen hörte. Darauf verbarg ich die Schau, die ich in meiner Seele sah, so gut ich konnte.«

Einmal hatte das Mädchen ihre Amme befragt, ob die ältere, lebenskundige Frau auch etwas von dem wahrnehme, was sie über das äußerlich Sichtbare hinaus in ihrem Innersten sähe. Die realistisch denkende Amme erwiderte, sie sehe nichts dergleichen. »Da ward ich von großer Furcht ergriffen und wagte nicht, dies irgend jemandem zu offenbaren.«

Solchen Notizen merkt man an, wie Hildegard jede verfälschende Mystifizierung meidet. Vor allem will sie nicht als ein allwissendes und durchschauendes Wesen gelten.

Die existientielle Unsicherheit, ein tiefinneres Beunruhigtsein wird nie von ihr weichen, auch nicht im Alter, als zeitgenössische Autoritäten bei der Äbtissin Hildegard Rat holten und sie ihr mystisches Schauen schriftlich fixieren konnte. Der früheste ihrer überlieferten Briefe, den die Neunundvierzigjährige an Bernhard von Clairvaux richtet, gibt Auskunft darüber. »Ich bin sehr bekümmert ob dieser Schau, die sich mir im Geiste als ein Mysterium auftat. Niemals schaute ich sie mit den äußeren Augen des Fleisches. Ich, erbärmlich und mehr als erbärmlich in meinem Sein als Frau, schaute von meiner Kindheit an große Wunderdinge, die meine Zunge nicht aussprechen könnte, wenn nicht Gottes Geist mich lehrte zu glauben.«

Wir wissen nicht, was die Eltern auf dem Weg nach Sponheim und später, am Tag des Gelöbnisses auf dem Disibodenberg, ihrer Tochter an Ratschlägen mitgaben, ob ihre Besorgnis nicht nur der schwächlichen Gesundheit Hildegards galt, sondern ebenso deren unerklärlicher innerer Verfassung. Aber alle eigenen Äußerungen Hildegards deuten darauf hin, daß sie selbst ihr künftiges monastisches Leben als ihr vorbestimmt und sie beglückend empfand.

2. Auf dem Disibodenberg

Für die junge Inklusin Hildegard folgte dem Abschied von den Eltern eine lange stille Zeit, eine Zeit des Kräftesammelns und Lernens. Genaugenommen vergingen fünfunddreißig Jahre in Verborgenheit, ehe die Nonne Hildegard, nun selbst Meisterin und Vorsteherin ihrer Kommunität, aus der klösterlichen Abgeschiedenheit hervortritt. Später, nach der Vollendung ihrer visionären Schrift *Scivias*, wird sie selbst mit ungewöhnlicher Präzision den Zeitpunkt des Umbruchs, des Herausgerufenseins und Beginns ihrer ersten »Schau« vermerken: »Es ge-schah im Jahre 1141..., als ich 42 Jahre und 7 Monate alt war.«

Aber noch änderte sich nichts am Lebensalltag in der Kommunität auf dem Disibodenberg, entsprechend der monastischen Grundregel, deren einfaches benediktinisches Gebot lautete: *ora et labora*, bete und arbeite! Die Aufforderung zur Arbeit, je nach den örtlichen Verhältnissen auf die Gartenarbeit oder die Landwirtschaft zur Sicherung der leiblichen Bedürfnisse bezogen, galt Nonnen ebenso wie Mönchen und verpflichtete die Novizin wie die Äbtissin.

Die *cultura agri*, die Bebauung, die Nutzbarmachung und Pflege des Bodens, gehörte zum benediktinischen Auftrag. Auch wenn davon in der Vita Hildegards nicht ausdrücklich gesprochen wird, so wäre es falsch, diese Seite ihres Klosterlebens zu unterschlagen. Undenkbar wäre die später in den Schriften Hildegards bezeugte Kenntnis natürlicher Vorgänge, von Ernährung und von den Heilkräften der Natur, von Pflanzen und Tieren, ohne ihre seit den Kindheitstagen und während ihres Klosterlebens stetig gewachsene Erfahrung.

Im klösterlichen Tageslauf waren es allerdings die untergeordneten Zwischenzeiten, die der landwirtschaftlichen Arbeit oder anderen Tätigkeiten zum Nutzen des Konvents dienten. Die feststehenden Hauptzeiten des Klosterlebens gehörten dem Stundengebet. Nach der Regel des heiligen Benedikt bestimmten die tageszeitlich geordneten Zusammenkünfte zum Gebet den klösterlichen Lebensrhythmus.

Nicht anders als die Mönche in ihren Klöstern versammelten sich die Nonnen gegen drei Uhr zum Nachtgottesdienst, zur Matutin. Unmittelbar vor oder schon in der Morgendämmerung sangen sie die Laudes, das Morgenlob. Die erste Stunde des erwachten Tages leitete die Prim ein, die mit dem Hymnus *Jam lucis orto sidere*, »Schon stieg der Sonne Licht empor«, begann; und in der Regel folgte der Prim die Eucharistiefeier, die Messe; anschließend wurde ein karges klösterliches Frühstück eingenommen. Die kürzeren Stundengebete teilten den Tagesverlauf ein: die Terz in der dritten Stunde, gegen 9 Uhr; die Sext als mittägliches Gotteslob, gefolgt vom gemeinsamen Mittagsmahl; die Non in der neunten Stunde, gewöhnlich gegen 15 Uhr. Die bereits genannten alltäglichen Zwischenzeiten bleiben den jeweils fälligen körperlichen oder geistigen Tätigkeiten vorbehalten.

Mit der am frühen Abend gebeteten Vesper endete der klösterliche Arbeitstag. Nach dem anschließenden Abendessen blieb noch Zeit für eine Stunde der Rekreation oder einen von der Magistra oder Äbtissin geleiteten Konvent. Und noch einmal, bei Sonnenuntergang und vor dem Beginn ihrer Schweigepflicht, versammelten sich Nonnen wie Mönche, um ihr Nachtgebet zu singen, die Komplet: *Noctum quiétam et finem perfectum concedat nobis Dominus omnipotens*, »Eine ruhige Nacht und ein glückliches Ende gewähre uns der allmächtige Gott«.

In dieser Ordnung, diesem verpflichtenden, täglich und jährlich wiederholten Verlauf, allein akzentuiert durch die liturgischen Feiern und Festkreise des Jahres, wuchs die junge Hildegard auf dem Disibodenberg heran. Das unabänderliche Gleichmaß erwies sich als vorzügliches Mittel zur klösterlichen, spirituellen Prägung.

Dem Prinzip der prägenden Wiederholung entsprachen ebenso die im Ablauf der Tageszeiten gebeteten und gesungenen Texte. Es war eine überaus weise Entscheidung, das klösterliche Stundengebet ausschließlich dem Buch der Psalmen zu entnehmen, jener alttestamentlichen Sammlung von Hymnen und Dankliedern, von Bittgebeten, Klage- und Bußgesängen, deren Verfasser zum großen Teil König David war. Im Psalterium zusammengefaßt sind einhundertfünfzig Psalmen. Sie reichen gerade aus, verteilt auf die acht monastischen Tagzeiten, um eine Woche lang gesungen, gebetet und danach im gleichen Rhythmus wiederholt zu werden.

Nach den überlieferten Zeugnissen galt allein dem Erlernen und Singen der lateinischen Psalmen die schulische Ausbildung Hildegards. Der Verfasser der Hildegard-Vita vermerkt im ersten Kapitel, »die fromme gottgeweihte Frau Jutta ... unterwies sie einzig in den Gesängen Davids und lehrte sie das Singen der Psalmen. Außer dieser einfachen Kenntnis der Psalmen empfing sie keinen Unterricht, weder im Lesen noch in der Musik«. Hildegard selbst bekennt neunundvierzigjährig als Äbtissin dem von ihr verehrten Bernhard von Clairvaux, sie sei »durch keinerlei Schulwissen über äußere Dinge unterwiesen worden«. Noch deutlicher schreibt ihr um die gleiche Zeit ein Mönch und Prior des Disibodenbergs, als er die Äbtissin um ihren Zuspruch bittet: »Wir wissen ja, wie Ihr bei uns erzogen und unterrichtet wurdet und das klösterliche Leben führtet, wir wissen auch, daß Ihr nur weiblichen Arbeiten oblagt, daß Ihr durch keine anderen Bücher als das einfache Psalterium unterwiesen wurdet und in Lauterkeit den guten und heiligen Wandel liebtet.«

Bemerkenswert ist die im Brief des sonst eher devoten Priors so selbstverständlich notierte Eingrenzung auf »nur weibliche Arbeiten« und »keine anderen Bücher als das Psalterium«. Die höhere Bildung blieb Mädchen, erst recht Klosterfrauen verwehrt. Außer dem Auswendiglernen der Psalmen und des Kanons der Messe gab es für sie keine schulische Unterweisung, noch weniger ein literarisches, wissenschaftliches Studium. Die von den mittelalterlichen Klöstern ausgehende, die Entwicklung der europäischen Kultur bestimmende wissenschaftliche Bildung lag in den Händen gelehrter Mönche.

Wie unwissend und weltfremd Klosterfrauen im frühen dreizehnten Jahrhundert sein konnten, berichtet ziemlich drastisch Caesarius von Heisterbach. Er schildert eine seit ihrem fünften Lebensjahr im Kloster lebende Nonne als unfähig, ein Tier von einem Menschen zu unterscheiden. Als ein Ziegenbock auf die Mauer des Klostergartens stieg, wurde der erstaunt fragenden Nonne von einer Mitschwester gesagt, es sei »eine Frau von der Welt draußen«. Im Alter würden den »Weltweibern« Hörner und Bart wachsen, was die naive Nonne sofort glaubte.

Aber es gab Gegenbeispiele kluger, hochgebildeter Frauen. In der zweiten Hälfte des zehnten Jahrhunderts schrieb die Kanonissin Hrotsvith von Gandersheim ihre dramatischen Dialoge und Legenden in lateinischer Sprache. Zur Zeit der jungen Hildegard lebte in Österreich die Klausnerin Ava, die erste Dichterin, die biblische und heilsgeschichtliche Stücke in deutscher Sprache verfaßte. Mit Hildegard brieflich verbunden war die jüngere Benediktinerin Elisabeth von Schönau, eine Visionärin, deren Schriften »auf die Zeitgenossen und die Nachwelt einen weitreichenden Einfluß« ausübten.

Hildegard selbst macht die Rede von der ungebildeten und weltfremden Klosterfrau durch ihre bloße Existenz zunichte, durch ihr nach innen wie nach außen gerichtetes Wirken, introvertiert und extrovertiert, als Mystikerin und in ihrer universalen schöpferischen Beherrschung der Wissenschaften und Künste ihrer Zeit.

Was hat sie gelernt in den fünfunddreißig Jahren auf dem Disibodenberg, ehe sie nach ihren Worten »zur Fülle der Lebenskraft gelangt war«?

War es wirklich nur das von der Magistra Jutta vermittelte Latein, gerade gut zum Verstehen der Psalmen und zum Lesen der Schriften der Kirchenväter? Diese Texte, so wird mit Recht vermutet, haben Hildegards eigene Sprache, »vor allem ihr Denken und inneres Schauen geprägt«. Jedoch war es kein systematisches Lateinlernen, weshalb ihr lateinischer Ausdruck etwas ungeglättet und holprig blieb. Humanistische Kritiker und sprachliche Formalisten wie Langius im frühen 18. Jahrhundert verurteilten ziemlich rüde die Sprache der Mystikerin. Nach Meinung des Langius »grenze es an Blasphemie, diese Sprache dem Heiligen Geist zuzuschreiben«.

Aus diesem nach sechs Jahrhunderten gefällten Urteil spricht eher männliche Überheblichkeit. Zu Lebzeiten hat Hildegards lateinisches Sprachniveau ihr Ansehen, ihre Verehrung nicht im Geringsten vermindert. Sie war fähig genug, ihre geistlichen Lieder und ihr Singspiel *Ordo virtutum* »Spiel der Kräfte«, lateinisch zu schreiben. In lateinischer Sprache korrespondierte sie mit Kaisern und Königen, mit Päpsten, Bischöfen, Mönchen und Nonnen, die ihre visionäre Begabung, aber auch ihr konkretes Wissen bewunderten und in den verschiedensten Fragen um Belehrung und Zuspruch baten. Ihre Werke schrieb Hildegard in lateinischer Sprache, wenn ihr auch nahezu zweiunddreißig Jahre der Mönch Volmar vom Disibodenberg zur Seite stand, um dem von der Seherin Geschauten und Diktierten die rechte grammatische Form zu geben.

Überzeugender, konkreter als später lebende Interpreten kennzeichnet Hildegard selbst, ebenso ihr erster Biograph, ihre Arbeitsmethode. Ihren Helfer benennt Hildegard als denjenigen, »der die Feile hat«, um das von ihr Gesehene und Geschriebene sprachlich zu »vervollkommnen«. Der Mönch Theoderich überliefert, daß Hildegard ihre Visionen »umsichtig und lauteren Herzens eigenhändig niederschrieb oder mit eigenem Munde sprach, wobei sie sich mit einem einzigen Mann als Symmysta (Mitwisser der Geheimnisse) begnügte. Dieser stellte lediglich nach den Regeln der Grammatik, die sie nicht genügend kannte, die Fälle, Zeiten und Genera richtig«. Dem Biographen scheint es wichtig zu sein, das eigenschöpferische Tun Hildegards hervorzuheben.

Was die Hildegard-Vita so eindeutig überliefert, zeigt bildlich eine wohl um 1190, gut ein Jahrzehnt nach Hildegards Tod, im Rupertsberger Scriptorium entstandene Illustration zu ihrem visionären Erstwerk *Scivias*. Auf dem ersten Bild schreibt die sitzende Hildegard mit dem Stift auf eine Wachstafel, während von oben herabkommende, sie inspirierende göttliche Flammen ihre Augen und Ohren erreichen. Seitlich sitzt Volmar, dessen Kopf vorwitzig in Hildegards Zellengehäuse ragt. Erwartungsvoll blickt er hinüber zur Äbtissin, mit der Hand ein Pergament zur Niederschrift bereithaltend.

Illustration und wörtliche Überlieferung bestätigen einander, zumal in der Betonung der dienenden, in Grenzen gehaltenen Funktion des Mönches Volmar. Seine wie der späterer Helfer Mitarbeit bezog sich auf sprachliche, nicht substantielle Korrekturen. Sie sei »ungelernt«, gestand Hildegard im Alter von mehr als siebzig Jahren, man habe sie »nur unterwiesen, in Einfalt Buchstaben zu lesen«, womit sie ihre Lernzeit auf dem Disibodenberg charakterisiert, wo sie die meisten ihrer Lebensjahre verbrachte und die bis zur Schlußweihe der Klosterkirche Ende September 1143 andauernde bauliche Erweiterung des Männerklosters wie der Frauenklause miterlebte. In dieser Zeit, der ersten Hälfte des 12. Jahrhunderts, nahmen die Berufungen zum klösterlichen Leben in Gehorsam, Armut und religiös begründeter Enthaltsamkeit zu. Über die Jahre wuchs der Frauenkonvent auf achtzehn vorwiegend junge Nonnen.

Die wenigen konkreten Hinweise auf Hildegards Verhalten in den frühen Jahrzehnten sprechen betont von ihrem Tugendstreben. »Mit Anerkennung und Freude gewahrte dies ihre bereits erwähnte ehrwürdige Mutter (Jutta) und nahm voll Bewunderung wahr, wie aus einer Schülerin die Lehrmeisterin wurde und eine Wegbereiterin auf den Höhenpfaden. In ihrem Herzen glühte eine milde Liebe, die von ihrer Weite niemanden ausschloß.«

Mit dieser knappen, jedoch das Gemeinte vortrefflich vermittelnden Feststellung deutet der Vita-Biograph an, wie Hildegard im Konvent geachtet und schließlich zum Dienst als Lehrmeisterin fähig wurde. Offensichtlich empfanden es die Mitschwestern in der Frauenklause als selbstverständlich, Hildegard nach dem Tode der Magistra Jutta im Dezember 1136 einmütig zu deren Nachfolgerin zu wählen. Aber die 38jährige Hildegard zögerte, das ihr angetragene Amt zu übernehmen, vielleicht aus jenem Gefühl existentieller Unsicherheit, das ihr von Kindheit an zu eigen war in Angelegenheiten, die ihre eigene Person betrafen. Erst auf Drängen des Disibodenberger Abtes nahm sie die Wahl an.

Auf dem Disibodenberg, unter Anleitung der Meisterin Jutta von Sponheim, hatte Hildegard ihre menschliche wie geistige und geistliche Prägung erhalten. Wo anders als hier und in den zwei frühen Jahrzehnten wurde grundgelegt, was ihr nach dem Erreichen der »Fülle ihrer Lebenskraft« als menschenkundige, als wissende und ratgebende Frau in vielen Bereichen einen so hohen Ruf einbringen wird.

Aber es gehört zu den Merkwürdigkeiten ihrer Lebensgeschichte, daß Hildegard nicht müde wird in der Wiederholung ihrer Selbstbezichtigung als ungelehrte Frau, als *femina indocta*, als *paupercula feminea forma* (armselige Gestalt einer Frau), oder *simplex homo* (einfältiger Mensch).

Steht diese Demutskette nicht im Widerspruch zum sonst keineswegs verborgenen Selbstbewußtsein der Äbtissin, wo immer es um die Sache Gottes oder ihres Klosters oder um ihre Eingebung ging? Sicherlich empfand Hildegard selbst nicht den geringsten Widerspruch zwischen ihrem auf solche Anlässe bezogenen Selbstbewußtsein und ihrem »Bescheidenheitstopos«. Sollte doch »die Betonung der eigenen ›Unbildung‹« dazu dienen, »die Größe des sich offenbarenden Gottes, der ein so schlichtes Gefäß für die Fülle seiner Gnade wählte«, hervorheben.

Das hier Angedeutete wird in einem anderen neuzeitlichen Erklärungsversuch konkret erweitert im Hinblick auf Hildegards mittelalterliche Zeitgenossenschaft. Demnach »bedient sie sich geradezu des Frauenbildes ihres patriarchalischen Zeitalters, aber nur, um es umzupolen im Sinne biblischer Lehre, daß Gott eben nicht die Starken und in der Welt Geachteten beruft, sondern die Schwachen erwählt, um durch sie zu den Menschen zu sprechen«.

Aus den gleichen, theologisch oder richtiger biblisch verankerten Gründen scheint Hildegard so nachdrücklich und wiederholt ihr sprachliches, lateinisches »Ungebildetsein« betont zu haben. Wie die biblischen Propheten wollte sie ausschließlich »Gefäß« sein, Empfangende der von Gott kommenden und visionär aufgenommenen Offenbarungen. Ganz im Sinne der alttestamentarischen Propheten nannte sie sich »Posaune Gottes«, wegbereitend tönend zum Lobpreis Gottes, aber doch auch verstanden als Instrument, das allein durch den kräftigen Atem Gottes zum Tönen gebracht wird.

Die ihrer geistigen, geistlichen Kraft wie ihrer eigenen Begrenztheit durchaus bewußte Hildegard weiß genau, daß sie »nicht gelehrt wie die Philosophen« schreibt. Jedoch verführt ihre eigene Demutsübung, bezogen auf ihre unsystematische und unzureichende lateinische Ausbildung manchen Interpreten allzu voreilig zur Unterschätzung ihres Sprachvermögens. Ihre Selbstbescheidenheit darf nicht über die Sprachmächtigkeit ihrer »himmlischen Liturgie« in den Liedern oder erst recht nicht ihrer Visionen hinwegtäuschen. Ihre anschauliche bilderreiche Sprache, selbst bei der Wiedergabe schwieriger und kaum faßbarer heilsgeschichtlicher Vorgänge, stellt die abstrakte Ausdrucksweise manches ihrer theologisch hochgelehrten Zeitgenossen in den Schatten.

Wie poetisch kraftvoll, noch erkennbar in der deutschen Übersetzung, beginnt Hildegard ihr auf dem Disibodenberg entstandenes Erstwerk *Scivias*, wo sie sich ganz als Aufnehmende, als Schauende und Hörende begreift.

Aus einem im überhellen Glanz erstrahlten himmlischen Gesicht hört sie eine Stimme zu ihr sprechen: *O homo fragilis, et cinis cineris et putredo putredinis, dic et scribe, que vides et audis...* »Du hinfälliger Mensch, du Asche von Asche, du Fäulnis von Fäulnis, sage und schreibe nieder, was du siehst und hörst. Doch weil du furchtsam bist zum Reden, in deiner Einfalt die Offenbarung nicht auslegen kannst, und zu ungelehrt bist zum Schreiben, rede und schreibe darüber nicht nach Menschenart, nicht aus verstandesmäßiger menschlicher Erfindung heraus, oder in eigenwilliger menschlicher Gestaltung, sondern so, wie du es in himmlischen Wirklichkeiten in den Wundertaten Gottes siehst und hörst.«

3. Die Welt draußen

Von den Vorgängen in der Welt draußen erfuhr die junge Inklusin so gut wie nichts. Nur eben das wußte sie, was sie als Vierzehnjährige an kindlicher Erfahrung mitgebracht hatte und was bei gelegentlichen Besuchen durch das Sprechfenster, die *fenestra locutaria*, zu ihr drang. Ihre Bildung, Ausbildung war auf die Innenwelt gerichtet, auf die Einübung in ihr spirituelles, klösterliches Leben.

Erst später, viel später, gut fünfzigjährig, beginnt Hildegard ihr auch der Öffentlichkeit zugewandtes Wirken, richtiger gesagt, beginnt die ihr eigene, genial bewältigte Lebensphase in der Verknüpfung von monastisch gelebter Innerlichkeit und Weltoffenheit. Sie sah keinen Widerspruch in der Verbindung dieser beiden äußersten Pole der menschlichen Lebensvielfalt. Aber daß sie diese auf den ersten Blick gegensätzliche Beziehung in der ihr eigentümlichen Intensität austrug und zum allgemeinen Nutzen in ihrer Zeit das Eine durch das Andere bereichern konnte, gehört zu ihrer Größe.

Fast scheint es so, als habe die Magistra Hildegard dieser Selbstverwirklichung gegen Ende der vierziger Jahre die Loslösung ihres Frauenkonvents vom Mönchkloster auf dem Disibodenberg betrieben und ihr eigenes Frauenkloster auf dem Rupertsberg am Zusammenfluß von Nahe und Rhein gegründet. Möglicherweise suchte die älter gewordene, durch erste Zeichen der Anerkennung gestärkte Hildegard der Abhängigkeit ihres Konvents von den Mönchen, der rigorosen Bevormundung durch den Abt vom Disibodenberg zu entgehen. Das wird nicht offiziell gesagt, zeigt sich aber deutlich genug am robusten Widerstand der Mönche und Hildegards zum ersten Mal offen wirksamer, erfolgreicher Durchsetzungskraft.

Im Vordergrund stand allerdings ein durchaus triftiger Anlaß zur Umsiedlung der Nonnen. Nachdem der Frauenkonvent inzwischen achtzehn Nonnen zählte und die Aufnahme weiterer Postulantinnen bevorstand, war die Frauenklause auf dem Disibodenberg trotz der baulichen Erweiterung zu klein geworden, und die Magistra Hildegard konnte auf der Notwendigkeit der Übersiedlung 1150, nach der Errichtung ihres Klosters auf dem Rupertsberg, beharren.

Verwunderlich ist, wie schnell die nach mehr als vierzig Jahren klösterlicher Abgeschiedenheit in weltlichen Geschäften ungeübte Hildegard mit Entschiedenheit auftritt, wie sie zunehmend weltklug handelt und auf die Ereignisse draußen im kirchlich-politischen Bereich reagiert. Unendlich viel ist in der ersten Hälfte des 12. Jahrhunderts in Bewegung geraten. Es war eine ruhelose, aus festgefahrenen Strukturen zu gesellschaftlichen Aufbrüchen willige und fähige, nicht weniger eine von Ängsten, von Not und Lebensgier, von Gewalttaten und Verirrungen erschütterte Zeit. Später, nahezu achtzigjährig, wird Hildegard, rückblickend auf den Jahrhundertbeginn, in ihrer Vita schreiben: »Im Jahre 1100 nach der Menschwerdung Christi begann die Lehre der Apostel und die glühende Gerechtigkeit, die er in den Christen und Geistlichen grundgelegt hatte, nachzulassen und geriet ins Schwanken. Zu jener Zeit wurde ich geboren.«

Ob sie daran dachte, beim Schreiben dieses bekümmerten Rückblicks, daß im Jahr ihrer Geburt das christliche Heer des ersten Kreuzzugs Antiochia erstürmte und im folgenden Jahr, 1099, bei der Eroberung Jerusalems ein an Grausamkeit unvorstellbares Blutbad anrichtete? Die christlichen Ritter, die mit dem Ruf *Deus lo volt*, »Gott will es«, ausgezogen waren, wüteten in der Julimitte 1099 raubend und mordend in der Heiligen Stadt. Nach dem Bericht der *Gesta francorum* »trieben sie die Ungläubigen vor sich her, sie tötend und köpfend, bis zum Tempel Salomonis; dort entstand ein solches Gemetzel, daß die Unseren bis zu den Knöcheln ihrer Füße im Blute der Feinde wateten«.

Zu den furchtbaren Verirrungen gehörten Auftritt und Erfolg des fanatischen Volkspredigers Peter von Amiens unmittelbar vor dem ersten Kreuzzug. In Frankreich, Flandern und den Rheinlanden wiegelte der demagogische Predigermönch die besitzlosen Massen auf, unverzüglich aufzubrechen und auf dem Weg ins Heilige Land die Ungläubigen im eigenen Land auszurotten. Allein in Köln fielen im Jahr 1096 abertausende Juden dem unerbittlichen Todeszug zum Opfer. Der entsetzte Trierer Chronist schreibt vom »Wahnsinn der Christen«. Wie der Bischof von Trier, so verurteilten die Bischöfe »Zwangstaufe und Mord«, jedoch machtlos nach dem einmal propagierten Kreuzzug.

Nicht weniger entsetzt bekämpfte Bernhard von Clairvaux, der doch die europäische Ritterschaft zum zweiten Kreuzzug aufrief, »die Geister der Rache, des Aberglaubens, des Fanatismus«. Seinem Einfluß war ein wenigstens zeitweiliger Stillstand der fanatisierten Judenverfolgung zu verdanken. Nach der Lehre der Kirchenväter nannte Bernhard die Juden »unsere Brüder«. Er berief sich auf die biblischen Propheten und predigte gegen den mörderischen Haß: »Die Juden dürfen nicht verfolgt, nicht niedergemetzelt, nicht einmal vertrieben werden. Befragt doch die Heilige Schrift!«

Was für eine Zeit, schwankend zwischen dumpfem, gewalttätigem Fanatismus und einer von den Klöstern Mitteleuropas ausgehenden neuen christlich wie menschlich prägenden Kraft, dem Mut zu radikaler Reform!

Der Zisterzienser Bernhard, seit 1115 Abt des Klosters Clairvaux, Mystiker und mitreißender Prediger, der nichts Geringeres forderte als die Rückkehr des Mönchtums, der Kleriker und der Kirchenoberen zu den ursprünglichen Idealen, war einer der zur Reform Aufrufenden. Es hat fast Symbolcharakter, wenn die sensible, nach Stärkung ihres Glaubens verlangende Hildegard den ersten ihrer überlieferten Briefe an Bernhard von Clairvaux richtet und ihn mit dem ihr eigenen Enthusiasmus um Zuspruch bittet: »Da ich von deiner Weisheit und Vaterliebe höre, werde ich getröstet... Du richtest nicht allein dich selbst, sondern die Welt zum Heile auf. Du bist der Adler, der in die Sonne blickt.«

Zur Lebensgeschichte Hildegards gehört das kirchlich-interne wie das kirchlich-politische Umfeld ihrer frühen Jahre, auch wenn sie erst später, im hohen Alter, aktiv teilnimmt und alsbald überaus kundig und keineswegs zurückhaltend eingreift.

Schon jetzt, 1147 und noch als Magistra auf dem Disibodenberg, weiß die Briefschreiberin sehr wohl, was durch Bernhard und seinen Orden in Bewegung gesetzt wurde. Und sicherlich wird es sie mit Genugtuung erfüllt haben, als sie erfuhr, daß die von den Mönchen im weißen Habit begründete Reformbewegung im Jahr ihrer eigenen Geburt begann.

Robert von Molesme hatte 1098, begleitet von zwanzig Gefährten, in einer sumpfigen Einöde bei Dijon die Abtei Cîteaux gegründet. Nach dem Gründungsort nannten sich die Mönche Zisterzienser. Wie hier bevorzugten sie bei weiteren Gründungen Einöden und Waldtäler. Bernhard, seit 1110 Mönch in Cîteaux, gründete fünf Jahre danach, fünfundzwanzigjährig, seine Abtei Clairvaux. Ausgegangen von den Benediktinern suchten die Zisterzienser »aus Liebe zur Armut« die Rückkehr zur benediktinischen Urregel. Sie trugen nicht mehr vornehme schwarze Kukullen wie die Benediktiner von Cluny, sondern grobe wollene und naturfarbene Kutten, die durch Waschen allmählich weiß wurden. Ihre Gotteshäuser errichteten sie ohne Türme, ohne Schmuckwert im Inneren.

Es war ein Neuanfang, ein begeisterter Reformwille, angetrieben von einem Ungenügen an der inzwischen etablierten klösterlichen Herrschaft von Cluny, diesem eher »theokratischen Reich«, dem mehr als tausend Klöster untergeben waren, dessen Äbte fürstlich auftraten und mit großem Gefolge reisten.

Es gab andere, ähnlich aus dem monastischen Reformwillen jener Zeit entstandene Mönchsorden. Noch am Ende des 11. Jahrhunderts hatte der fromme Gelehrte Bruno von Köln bei Grenoble *La Grande Chartreuse*, die erste »Große Kartause«, gegründet. Die Kartäusermönche suchten, gestützt auf die unverfälschte *Regula benedicti*, die monastische Askese mit einem geistigen Leben zu verbinden. In Prémontré bei Laon begann 1120 die Geschichte der Prämonstratenser, die nach dem Willen ihres Gründers Norbert von Xanten neben dem Gelöbnis äußerster Armut sich der Kontemplation verschrieben. Jedoch stärkste und bald einflußreichste geistliche Persönlichkeit in der ersten Hälfte des 12. Jahrhunderts war Bernhard von Clairvaux.

Als Bernhard starb, 1153, lebte Hildegard schon seit drei Jahren in ihrem neugegründeten Kloster auf dem Rupertsberg. Persönlich ist sie dem Abt Bernhard nicht begegnet. Aber aus ihrem 1147 an ihn geschriebenen Brief spricht rückhaltlose und erwartungsvolle Offenheit, wenn sie Bernhard um Trost bittet, »deine unwürdige Dienerin, die ich von Kindheit an niemals in Sicherheit lebte, nicht eine einzige Stunde«. Oder wenn sie von ihrem mangelhaften Schulwissen spricht und gesteht, wie leicht sie niedergeschlagen sei. Oder wenn sie schreibt, sie werde bisweilen von ihrer »Schau mit schweren Krankheiten aufs Lager niedergeworfen, so daß ich mich nicht mehr aufrichten kann«.

Solche Geständnisse sind alles andere als formelhaft. Sie bezeugen glaubhaft ein an die innerste Existenz rührendes Beunruhigtsein und ein dem Briefempfänger entgegengebrachtes unbedingtes Vertrauen.

Ihren so selbstbekennerischen Brief, dem Bernhard eine wohl kürzere, aber kluge und besonnene Antwort gab, hätte die neunundvierzigjährige Hildegard kaum geschrieben, wäre ihr nicht die Persönlichkeit Bernhards und seine in ihrem Sinne vorangetriebene monastische, kirchliche Reform vorbildhaft nahe gewesen. Es mußte Hildegard imponiert haben, wie der einflußreiche Zisterzienserabt die Ordensleute, die Prälaten und Kirchenfürsten zu apostolischer Armut ermahnte und wie er den Cluniazensern ihren Luxus vorwarf. Es blieb ja nicht bei einer bloßen Idealvorstellung zum Gefallen der Inklusin und Magistra auf dem Disibodenberg.

Später, als Predigerin auf rheinischen Marktplätzen und als Briefschreiberin, wird Hildegard selbst ähnlich wie Bernhard argumentieren. Sie wird – zu ihrer Zeit wahrhaft ungeheuerlich für eine Ordensfrau – Priestern und Prälaten, selbst Päpsten ins Gewissen reden, wird ihnen vor allem Volk vorwerfen: »Ihr seid kein Halt für die Kirche ... Wegen eures ekelhaften Reichtums und Geizes sowie anderer Eitelkeiten unterweist ihr eure Untergebenen nicht ...« Und nicht anders wird die mehr als sechzigjährige Hildegard in ihrer Trierer Pfingstpredigt die Verweltlichung des Klerus anprangern: »Die

Magister und Prälaten haben die Gerechtigkeit Gottes verlassen und schlafen ...«

Ob Hildegard gewillt war, Bernhard von Clairvaux, der sich selbst »Chimäre des Jahrhunderts« nannte, in jeder Hinsicht zu folgen, bleibt ungewiß. Aber sicherlich war sie dem Einfluß des Kreuzzugspredigers Bernhard erlegen, als sie im schon genannten Brief an ihn reichlich enthusiastisch schrieb: »Mit dem Banner des heiligen Kreuzes fängst du voll hohen Eifers in brennender Liebe zum Gottessohn die Menschen, damit sie im Christenheer Krieg führen wider die Wut der Heiden.« Ein verräterischer Satz, von dem die Schreiberin sogleich abrückt, indem sie übergangslos von ihrer »Schau« spricht, um Verständnis und Bestätigung ihrer Sehergabe und um Trost bittet.

Was der von ihr verehrte Abt Bernhard predigte, hielt die noch auf dem Disibodenberg lebende Hildegard für richtig. Als Gleichgesinnte empfand sie niemand anderen vertrauenswürdiger als ihn. Zudem war die Inklusin Hildegard kaum in der Lage, das Zeitgeschehen außerhalb ihres klösterlichen Gesichtsfeldes zu prüfen. Sie war angewiesen auf einen kompetenten Mittelsmann.

Jedoch ihr eine generelle und vorbehaltlose Obrigkeitshörigkeit zu unterstellen, widerspräche ganz und gar ihrem eigenständigen Charakter. Es widerspräche erst recht ihrer später mit kaum überbietbarer Schärfe geäußerten Kritik am Mißverhalten kirchlicher Würdenträger. In ihrem kritischen Freimut war sie gewiß keine naive Nonne. Ihr Blick, ihr Einspruch, wo immer und in welchem Zusammenhang sie sich äußert, war auf das verletzbare Konkrete, auf die unmittelbare christlich-menschliche Lebenswirklichkeit gerichtet. Sie scheut sich nicht, in einem ihrer frühen Briefe an Papst Eugen III. zu verlangen: »Steh auf ebenem Weg, damit du nicht der Anklage verfällst wegen der Seelen, die in dein Herz gelegt sind. Laß nicht zu, daß sie durch die Gewalt der üppig lebenden Prälaten im Pfuhl des Verderbens versinken.«

Nur in einer, freilich zentralen Hinsicht steckte Hildegard ihrer so begründet wie temperamentvoll formulierten Idealvorstellung eine Grenze. Sie rüttelte nicht (auch darin ihrem Vorbild Bernhard treu) am vorgegebenen »Prinzip gottbegründeter, unwandelbarer Ordnung«. Das betraf nicht nur die allgemeine christliche Heilserwartung durch »gläubige Unterwerfung unter die Fügung Gottes«. Ihr Ordnungsdenken bezog sich konkret auf die traditionelle mittelalterliche Vorstellung einer im menschlichen Gemeinschaftsleben unantastbaren Rangordnung von Herrschenden und Untergebenen, von Gerechten und Sündern, von Klerikern und Laien.

Hildegard sagt es selbst besser in der ihr eigenen bildhaften Sprache, wenn sie in einem weiteren Brief an Papst Eugen III. jene (Laien) verwirft, die »alle festgelegten Ackergrenzen verwischen«. Oder wenn sie die gegen die Höherstellung der Prälaten grundsätzlich gerichtete, weil neiderfüllte Geringschätzung durch Laien ablehnt: »Von wilder Wut aufgestachelt, wollen sie die Gipfel der Berge erklimmen und die Prälaten anklagen.«

Noch später, bereits als Äbtissin auf dem Rupertsberg, wird Hildegard in anderem Zusammenhang ihre in der kirchlichen wie der weltlichen Rangbestimmung durchaus konservative Haltung gegenüber den Vorwürfen einer Ordensmeisterin aus Andernach rechtfertigen: »Denn Gott hat dem Volk auf Erden Unterschiede gesetzt, wie Er auch im Himmel Engel, Erzengel, Throne, Herrschaften, Cherubim und Seraphim gesondert hat. Sie alle werden von Gott geliebt und haben doch nicht die gleichen Namen ... So steht es geschrieben: ›Gott verwirft nicht die Machthaber, da Er selbst *der* Machthaber ist.‹ Doch liebt Er nicht die Personen nach ihrem Ansehen, sondern die Werke, die nach Ihm schmecken.«

Hildegard selbst hätte nicht deutlicher sagen können, wie sehr sie die Welt draußen, die Menschenwelt, als Abbild der himmlischen Welt und der himmlischen hierarchischen Ordnung begriff, ganz im Sinne des Kirchenvaters Augustinus, nach dessen traditioneller Lehre die menschliche Existenz allein von Gott her bestimmbar ist.

Um so heftiger reagiert sie, wenn die gottbegründete Ordnung durch das moralische Fehlverhalten der geweihten Hüter dieser Ordnung verletzt wird. Ihr radikales, unerhört kühnes anklägerisches Reagieren überspringt jegliches zeitgenössische Rollenverständnis einer untertänigen Frau und gehorsamen Nonne. So gesehen erweist sich die generelle Festlegung Hildegards als konservativ oder traditionalistisch schnell als unzureichend.

Zur »Welt draußen« gehörte der erbitterte Streit Bernhards mit dem Theologen und Philosophen Petrus Abaelard, dem in Paris lehrenden, von seinen Schülern hochverehrten, aber auch umstrittenen Meister der philosophischen Dialektik. Die Auseinandersetzung kennzeichnet noch einmal die außerordentlich bewegte, von Widersprüchen durchsetzte Zeit der noch auf dem Disibodenberg lebenden Hildegard.

Aufsehen erregte Abaelards Liebe zu seiner Schülerin Heloisa, die eine erschütternde Leidensgeschichte auslöste. Aber ihr nach der Trennung des Paares durch ihren Briefwechsel überliefertes Verhältnis war beendet, gesühnt, als Bernhard zum Widerspruch gegen Abaelard aufrief.

Abaelard war ein Feuerkopf, ein genial begabter sprachmächtiger Scholastiker, der es wagte, die Bibel und die Kirchenväter nach vernünftigen, rational zugänglichen Gründen zu befragen. Der Titel seines Hauptwerkes *Sic et non,* »Ja und nein«, kennzeichnet seine Methode in der Gegenüberstellung widersprüchlicher Glaubensaussagen der Kirchenväter. Bernhard von Clairvaux wurde zum unduldsamen Gegner des Rationalisten Abaelard, beschuldigte ihn: »Er geht über das ihm Zugemessene hinaus … Er wähnt, Gott mit seiner Vernunft ganz und gar begreifen zu können.« Nach Bernhards Anklage wurde Abaelard 1140 auf dem Konzil von Sens als Ketzer zum Schweigen verurteilt.

Die Frage, auf welcher Seite Hildegard stand, kann nur hypothetisch beantwortet werden. In ihren Schriften und Briefen gibt es keine ausdrückliche Stellungnahme zu Abaelard, der 1142 in seinem Priorat St. Marcel bei Chalon starb. Offensichtlich blieb Hildegard in den frühen vierziger Jahren, bedrängt von klösterlichen Aufgaben als Magistra, vor allem jedoch von der beginnenden Niederschrift ihres ersten Werkes *Scivias,* den Ereignissen außerhalb ihres Konventes entrückt.

Es wäre jedoch kaum denkbar, daß Hildegard in einer so grundsätzlichen Frage nicht mit ihrem Vorbild, dem Mystiker Bernhard, übereinstimmte. Niemals hätte sie den kritischen, rationalistischen Zweifel an der höheren gottbegründeten Ordnung geduldet.

In dem kleinen Abschnitt »Über die Furcht des Herrn« in der ersten Vision ihres Werkes *Scivias* schreibt sie: »Denn die Furcht des Herrn betrachtet demütig angesichts Gottes das Reich Gottes. Sie hüllt sich in die durchdringende Schau der guten und gerechten Absicht und bewirkt in den Menschen Eifer und Beständigkeit.«

4. Schreibe, was du siehst und hörst

Ein Beginn, ein erster Auftritt mit einem Paukenschlag, alles andere als zaghaft und zögernd. Selbstsicher oder richtiger: ihres Auftrags sicher tritt die unbekannte Nonne Hildegard im kurzen Einleitungskapitel ihres Erstwerkes *Scivias* vor die Öffentlichkeit: *Scribe, qui vides et audis...* »Schreibe, was du siehst und hörst«! Schon in der Vorrede schildert die Seherin geradezu programmatisch die Art ihres Auftrags, öffnet sich unmißverständlich die eigene Lebensgeschichte Hildegards der Besonderheit ihrer »Schau«:

»Es geschah im Jahre 1141 nach der Menschwerdung des Gottessohnes Jesus Christus, als ich 42 Jahre und 7 Monate alt war. Aus dem offenen Himmel fuhr blitzend ein feuriges Licht hernieder. Es durchdrang mein Gehirn und setzte mein Herz und die ganze Brust wie eine Flamme in Brand; es verbrannte nicht, war aber heiß, wie die Sonne den Gegenstand erwärmt, auf den ihre Strahlen fallen. Und plötzlich erhielt ich Einsicht in die Schriftauslegung, in den Psalter, die Evangelien und die übrigen katholischen Bücher des Alten und Neuen Testaments... Die Gesichte aber, die ich sah, empfing ich nicht im Traum, nicht im Schlaf oder in Geistesverwirrung, nicht durch die leiblichen Augen und die äußeren Ohren, auch nicht an abgelegenen Orten, sondern ich erhielt sie in wachem Zustand, bei klarem Verstand, durch die Augen und Ohren des inneren Menschen, an zugänglichen Orten, wie Gott es wollte.«

Scivias heißt: »Wisse die Wege«, das bedeutet, wie eine einleuchtende Ergänzung darlegt: »Erkenne die Verflechtungen der Schöpfung mit ihrem Schöpfer, begreife die Einheit der kosmischen Geheimnisse, schau auf Erlöser und Erlösung, begegne dem göttlichen Licht, öffne dich Gottes Erbarmen.«

Wiederholte, auf die eigene Person bezogene Hinweise, wie in der zitierten Vorrede, in Hildegards Briefen und ihrer Vita, machen vertraut mit ihren Empfindungen, mit erlittenen Ängsten und der Hoffnung auf Erlösung, mit ihrer psychischen und körperlichen Befindlichkeit im Zusammenhang mit ihrem Auftrag. Diese Art der Selbstdarstellung mutet sehr modern an. Wo immer sie sich schreibend äußert, kennt Hildegard keine Scheu, keine Skrupel, und überwindet ohne Bedenken die von einer Nonne in der Mitte des 12. Jahrhunderts eher erwartete Befangenheit.

Ungeniert, mit einer überraschend sicheren Befähigung zur Selbsterkenntnis teilt sie zu *Scivias* mit: »Ich wurde in dieser Schau unter heftigen Schmerzen gezwungen zu offenbaren, was ich gesehen und gehört hatte.« Sie habe sich gefürchtet und geschämt, »das auszusprechen, was ich so lange verschwiegen hatte«. Aber sogleich folgt mit ihrer Zustimmung zum visionären Auftrag ein unverhofft einsetzender Schub von Vitalität: »Meine Adern aber und mein Mark waren damals voller Kräfte, an denen es mir doch von Kindheit an gefehlt hatte.«

Nach zehnjähriger angestrengter Schreibarbeit vollendete Hildegard 1151 *Scivias*. Auf drei Bücher verteilt, in insgesamt sechsundzwanzig Visionen entfaltet die Mystikerin ein selbst die zeitgenössischen Theologen und Kirchenoberen überwältigendes visionäres Heils- und Weltpanorama.

Grundlegend beruft sich Hildegard auf die Schriften des Alten und Neuen Testaments, auf den Psalter, insbesondere auf die biblischen Propheten. Ihre eigenen Visionen stützt sie auf die Worte des Moses und des Psalmisten, auf die Worte Ezechiels, Isaias, Davids oder Salomos, die Hildegard wiederholt einzelnen Themenkreisen zufügt.

Die Annäherung an die biblischen Propheten kennzeichnet weithin den literarischen Stil der Visionen, wenn es heißt »Und ich sah ... Und ich hörte« oder beim Gebrauch bestimmter Metaphern und Gleichnisse. Die Gewißheit, als Sprachrohr Gottes den Sehern des Alten Testaments ähnlich und berechtigt zu sein, zur Umkehr aufzurufen, Schrecken und Heil zu verkünden, wurde mit Recht als ihr »prophetisches Selbstbewußtsein« gedeutet.

Aber Hildegards elementar bildhafte Sprache, ihr allegorischer Erfindungsreichtum geht über die Wiederholung des Bekannten weit hinaus. Der erste der drei Teile von *Scivias* handelt vom Mysterium Gottes und seiner Schöpfung, vom Versagen des Menschen und dem Fall der Engel. Und schon die Eröffnungsvision zeigt die Eigenart der Seherin Hildegard in ihre Bildfindung, Bilderhäufung. Sie zeigt ebenso erste Verständnisschwierigkeiten, obwohl etwa der Hinweis auf die durch den »eisenfarbenen Berg« symbolisierte Beständigkeit des Gottesreiches einen Anhalt bietet.

»Ich sah etwas wie einen großen eisenfarbenen Berg. Darauf thronte eine Gestalt von solchem Glanz, daß ihre Herrlichkeit meine Augen blendete. Zu ihren beiden Seiten erstreckte sich ein lichter Schatten, wie Flügel von erstaunlicher Breite und Länge. Und vor ihr, am Fuße des Berges, stand eine Erscheinung über und über mit Augen bedeckt. Ich konnte vor lauter Augen keine menschliche Gestalt erkennen. Und davor sah ich eine andere kindliche Gestalt in farblosem Gewand, doch mit weißen Schuhen. Auf ihr Haupt fiel ein solch heller Glanz von dem, der auf dem Berge saß, daß ich ihr Antlitz nicht anzuschauen vermochte. Doch von dem, der auf dem Berge thronte, ging ein sprühender Funkenregen aus, der die Erscheinungen mit lieblichem Licht umgab. Im Berge selbst konnte ich viele kleine Fenster sehen, in denen teils bleiche, teils weiße menschliche Häupter erschienen. Und plötzlich rief der auf dem Berge Thronende mit lauter, durchdringender Stimme und sagte: ›O du hinfälliger Mensch aus Erdenstaub, Asche aus Asche, verkündige und sprich über den Zugang zur unvergänglichen Erlösung, damit alle belehrt werden, die den inneren Gehalt der Schriften kennen, ihn jedoch nicht aussagen und verkündigen wollen.‹«

Thema und Sprache Hildegards besitzen von Anfang an ihre unverwechselbare Eigenart. Ihr bereits in ihrem ersten Werk ganz präsentes prophetisches Selbstvertrauen duldet auch in ihrer sprachlichen Mitteilung keine Entwicklung. Oft genug und noch in ihren letzten Lebensjahren spricht Hildegard von ihrem »ungefeilten Latein«, ihrem ungeschliffenen Stil, und sie verweist auf ihre mangelhafte Schulbildung, wie sie in den Frauenklöstern üblich war. Jedoch bezeugen schon die zitierten Abschnitte aus ihrem ersten Werk »eine stark individuelle Sprache«, die allerdings nicht selten oder »zeitweise unbeholfen und zeitweise unklar« wirken kann.

Erst beim Lesen größerer Abschnitte zeigt sich das Gemeinte, vor allem das für die Visionärin bezeichnende Überquellen offensichtlich angestauter Bilder, die sich nicht immer einem klaren, einsehbaren Zusammenfließen fügen wollen. Den Erklärungsversuch, in dieser stilistischen Exuberanz einen »Beweis wahrer Prophetie« zu sehen, würde Hildegard selbst kaum dulden. Die nahezu achtzigjährige Äbtissin auf dem Rupertsberg bekennt in einem Brief an Wibert von Gembloux freimütig ihre sprachlichen Mängel. Sie bittet den Mönch um Korrekturen, wo sie die Regeln der Grammatik verletzt habe, verlangt jedoch, daß »nichts hinzugefügt, weggelassen oder verändert werden« dürfe.

Auch die Hilfe des Korrektors kann nicht ganz jene Mängel überwinden, die selbst die Bewunderer Hildegards nicht übersehen können. Ihre Sprache leidet »unter Wiederholungen, unbeholfenen Konstruktionen und verwirrenden Neuschöpfungen, und ihre Ideen strapazierten ihr begrenztes Vokabular oft bis zur Schmerzgrenze«. Hinzu kommt, daß der heutige Leser die Symbolsprache des hohen Mittelalters als befremdlich empfindet.

Diese nicht zu leugnenden Leseschwierigkeiten ändern jedoch nichts daran, daß die »stark individuelle Sprache« Hildegards über einen »eigenen Reiz« verfügt, auch in den visionären Werken, nicht nur durch ihre heute in den Vordergrund gerückten natur- und heilkundlichen Schriften. Nicht wenige, auch wohlmeinende Interpreten, gestützt auf Hildegards rigorose Selbstkritik, bleiben leider bei dem zitierten Mängelkatalog stehen, ohne wahrzunehmen, was über Unvollkommenheiten hinaus den sehr eigenen sprachlichen Reiz ausmacht.

Mit Recht wurde Hildegard auch in ihren Prosawerken und zumal in vielen Teilen von *Scivias* als »bemerkenswerte ›poetische‹ Stilistin« hervorgehoben, ja zu den wenigen mittelalterlichen Autor(inn)en gezählt, die als Vorbild für Allegorese und als »Vorläuferin symbolischer Dichtung« gelten darf. Unvermutet wechseln in *Scivias* aus Bibel und christlicher Überlieferung bekannte Vorstellungen mit symbolisch-poetischen Bildeinfällen. Theologisch verfestigte Glaubenssätze erhalten durch eine überraschende Redewendung ein erneutes Gewicht. Oder manchmal »erhebt sich ein Abschnitt zu einer Höhe lyrischer Intensität, fast zu einer Beschwörung, um dann schnell zu einfacher darlegender Prosa zurückzukehren«.

Der zweite Teil von *Scivias*, dem Erlösungswerk und den Heilsmysterien der Kirche gewidmet, beginnt mit einem kraftvoll leuchtenden poetischen Bild, dem man zunächst die Bestimmung als Trinitätsvision kaum anmerkt:

»Dann sah ich ein überhelles Licht und darin eine saphirfarbene Menschengestalt, die völlig von einem sanften rötlichen Feuer durchglüht war. Und das helle Licht überstrahlte das ganze rötliche Feuer und das rötliche Feuer das ganze helle Licht und das helle Licht und das rötliche Feuer die ganze Menschengestalt, so daß sie ein einziges Licht in derselben Stärke und Leuchtkraft bildeten ... Das besagt: Der Vater, der die ganze ausgewogene Gerechtigkeit darstellt, aber weder ohne Sohn noch ohne Heiligen Geist, und der Heilige Geist, der die Herzen der Gläubigen entzündet, aber nicht ohne Vater oder Sohn, und der Sohn, der die Fülle der Fruchtbarkeit ist, aber nicht ohne Vater und Heiligen Geist, sind untrennbar in der Majestät der Gottheit.«

Das in diesem Abschnitt deutlich erkennbare Verfahren, die Ergänzung des poetischen Bildes durch die Prosa-Kommentierung, wiederholt sich bei nahezu allen Visionen Hildegards, gibt ihnen über manche Verständnisschwierigkeiten hinaus eine eigentümliche Spannung.

Das methodische Vorgehen zeigt allerdings auch, daß die so auffällig zum Leuchten gebrachte musische Gestimmtheit keinem Selbstzweck dient. Es ist sicher nicht falsch, in der Methode Hildegards eine pädagogische Absicht zu entdecken, gerichtet auf das Verständlichmachen der Heilsbotschaft, wie sie es mit Hilfe ihrer originären sprachlichen Mittel versteht und so, wie es ihrem visionären Auftrag entspricht. Nichts anderes vermittelt die Seherin als eine Botschaft vom Schöpfer und seiner

Schöpfung, vom gefallenen und der Heilung bedürftigen, ja mit dem gesamten Kosmos zur Vollendung und zum Heil berufenen Menschen.

Die Verfasserin von *Scivias* kann sich auf außergewöhnlich gute Kenntnisse des Alten und Neuen Testaments berufen, ihrem einzigen Lernstoff in der Rekluse auf dem Disibodenberg seit ihren Mädchenjahren. Um so rätselhafter bleibt die Herkunft bestimmter Vorstellungen und Bilder, die über das übliche Bibelwissen hinausgingen, Wissensstoff aus fremden Kulturen.

Zu solchen, für eine »ungelehrte« Reklusin schwerlich zu erklärenden, aber auch faszinierenden Wiederholungen gehört das in der dritten Vision des ersten Teils vorgestellte Symbolbild des Welteies, das in der asiatischen Mythologie, ebenso im orphischen Mythos beheimatet ist.

Zunächst verwirrt auch hier und wie schon zitiert eine grenzenlose, scheinbar ungeordnete, ja widersprüchliche Bilderflut: Das Ei als dunkles Gebilde und weißglänzender Feuerball, erfüllt von großer Kälte und zugleich flammendes Feuer, eine bald schwarzfinstere, bald hellstrahlende Farbe zeigend. Aber dieselben oder doch ähnliche Gegensätze bestimmen im orphischen Mythos das Urei als »Symbol des stofflichen Urgrunds aller Dinge«: weiß und schwarz zugleich, bald Wasser, bald feuriges Licht, bald feuchter Urgrund.

Hildegard holt jedoch das solcherart vorgeprägte, vorchristliche Symbolbild mit nicht weniger überzeugender Selbstverständlichkeit in ihre christlich-kosmisch bestimmte Weltsicht. Kosmos und Heilsgeschichte fließen ineinander, die »eiförmige Gestalt des Weltalls« und der Schöpfer-Gott (»unvergleichbar in seinen Geheimnissen und die Hoffnung aller Gläubigen«) gehören untrennbar zusammen. In ergänzender, neuzeitlicher Auslegung heißt es: »Indem Hildegard das Weltall in Gestalt eines Eies beschreibt, drückt sie sowohl die in der Schöpfung gelegenen Entwicklungskräfte aus als auch das Behütete und liebevoll Geborgene von Gottes Werk.«

Unerschöpflich ist ihr sprachlich-bildhafter Vorrat, um in der engen Beziehung zwischen Gott und dem gesamten Kosmos die auf den Menschen bezogene Heilsgeschichte zu kennzeichnen. Am Ende, über alle visionär erfaßte und wunderbar ausgemalte Bedeutungsvielfalt hinaus konzentriert sich Hildegards Botschaft auf den Menschen als Mittelpunkt und Fülle der gesamten Schöpfung. »O Mensch, schau den Menschen an! Der Mensch hat nämlich Himmel und Erde und die übrige Schöpfung in sich. Er ist nur eine Gestalt (una forma), und doch ist in ihm alles verborgen.«

Hildegard hätte zu ihrer christlich begründeten Anthropologie keinen besseren Zeugen finden können als den Evangelisten Johannes, den sie, auf die »Gottesliebe« bezogen, zitiert: »Dadurch erschien die Liebe Gottes zu uns, daß Gott seinen eingeborenen Sohn in die Welt gesandt hat, damit wir durch ihn leben.« (1 Joh.4, 9–10) Was theologisch so bekannt und selbstverständlich zu sein scheint, die Entsendung des Gottessohnes (nach Johannes: des Wortes Gottes) in diese Welt, gewinnt nun in der Auslegung Hildegards eine völlig neue Ausdeutung. »Durch den Lebensquell des Wortes kam nämlich die umarmende Mutterliebe Gottes zu uns; sie nährte unser Leben, hilft uns in Gefahren und leitet uns – als tiefe und zarte Liebe – zur Buße.«

Hildegard spricht von der »umarmenden Mutterliebe Gottes«, einer Zueignung, die über die konventionelle Bestimmung Gottes als männlich hinausgeht. Die Seherin vermittelt keineswegs ein zufälliges oder bloß dekoratives Bild, denn auch in späteren Äußerungen wie in ihrer Kosmosvision *De operatione Dei*, »Welt und Mensch«, läßt Hildegard erkennen, daß in ihrer Vorstellung »das Weibliche auch eine Dimension Gottes ist«.

In einer vorwiegend männlich bestimmten Zeit, in der Frauen der Zugang zu gelehrter, theologischer Bildung verschlossen blieb, muß es ungeheuer gewesen sein, von einer zunächst ja unbekannten kleinen Nonne über das väterliche *und* mütterliche Wesen Gottes belehrt zu werden. Welche Kühnheit der Nonne Hildegard, die – nach einer neuzeitlichen Interpretation – »die Weiblichkeit Gottes als die Offenbarung des verborgenen Gottes« ansah. Genauer, zur Beschreibung von Hildegards Sichtweise der weiblichen Dimension Gottes: »Sic ist die planende, offenbarende, schöpferische, helfende und verlockende Gottheit. Sie ist auch die innere Dynamik der Welt, die gehorcht, empfängt, antwortet und kooperiert.«

Noch einmal zeigt sich im Bild von der »umarmenden Mutterliebe Gottes«, wie eng in Hildegards Sichtweise Weltgeschichte und Heilsgeschichte verbunden sind. Den Angelpunkt dieser Verbindung, einen sehr konkreten, nämlich geschichtlich greifbaren Angelpunkt, bildet die Menschwerdung des Gottessohnes, des Wortes Gottes.

Diese Rückführung auf eine Glaubensrealität macht sichtbar, wie die Seherin Hildegard trotz ihrer überreichen Symbolfindung und übersprudelnden Bilderflut in ihren zentralen Vorstellungen konkret bleibt oder zum Konkreten drängt. Sie fügt selbst mitunter Fragestellungen wie »Was bedeutet das?«, »Wieso?«, »Wie?« oder erhellende Kommentierungen hinzu. Für ihre späteren Werke, ihre natur- und heilkundlichen Schriften, ihre brieflichen Antworten versteht sich ein dem Konkreten verpflichtetes Verhalten als selbstverständlich. Aber schon das in ihren Visionen aufscheinende Welt- und Menschenbild hat »mit keinerlei mystischer Welterklärung oder gar einem visionären Enthusiasmus zu tun«.

Überhaupt fällt es schwer, Hildegard in ihrer Grundhaltung als »Mystikerin« zu charakterisieren. Es sei denn, den »Begriff der Mystik bei Hildegard weitaus strenger zu fassen«, wie es in der Einführung zu ihrer Kosmosschrift *De operatione Dei* heißt. Das bedeutet: »Ihr mystisches Erleben beruht einzig und allein auf der persönlichen Erfahrung einer Begegnung mit Gott, und zwar nicht mit Gott als subjektivem Gesprächspartner der Seele, sondern jenem Gott, der die ganze Welt und den ganzen Menschen geschaffen hat.«

Vor allem bestreitet Hildegard selbst ganz entschieden und wiederholt, eine ekstatische Visionärin zu sein, im Gegensatz zu anderen Mystikerinnen wie der jüngeren Elisabeth von Schönau, der ihr vertrauten Briefpartnerin. So merkwürdig es sein mag, in ihrer ersten wie in einer ihrer letzten schriftlichen Äußerungen gibt sich Hildegard in einer Weise zu erkennen, die keinen Zweifel an ihrer Bestimmung als »einziger nichtekstatischer Mystikerin des Hochmittelalters« läßt.

Noch einmal, als Siebenundsiebzigjährige schreibt Hildegard in einem aufschlußreichen und überzeugenden Selbstbekenntnis in einem Brief an Wibert von Gembloux von der »Gabe dieser Schau bis zur gegenwärtigen Stunde«. Sie bekennt, was für *Scivias* wie für alle ihre visionären Werke gilt: »Ich sehe sie einzig in meiner Seele, mit offenen leiblichen Augen, so daß ich dabei niemals die Bewußtlosigkeit einer Ekstase erleide, sondern wachend schaue ich dies, bei Tag und Nacht.«

5. Gerufen aus der Verborgenheit

Jemand, der sein Schreiben über alle Selbstzweifel hinweg als Auftrag empfindet, ja als Befehl einer höheren, der höchsten Instanz: »Schreibe, was du siehst und hörst!«, will gelesen und gehört werden. Aber zunächst und zuerst lebte die Nonne Hildegard als Inklusin. In ihrer Klause mit der Außenwelt nur durch ein kleines Fenster verbunden, erfuhr allein der unmittelbare Vorgesetzte der Nonnen, Abt Kuno des Mönchsklosters auf dem Disibodenberg, von einer langwierigen Krankheit der Magistra und von ihren Visionen. Offensichtlich war er von einem »ungewöhnlichen Ereignis« überzeugt, suchte jedoch den Rat einiger kluger Mönche und empfahl schließlich der Magistra, sie möge weiterhin aufschreiben, »was Gott ihr eingebe«, zumal ihre Körperkräfte zurückkehrten, sobald sie ihre Aufzeichnungen fortsetzen konnte.

Sieben Jahre des Schreibens von *Scivias* waren vergangen, bis es im Jahr 1147 zu jenem Wendepunkt kam, an dem das Leben der nahezu fünfzigjährigen Hildegard in eine Richtung gelenkt wurde, die mehr und mehr zur öffentlichen Wirksamkeit drängte. Der Außenstehende wird, je nach seinem Standpunkt, von Zufall oder Fügung sprechen. Auf jeden Fall war es ein schicksalhaftes Ereignis, das den Rahmen eines Lebens als Inklusin sprengte und das Hildegard den Zuspruch der höchsten kirchlichen Autoritäten brachte, ihre Legitimierung als Seherin, als Prophetin.

Es war eine Art Kettenreaktion, die nur deswegen zu einem

glücklichen Ergebnis führen konnte, weil sich Papst Eugen III. vom Novemberende 1147 bis Februar 1148 zu einer allgemeinen Kirchenversammlung in Trier aufhielt. Achtzehn Kardinäle und zahlreiche deutsche, französische, belgische, englische und italienische Bischöfe nahmen an der Reformsynode teil, ebenso Bernhard von Clairvaux, einflußreich, der »ungekrönte Papst«.

Nicht auszudenken wäre die Reaktion des Papstes, wenn ihn die Nachricht von der Sehergabe einer schlichten unbekannten Inklusin über die Kurie in Rom erreicht hätte. Aber man muß einer solchen querlaufenden Frage sogleich entgegenhalten, daß die für die Entdeckung und Anerkennung der kleinen Nonne so zentrale Trierer Synode im Leben Hildegards eine unabweisbare Folgerichtigkeit besitzt.

Es muß ein schnelles Verfahren, wahrhaft eine Kettenreaktion gewesen sein, ausgelöst durch die Hilflosigkeit des Abtes Kuno. Der Abt suchte Rat bei seinem Vorgesetzten, Erzbischof Heinrich von Mainz, legte ihm erste von Hildegard verfaßte Schriften vor. Dem Erzbischof gelang es, bei den in Trier versammelten Kirchenoberen Interesse für die Visionärin zu wecken. Papst Eugen III., reformbewußter Zisterzienser wie Bernhard und sicherlich nicht ohne dessen Einfluß, entsandte den Bischof von Verdun mit einigen kundigen Geistlichen, die in der Rekluse auf dem Disibodenberg »ohne Aufsehen und Erregung der Neugierde die Vorgänge bei Hildegard selbst erforschen« sollten. Die Kirchenoberen waren unsicher in der Bewertung der Seherin.

Jedoch nach der Rückkehr der Kommission und deren Bericht, nachdem der Papst einen Teil der Schriften Hildegards, Teile aus *Scivias* gelesen hatte, machte Eugen III. selbst die Synodalen mit dem Ergebnis bekannt. Deutlich genug vermittelt der Vitaschreiber Gottfried, wie sehr die Erwartung der Versammelten erfüllt wurde. Papst Eugen hielt die Schriften Hildegards in seinen »eigenen Händen, übernahm das Amt des Vorlesers und trug dem Erzbischof, den Kardinälen und allen anwesenden Geistlichen öffentlich daraus vor. Und als er die Antwort der Männer, die er zur Untersuchung entsandt hatte, verkündete, rief er die Herzen aller zum Lobe des Schöpfers und zur jubelnden Mitfreude auf«.

Der anwesende Abt Bernhard »forderte unter dem Beifall

aller den Papst auf, er möge nicht dulden, daß ein solch hellstrahlendes Licht von Schweigen überdeckt würde; er solle vielmehr eine solche Begnadung, die der Herr in seiner Zeit offenbaren wolle, durch seine Autorität bestätigen. Dem gab der verehrungswürdige Vater der Väter ebenso gütig wie klug seine Zustimmung. Er richtete an die heilige Jungfrau ein ehrenvolles Schreiben, in dem er ihr im Namen Christi und des heiligen Petrus die Erlaubnis erteilte, alles, was sie im Heiligen Geiste erkenne, kundzutun, und ermunterte sie zum Schreiben.«

Zu diesem bewegenden Augenblick in Trier führte eine besondere, eine schnelle, aber doch konkret faßbare nahezu zwangsläufige Entwicklung. Wie Hildegard selbst keine Mystifikation duldete, den realen Vorgängen verpflichtet blieb, zeigt auch dieser Weg bis zur päpstlichen Anerkennung nichts anderes als eine real greifbare Folgerichtigkeit. Hildegard selbst war bei dieser durch den Abt Kuno in Gang gesetzten und sie betreffenden Entwicklung unbeteiligt. Wie hätte sie auch als Nonne und Reklusin eine päpstliche Entscheidung beeinflussen können?

Mit ihren eigenen Worten beschrieb sie später eher nüchtern und zurückhaltend, was den Vitaschreiber jubilieren ließ. Sie notierte, ihre Schriften seien Papst Eugen in Trier vorgelegt worden, der Papst habe die Schriften der großen Versammlung vorlesen lassen. »Und im starken Vertrauen auf die Gnade Gottes sandte er mir seinen Segen mit einem Schreiben, in dem er mir gebot, das, was ich in der Schau hörte und sah, genau aufzuzeichnen.«

Nach dem Abschluß eines weiteren Teils von *Scivias* sandte die fünfzigjährige Hildegard ihren Text mit einem Begleitschreiben nach Rom. Es war der erste ihrer vier überlieferten Briefe an Papst Eugen III. Im Gegensatz zu ihrem ein Jahr zuvor an Bernhard von Clairvaux gerichteten devoten und von Selbstzweifeln diktierten Brief, schreibt nun eine innerlich gefestigte, ungemein mutige und ihres Auftrags bewußte Hildegard. Zum ersten Mal beklagt sie selbstbewußt, auch mit einem bemerkenswerten Anflug von Ironie, jene »irdisch gesinnten Klugen«, die »in der Unbeständigkeit ihres Geistes« manches verwerfen, weil es von einer Frau, »von einem armen Gebilde stammt, das aus der Rippe erbaut und nicht von Philosophen belehrt worden ist«. Solche Worte, zudem noch dem Papst zugedacht, waren unerhört in der Männergesellschaft des 12. Jahrhunderts, in der Frauen, erst recht Nonnen, jegliches Studieren verwehrt blieb.

War das noch dieselbe Hildegard, die sich ein Jahr zuvor in ihrem Brief an Bernhard »erbärmlich und mehr als erbärmlich in meinem Sein als Frau« genannt hatte, die ihre Unsicherheit und Selbstzweifel eingestand?

Das Thema der in ihrer Wesenheit benachteiligten Frau wird sie ihr Leben lang beschäftigen. Hildegard wird später wiederholt und mit nie nachlassender Intensität dem sogenannten Zeitgefühl widersprechen, einer innerkirchlich seit dem Mittelalter bis in die Neuzeit nie ganz überwundenen negativen Grundhaltung in der traditionellen Bestimmung des Frauseins. Sie trat ja nicht nur als erste christliche Denkerin hervor, die sich »ernsthaft und positiv mit dem Weiblichen« befaßte. Hildegard wagte es, gegen die vorherrschende Meinung auf einem »polaren Menschenbild« zu bestehen, einem Menschenbild, »in welchem der eigenständige Wert des Frauseins dem des Mannseins entgegengesetzt ist, und dies sowohl auf der symbolischen wie auf der Realitätsebene«.

Man erschrickt bei der Zitierung dieser intellektuellen Begrifflichkeit, auch wenn in anderem Zusammenhang von ihrer »frauenbezogenen Spiritualität« oder ihrer Sicht auf eine »einheitsstiftende Gesamtpersönlichkeit« von Mann und Frau gesprochen wird. Aber natürlich kennzeichnen solche, dem heutigen Verständnis nahegerückten Bestimmungen einen zentralen Denkansatz Hildegards. Eine zu ihrer Zeit, im 12. Jahrhundert, brisante, zudem von einer dem Zölibat verpflichteten Klosterfrau rückhaltlos ausgesprochene Korrektur des vorherrschenden Frauenbildes.

Schon in den frühen Briefen, wenn auch noch unfertig, klingt jene positive Bestimmung der Frau an, die Hildegard später mit zunehmender Dringlichkeit wiederholt. Bemerkenswert ist, daß die reichlich offene und kühne Briefschreiberin Hildegard in dieser wie in anderen Fragen außerhalb ihrer Visionen ernstgenommen wurde, daß sie schon bei ihren ersten hochgestellten Briefpartnern keineswegs als nichtkompetent abgelehnt wurde.

Nochmals unerhört war die Kühnheit dieser doch eben erst geprüften und in ihrer Sehergabe bestätigten Nonne, die es wagte, in weiteren Briefen an den Papst Mißstände bei den Klerikern anzuprangern. »Wirf das Auge nicht vom Auge und schneide nicht das Licht vom Licht ab, sondern steh auf ebenem Weg, damit du nicht der Anklage verfällst wegen der Seelen, die in dein Herz gelegt sind. Laß nicht zu, daß sie durch die Gewalt der üppig lebenden Prälaten im Pfuhl des Verderbens versinken.« In einem weiteren Brief spricht sie den Papst wiederum direkt an: »Du also, großer, nach Christus benannter Hirte, gewähre Licht den Bergen, die Zuchtrute den Tälern. Gib den Vorstehern Gebote, die Untergebenen bringe in Zucht.«

Hildegard bedient sich der »Symbolsprache des hohen Mittelalters«, aber mit wenig Mühe ist der jeweilige Sinngehalt aufzudecken. Es geht ihr immer um konkrete Situationen, von Anfang an, und der Empfänger ihrer Briefe wußte genau, was die Nonne vom Disibodenberg forderte. Der einzige überlieferte Brief des Papstes an Hildegard aus dem Jahr 1152 (ein Jahr vor dem Tod Eugens III.) bezeugt noch einmal die charismatische Gabe der Seherin. »Deshalb erachten wir es als überflüssig, dir noch viele ermahnende Worte zu sagen und deinen Geist, der sich ja ganz auf die göttliche Kraft stützt, noch durch ermunternde Worte zu festigen.« Der Brief des Papstes bestätigt zugleich schon zu diesem frühen Zeitpunkt, daß es bei der Anerkennung Hildegards um mehr ging als um die bloße Billigung ihrer Visionsschriften.

Später wird sie sich noch konkreter und mit enormer Durchsetzungskraft in mißliche innerkirchliche Angelegenheiten einmischen. Das Erstaunliche ist, wie ihre mitunter sehr barschen und radikalen kirchen- oder richtiger klerikerkritischen Äußerungen von den Kirchenoberen gehört werden.

Hildegard ist dem Papst, der ihre Berufung erkannt hat, der ihr den Weg aus der klösterlichen Verborgenheit öffnete, nie begegnet. Jedoch die wenigen Briefe der fünfzig- bis vierundfünfzigjährigen Magistra an Eugen III. und dessen eigener einziger Brief bezeugen ein enges Vertrauensverhältnis zwischen der Nonne und dem Papst. Ihre Briefe schrieb sie in lateinischer Sprache, und schon die zitierten Zeilen lassen eine Ausdrucks- und Sprachmächtigkeit erkennen, die um so bewundernswerter ist, weil die Briefschreiberin in ihrer Rekluse kaum Gelegenheit hatte, das Handwerk des Schreibens auszubilden.

Schon die frühen Briefe bezeugen Hildegards eigene Fähigkeit zu einer anschaulichen, die Situation vortrefflich charakterisierenden Mitteilung.

Anders verhält es sich bei Hildegards Werken, zumal bei ihren drei großen visionären Büchern. Abt Kuno vom Disibodenberg hatte der Magistra der kleinen Nonnenkommunität den schon erwähnten Mönch Volmar, der einige Jahre jünger als die Meisterin war, als Helfer bei der stilistischen Überarbeitung der Visionen zur Seite gegeben. Obwohl Propst des Klosters, scheint Volmar im Dienst am visionären Werk Hildegards seine Lebensaufgabe erkannt zu haben. Über zweiunddreißig Jahre, von 1141 bis zu seinem Tode, diente Volmar der Seherin. Als er 1173 starb, hatte Hildegard ihr mit Recht als »reifste und zentrale schöpferische Leistung«, bezeichnetes letztes Werk *Liber divinorum operum*, ihre Schau über Welt und Mensch, vollendet.

Für Hildegard war es mehr als ein Glücksfall, vom Beginn ihrer ersten visionären Niederschrift bis zur Vollendung ihres letzten Werkes die jeweilige Erstfassung dem Mönch Volmar, dem Mann, »der die Feile hat«, wie sie selbst schrieb, anzuvertrauen. Sie nannte Volmar nach dessen Tod ihren »einzigen und geliebten Sohn«. Aber Volmar war ja nicht nur der Mittelsmann, dem Hildegard »die großen Geheimnisse offenbarte wie keinem«, das heißt, dem sie ihre auf eine Wachstafel verzeichnete Niederschrift zur Verbesserung nach den Regeln der Grammatik überließ. Viel zu wenig wird hingewiesen auf den Mann, der seiner Meisterin in schwierigsten Situationen ohne viel Aufhebens die Treue hielt.

Trotz der hohen Anerkennung durch Papst Eugen III. ergaben sich sogleich Schwierigkeiten, als die Magistra plante, mit ihren Nonnen die zu klein gewordene Rekluse auf dem Disibodenberg zu verlassen. Vermutlich hing die Verweigerung des Abtes Kuno und der Mönche mit der nun päpstlich bestätigten Berühmtheit der Seherin Hildegard zusammen. Noch zurückhaltend notiert der Vitaschreiber, der Abt und die Brüder hätten ihre Einwilligung verweigert, »weil sie Hildegard ungern wegziehen sahen«. Konkret entsprach das Gemeinte dem Wunsch der Mönche, an der Berühmtheit der nahezu vier Jahrzehnte in ihrer Obhut lebenden Seherin teilzuhaben.

Ihr Biograph schildert anschaulich, wie »Hildegard vom Heiligen Geiste jene Stätte gezeigt wurde, wo die Nahe in den Rhein mündet, nämlich der Hügel, der früher vom heiligen Bekenner Rupertus seinen Namen erhielt«. Dort also sollte sie mit ihren Nonnen ihr neues klösterliches Domizil finden.

Bis zum ersten Nachgeben der Mönche muß der Konflikt äußerst heftig verlaufen sein, wozu ja auch der angedrohte Entzug des Propstes Volmar gehörte. Hildegard erkrankte an einer Art Starrkrampf und konnte nur unbeweglich »wie ein Felsblock« in ihrem Bett liegen. Natürlich mißtraute Abt Kuno der so passend im rechten Augenblick schwer erkrankten Magistra, bis er selbst an ihr Krankenlager trat und er »und die anderen erkannten, daß sie durch eine göttliche Anregung gedrängt wurde, und sie widersetzten sich nicht länger der Einwilligung, sondern gaben nach Kräften ihre Zustimmung«.

So konnte die Magistra Hildegard, gefolgt von achtzehn ihrer Mitschwestern, 1150 auf dem Rupertsberg oberhalb von Bingen ein eigenes Frauenkloster beziehen. An diesem Ort floß nicht nur die Nahe in den Rhein, sondern seit den Römerzeiten trafen hier wichtige Verkehrswege zusammen, ein Kreuzpunkt von Handelsstraßen, die nach Trier, nach Köln oder Mainz führten.

Ob der Wechsel von der Waldeinsamkeit des Disibodenberges zu diesem neuen, zentral gelegenen Ort »weiterreichenden Absichten Hildegards« entsprach, läßt sich nicht beweisen, wäre auch in Konsequenz mit dem Gelübde einer Nonne kaum vereinbar gewesen. Aber tatsächlich begann für die nun zweiundfünfzigjährige Hildegard mit dem Wechsel ihre intensive öffentliche Wirksamkeit, bei der sie einen ungemein findigen Realitätssinn erwies, ohne ihrem visionären Auftrag im Geringsten untreu zu werden.

Was ihren Realitätssinn betrifft, so wurde er alsbald nach dem Umzug auf den Rupertsberg gefordert. Der Konflikt, der Widerspruch der Mönche vom Disibodenberg war keineswegs beendet, ja er verschärfte sich, als die Nonnen ihre wirtschaftliche und rechtliche Unabhängigkeit beanspruchten. Die

Mönche hielten den von den Novizinnen ins Kloster mitgebrachten Besitz zurück. Sie reagierten auf keine Mahnung. Außerdem verweigerten sie den Nonnen die freie Priesterwahl und drohten zudem, ihnen den Propst Volmar zu entziehen.

Die Klostervorsteherin selbst, nun die *abbatissa*, die Äbtissin, obwohl noch von Krankheit geschwächt, ließ sich auf ein Pferd heben und ritt zum Disibodenberg, um ihre und ihrer Mitschwestern Rechte geltend zu machen. Temperamentvoll und ohne erwartete Unterwürfigkeit hielt sie dem Abt Kuno und den Brüdern vor, sie hätten kein Recht, den Besitz ihrer Mitschwestern, die den Nonnen vermachten Schenkungen als ihr Eigentum zu betrachten. »Wollt ihr aber in eurem Widerstand verharren und gegen uns mit den Zähnen knirschen, so werdet ihr den Amalekitern gleichen und dem Antiochus, von dem geschrieben steht, daß er den Tempel des Herrn beraubt hätte. Haben einige von euch in ihrer Unwürdigkeit gesprochen: ›Wir wollen ihren Besitz verringern‹, so spreche ICH, DER ICH BIN: ›Ihr seid die schlimmsten Räuber!‹«

Nicht weniger scharf droht die empörte und sich betrogen fühlende Klostervorsteherin den Mönchen in einem anderen überlieferten Redefragment: »Wie ich in wahrer Schau vernommen ... wird Gottes Strafgericht euch vernichten!«

Hildegard konnte sich auf den Zuspruch des Erzbischofs Heinrich von Mainz berufen. Aber im Grunde war es allein ihre überzeugende Persönlichkeit, die das von ihr gewünschte dem Abt und den Mönchen vom Disibodenberg abtrotzte.

Was wünschte, was forderte sie? Nichts Geringeres als die im zwölften Jahrhundert singuläre »Loslösung« ihres neugegründeten Klosters vom Disibodenberger Mönchskloster. Dazu die rechtsgültige Bestätigung, über alle ihrem Kloster auf dem Rupertsberg vermachten Liegenschaften und Schenkungen frei verfügen zu dürfen. Zugunsten dieser von den Mönchen schließlich gebilligten Forderungen verzichtete Hildegard auf »den größten Teil ihrer Besitzungen«, die sie und ihre Schwestern beim Eintritt in ihr Kloster auf dem Disibodenberg mitgebracht hatten.

Die Mönche verpflichteten sich, den Nonnen zur geistlichen Betreuung einen Priester zu überlassen, jedoch einen Priester ihrer Wahl. Auch dieses von Hildegard erstrittene Privileg eines

Frauenwahlrechts war eine zu ihrer Zeit außergewöhnliche Neuerung.

Es war ein wohlbedachtes, planvolles Vorgehen, wenn man bedenkt, daß Hildegard seit 1147, dem Jahr der Trierer Kirchenversammlung, um den Wechsel auf den Rupertsberg bemüht war. Um so mehr hatte sie die entgegen der ersten Zusage noch einmal aufflammende und ihre Gründung bedrohende Verhinderungstaktik der Mönche empört.

Auf dem Rupertsberg, am Ort eines in Vergessenheit geratenen und zerstörten Klosters mit Kapelle zu Ehren des heiligen Bekenners Rupertus, hatte Hildegard von den Besitzern des ehemaligen Klosterareals durch Schenkungen die nötigen Grundstücke erworben. Sie muß nicht wenige selbstlose Helfer gehabt haben, denn nach drei Jahren war der Klosterbau zur Aufnahme der Nonnen errichtet, und zumindest in den ersten Jahren sicherten Naturalleistungen aus den nahen Höfen und Dörfern den Lebensunterhalt der Nonnen.

Der Mainzer Erzbischof Heinrich, der tatkräftige Helfer und Schutzherr der Nonnen, weihte zwei Jahre nach deren Einzug in ihr Kloster, am 1. Mai 1152, die nun auch vollendete Rupertsberger Kirche ein. Nicht anders als Hildegard selbst scheint der Mainzer Erzbischof gewußt zu haben, daß der geistliche Dienst durchaus einer realen Grundlage bedarf. Am Weihetag, an dem der Erzbischof einigen der Nonnen »den geweihten Schleier auflegte«, stiftete er dem Kloster eine bei Bingen gelegene Mühle, deren Erträgnisse dem Lebensunterhalt der Nonnen zugute kommen sollte.

Zweiter Teil

Die Äbtissin

Dieses Kloster ist nicht etwa
von einem Kaiser oder Bischof,
einem Mächtigen oder Reichen dieser
Erde, sondern von einer armen,
zugezogenen, schwachen Frau
gegründet worden.

Wibert von Gembloux

6. Klosterleben

Auf dem Rupertsberg, kurz nach dem Einzug Hildegards mit ihren Nonnen, beendete sie nach zehnjähriger Schreibarbeit *Scivias*, ihr umfangreichstes visionäres Werk. In ihrem nun eigenen Kloster, vielleicht inspiriert von einem Gefühl tiefer Dankbarkeit, entstanden ihre letzten Aufzeichnungen der *Scivias*-Visionen mit den wunderbaren poetisch wie charismatisch eindringlichen Lobgesängen auf die Heiligen, auf »die Freuden der Himmelsbürger« und die »Wundertaten Gottes«.

Am Ende, nach der Entfaltung ihrer weitgespannten, heilsgeschichtlich begründeten Welt- und Menschheitsschau, konzentriert sich Hildegards Visionsdichtung auf den Lobpreis des Schöpfers. Bei dieser allerhöchsten Laudation verzichtet sie freilich nicht auf die Benennung der unabdingbaren Wechselbeziehung zwischen Gott und seinem Geschöpf, dem Menschen. »Dem himmlischen Schöpfer muß man unaufhörlich mit der Stimme des Herzens und des Mundes Lobgesänge darbringen, denn er weist nicht nur den Stehenden und Aufrechten, sondern auch den Fallenden und Gebeugten durch seine Gnade Plätze im Himmel zu.« So äußert sich die nicht nur der himmlischen Freuden bewußte Seherin, die Prophetin, sondern in charakteristischer Weise die stets auf den Menschen bezogene Realistin.

Bis zum Entstehen ihrer nächsten visionären Schrift vergehen sieben oder acht Jahre. Eine Zeit, erfüllt von den realen, den alltäglichen Aufgaben der Klostervorsteherin. Wiederum bewährt sich die Realistin, die ganz den notwendigen Erfordernissen des klösterlichen Zusammenlebens zugewandte Äbtissin Hildegard. Sie zeigte ja nicht nur bei der Gründung ihres Klosters einen für die Reklusin unerwarteten Realitätssinn, sondern erst recht nach dem Einzug, als der Alltag der Kommunität auf dem Rupertsberg begann.

Überaus schwierige Anfangsjahre erwarteten die Nonnen auf dem Rupertsberg, auch wenn der klösterliche Grundbesitz gesichert war und der Klosterbau zum Einzug bereitstand. Aber zunächst übernahmen die Schwestern ein seit Jahrhunderten vernachlässigtes, verrottetes Land in einer Einöde. Schenkungen und Naturalleistungen zum Lebensunterhalt kamen erst allmählich der Kommunität zugute. Die Stiftung der schon genannten Mühle durch den Erzbischof von Mainz erfolgte nach zwei Jahren, brachte auch dann nur eine Ergänzung zum Gesamthaushalt der Nonnen.

Inzwischen hatten sie in mühsamer Arbeit die verödeten Felder ringsum zur ersten landwirtschaftlichen Nutzung bereitgemacht, Gärten und Felder angelegt. Quellwasser mußte von einem der näheren Hügel herbeigeholt werden, bis erst nach Jahren Wasserleitungen in jeden Arbeitsraum führten. Es war unter der Anleitung Hildegards ein langwieriger Prozeß der Urbarmachung einer Wildnis. Die Äbtissin gewann Helfer, die den Nonnen bei der harten Arbeit zur Seite standen. Aber manche der mit Hildegard auf den Rupertsberg gezogenen Mitschwestern ertrug nicht die Härte der Anfangsjahre und suchte Zuflucht in einer anderen, besser versorgten Klostergemeinschaft.

Nur langsam stellten sich für die Kommunität geordnete Wohn- und Lebensverhältnisse ein. Im Juni 1177 besuchte Wibert von Gembloux die Kommunität auf dem Rupertsberg, und ihm verdanken wir eine anschauliche briefliche Schilderung der Verhältnisse. Jedoch waren seit der Gründung des Klosters siebenundzwanzig Jahre vergangen, als der Benediktiner Wibert von Gembloux »rund fünfzig Schwestern« zählte und bemerkte, daß deren »Ausgaben für Kleidung und Nahrung zur Genüge gedeckt« seien. Eine große Zahl von Bediensteten besorgte die nötigen Arbeiten, und jederzeit fanden Gäste Aufnahme im Kloster, dessen Gebäude Wibert »nicht prunkvoll, wohl aber stattlich und geräumig« nannte.

In den Anfangsjahren litten die Schwestern unter der materiellen Not, unter der Härte der dürftigen Verhältnisse. Nun jedoch war auf dem Rupertsberg eine lebhafte, vielbesuchte Klosteranlage entstanden, in der hochgestellte und einfache Besucher, aber auch pflegebedürftige Frauen aufgenommen wurden. Der Vergleich mit einem selbständigen, geschlossenen Wirtschaftsunternehmen liegt nahe, denn zum Klosterbereich gehörten ja nicht nur die kirchlichen Gebäude und alle notwendigen Einrichtungen zu deren Instandhaltung, sondern Werkstätten jeder Art und Wirtschaftsgebäude, Vorratshäuser und Ställe, Gesindeunterkünfte, Waschräume, Krankenzimmer und Apotheke, Backhaus und Küche, Bibliothek und Schreibstube, dazu nahegelegene Nutzgärten und der Friedhof.

Manche der Verwaltungsaufgaben konnte die Klostervorsteherin delegieren. Die Verantwortung trug sie alleine, und sie hatte als Verwalterin der Stiftungen und als Grundbesitzerin für das Eintreiben aller ihrem Kloster zustehenden Abgaben der Landbevölkerung zu sorgen. Die lebensnotwendige materielle Führung eines Klosters, zumal einer aus dem puren Nichts erweckten Neugründung, unterschied sich kaum von der Verwaltung einer weltlichen Gemeinde, war eher noch komplexer wegen des vorgegebenen geistlichen Anspruchs.

Man muß diese sehr realen, zeitraubenden und praktischen Verstand fordernden Aufgaben hervorheben, um die Person Hildegards auch nur annähernd zu begreifen. Die Klostervorsteherin Hildegard, die Praktikerin, bewährte sich in einer Weise, ohne die das exemplarische Leben der Seherin, der Prophetin unvollständig wäre. Eben diese Seite der um ihr Kloster, ihre Kommunität besorgten und mit großem Geschick handelnden Äbtissin gerät allzu schnell in Vergessenheit angesichts ihrer Bedeutung als begnadete Seherin, als Verfasserin ihrer visionären Werke und einer Reihe anderer Schriften.

Es war keineswegs so, daß der Klostervorsteherin Hildegard das ihr abverlangte notwendige praktische Handeln leichte fallen wäre. Sie verfügte nicht über eine robuste Natur, die ihr erlaubte, jeder verzweifelten Situation aus eigenem Vermögen zu widerstehen. Unvorhergesehene Schwierigkeiten türmten sich auf, überforderten wiederholt ihre physischen Kräfte, ließen sie oft genug unter Schwächeanfällen und Erkrankungen leiden, vor allem in den Anfangsjahren. Sie sagt es selbst in ihrer Vita: »So große Widerwärtigkeit, Trübsal und Arbeitslast überfiel mich, wie wenn eine Sturmwolke die Sonne verdeckt. Da seufzte ich, vergoß Tränen und sprach: ›Oh, oh, Gott läßt niemanden zuschanden werden, der auf ihn vertraut!‹ Doch wiederum schenkte mir Gott seine Gnade, wie wenn die Wolken weichen und die Sonne scheint.«

Solche und ähnliche Selbstzeugnisse wiederholen sich in der Vita, in den Briefen Hildegards. Sie bedarf keines Arztes, um sich ihrer sehr labilen körperlichen Verfassung und ihrer dennoch unverzichtbaren Überforderung bewußt zu sein, oft genug bis an die Grenze der Verzweiflung getrieben. Besser, konkreter, eindringlicher als es ein Psychiater vermag, definiert Hildegard selbst ihre innere Grundverfassung. Sie benennt ihre psychische Not, ihre Verzweiflung, gewinnt jedoch im gleichen Atemzug Sicherheit aus einem Urvertrauen, das ihre Lebenskraft stärkt. »Niemals habe ich geruhsam dahingelebt, sondern in vielfachen Trübsalen mich abgemüht, bis Gott den Tau seiner Gnade auf mich herabsandte.«

Noch deutlicher im Hinblick auf ihre körperlichen Schmerzen und ihre Fieberanfälle notiert sie, wie radikal ihr die äußere und zugleich die innere Not zusetzt: »Gott verstrickte mich in so viele Unbilden, daß ich nicht mehr zu denken wagte, welch große Güte er mir in seiner Gnade schenken werde, zumal ich sah, in welches Unglück die gerieten, die sich der Wahrheit Gottes widersetzten. Von der Trübsal und den Schmerzen, die ich durch die trockene Hitze zu erleiden hatte, wurde mein Körper so zusammengeknetet, wie wenn lehmige Erde mit Wasser zusammengemengt wird.«

Hildegards Krankheiten, Fieberanfälle, Lähmungen, Atemleiden, ergänzt durch ihre eigenen Erklärungen, deuten auf psychosomatische Zusammenhänge. Sie selbst spricht wiederholt von ihren körperlichen Schmerzen, die zunahmen, nicht nachließen, solange sie »aus Furcht vor den Menschen die mir von Gott gewiesenen Wege nicht beachtete«.

Ob sie wirklich, wie vermutet wurde, eine »nicht unbedingt heilige List« anwandte, als sie auf dem Disibodenberg schwer erkrankte, gelähmt auf ihrem Bett lag, weil die Mönche die Gründung ihres Klosters auf dem Rupertsberg zu verweigern drohten? Kaum jedoch, so berichtet der Vitaschreiber in glaubhafter Naivität, habe der erschrockene Abt Kuno der schwerkranken Hildegard seine Zustimmung gegeben, »erhob sie sich schnell, als hätte sie nach so langer Zeit an keiner Schwäche mehr gelitten«.

Verrät ihr Krankheitsbild »Züge einer Hysterikerin«, wie behauptet wurde, wenn auch »mit allem Respekt vor der genialen Frau«? Tatsächlich schildert Hildegard selbst, wie sie krank wurde, wenn äußere Widerstände die Erfüllung eines ihr innerlich bewußten Auftrags verhinderten oder wenn sie das ihr Aufgetragene »aus weiblicher Scheu, aus Furcht vor dem Gerede der Leute und dem verwegenen Urteil der Menschen« unerfüllt ließ. Solche Selbstbekenntnisse verführen allzu schnell zu dem Mißverständnis einer grundsätzlichen hysterischen Disponiertheit, einer zwangsläufigen Abhängigkeit ihrer jeweiligen Erkrankung von einer Verhinderung, einer Verweigerung ihrer Wunschvorstellung. Kein größeres Mißverständnis wäre denkbar.

Der Behauptung, die Erkrankungen Hildegards seien als »selbstproduzierte Krankheitssymptome« zu werten, widerspricht ihr gesamtes Erscheinungsbild, widerspricht ihre ja von Kindheit an gesundheitlich labile, ihre »pathische Grundverfassung«, die schwerlich durch ihr eigenes Wollen entstand oder gar auf Wunsch manipulierbar war.

Hildegard selbst spricht so eindeutig von ihren Krankheiten, daß keine andere Deutung möglich ist, wohl aber die geradezu beschwörend wiederholte Gewißheit der Heilung, der Wiederbelebung durch die göttliche Gnade. Aus solchem Selbstverständnis bekennt sie siebenundsiebzigjährig ihrem Briefpartner Wibert von Gembloux: »Ich werde durch Krankheiten stark gehemmt und oft derart in schwere Schmerzen verstrickt, daß sie mich zu Tode zu bringen drohen. Doch hat Gott mich bis jetzt immer wieder neu belebt.«

Ihre schwerwiegendste Erkrankung zog sich über dreißig Tage hin. Eine Zeit, in der sie auf einer Decke auf dem Boden liegend unter Atemnot litt, von Fieberanfällen geschüttelt, »so daß die Adern mit dem Blut, das Fleisch mit dem Saft und das

Mark mit den Knochen vertrockneten, als müßte meine Seele aus dem Leibe scheiden«. Ihre Mitschwestern, die herbeigerufenen Verwandten beklagten schon ihren nahen Tod. Hildegard selbst, obwohl von furchtbaren Schmerzen gepeinigt, war anderer Meinung. Sie berichtet später von einer »wahrhaften Schau« in diesen Tagen, die ihr Mut gab und sie im vollen Wortsinn animierte. Aus einer großen Schar von Engeln trat ein »starker Engel« hervor und rief ihr zu: »›Ei, ei, Adler, warum schläfst du in deinem Wissen? Erhebe dich aus deiner Unschlüssigkeit! Du wirst erkannt werden, strahlende Gemme, alle Adler werden dich sehen, die Welt wird trauern, das ewige Leben aber sich freuen. Darum, o Morgenröte, erhebe dich zur Sonne. Auf, auf, erhebe dich und trinke!‹ Sogleich rief die ganze Schar mit gewaltiger Stimme: ›Freudenruf! Die Zeit des Hinübergehens ist noch nicht gekommen. Also, Jungfrau, steh auf!‹ Sogleich kehrten Körper und Sinne zum gegenwärtigen Leben zurück.«

Hildegards eigene Worte sind darum so wichtig, weil sie zu den seltenen Bekundungen von geradezu heiterer Gelöstheit gehören. Wibert von Gembloux, der seit dem Sommer 1177 der Äbtissin auf dem Rupertsberg in ihren beiden letzten Lebensjahren als vertrauter Sekretär dient, spricht von der Heiterkeit Hildegards in Verbindung mit ihrer Schau. Sie selbst bekennt im hohen Alter, sie könne nicht sagen, wann und wie sie etwas erfahre. »Aber solange ich es schaue, ist alle Traurigkeit von mir genommen, so daß ich mich wie ein junges Mädchen fühle und nicht wie eine alte Frau.«

Abgesehen von solchen Bekenntnissen im Zusammenhang mit ihrer Schau, abgesehen von den genannten Auskünften zu ihren Krankheitsphasen, bleiben Hildegards sie selbst betreffenden Äußerungen eher verhalten. Sie ist wortkarg, wenn ihre eigene Person zur Frage steht. Sie konzentriert sich auf ihren Auftrag als Seherin, nicht anders, wie sie von den biblischen Propheten schreibt: »Sie verhielten sich wie Felsgestein, das in seiner Härte überdauert und keinem weicht. Sie verhielten sich so in ihrer schlichten Einfachheit, da sie nichts anderes sagten, als was sie gesehen und erkannt hatten, so wie auch ein Kind in seiner Einfalt nichts anderes spricht, als was es sieht und weiß.«

Auf die Visionärin Hildegard bezogen, mag der Vergleich der Propheten mit der Härte des Felsgesteins zutreffen. Aber wie verträgt sich diese »Härte« mit ihrer eigenen körperlichen labilen und empfindsamen Konstitution? Begreift sie sich doch selbst durchaus überzeugend als eine *paupercula feminea forma*, als armseliges weibliches Gebilde.

Beim Versuch, dem menschlichen Temperament Hildegards näherzukommen, wird sie gelegentlich als Melancholikerin charakterisiert. Das Merkwürdige bei solchen Versuchen ist, daß Hildegard in ihren Schriften die jeweilige Charakterisierung halbwegs zu bezeugen scheint, um sie jedoch sogleich zu widerlegen. Sie beschreibt selbst den Typus der melancholischen Frau: »Es gibt Frauen, die sind mager, haben hervortretende Adern und einen mittelgroßen Knochenbau; die Farbe ihres Blutes ist mehr dunkel als rot, und ihr Gesicht ist grau, beinahe wächsern. Sie sind unbeständig wie der Wind, und ihre Gedanken streifen mal hierhin, mal dorthin; oft fühlen sie sich von quälenden Gebrechen geplagt. Sie besitzen keine große Widerstandskraft, und von Zeit zu Zeit überfällt sie die Schwermut.«

Wahr ist, daß sie oft genug von quälenden Gebrechen geplagt war, daß sie Phasen der Niedergeschlagenheit und mangelnden Selbstvertrauens durchlebte. Jedoch widerspricht dem Typus der Melancholikerin nicht nur ihre außerordentliche Widerstandskraft, ihre ungewöhnliche vorausgerichtete Energie. Neben der Klostergründung, Klosterleitung verfaßte sie ihre visionären, ihre naturkundlichen, heilkundlichen Werke, kümmerte sie sich in zahlreichen Briefen um die zeitgenössische kirchliche, klerikale Problematik, unternahm sie noch als Sechzig-, Siebzigjährige herausfordernde Predigtreisen. Stationen eines mitreißenden charismatischen Lebens, keineswegs einer in Melancholie versinkenden Frau.

Von Schwankungen in ihrer inneren, ihrer seelischen Verfaßtheit, auch von Angstgefühlen, spricht Hildegard selbst. Jedoch zu keiner Zeit gewann Melancholie dauerhaft Macht über ihre Lebensenergie, die sie immer als von Gott gegeben erkennt. Von dieser übergreifenden Gewißheit, die jeglichen Zweifel ausschließt, muß man wiederholt sprechen, weil Hildegard sich selbst wiederholt zu ihr bekennt.

Noch im Herbst 1175 schreibt sie, von »zitternder Furcht«

sei sie erfüllt, und »keine Sicherheit irgendeines Könnens erkenne ich in mir«. Aber sogleich folgt ihr wunderbares, ihr Leben bestimmendes Bekenntnis: »Doch strecke ich meine Hände zu Gott empor, daß ich von ihm gehalten werde, wie eine Feder, die ohne jedes Gewicht von Kräften sich vom Wind dahinwehen läßt.«

Im Gegensatz zum Erscheinungsbild einer Melancholikerin war ihr eine Überzeugungs- und Durchsetzungskraft zu eigen, die ihr in diesem von Männern bestimmten Jahrhundert weithin Anerkennung verschaffte. Nicht selten erbaten Kirchenobere von der Äbtissin Hildegard Rat und Trost. So ein Abt des Benediktinerklosters von Hirsau, der im Hinblick auf die monastische Zucht in seinem Konvent vor schwierigen Problemen stand. Den von Skrupeln bedrängten Abt stärkt Hildegard durch ihren konkreten Rat. In einem ihrer Briefe fügt sie einen Satz hinzu, der sehr präzise ihre Auffassung als Klostervorsteherin erkennen läßt. »Denke aber daran, daß du ein irdischer Mensch bist, und fürchte dich nicht so sehr, denn Gott sucht nicht immerzu Himmlisches in dir.«

Eben dies, das Darandenken, daß »du ein irdischer Mensch bist«, praktizierte Hildegard in erstaunlicher Weise in ihrem eigenen Konvent. Erstaunlich deswegen, weil wir gewohnt sind, Hildegard vorrangig als Seherin, als Verfasserin ihrer visionären Schriften zu bewundern, ohne zu bedenken, daß sie stets – auch in ihren Visionen – dem ganzen Menschen zugewandt blieb, dem Menschen als Geschöpf Gottes, nicht weniger dem Menschen in seinen Schwächen und Stärken, seinen Krankheiten, seinen Bedürfnissen, seinem Vermögen.

Es ist nicht so, daß Hildegard ihre auf den ganzen Menschen ausgerichtete, ihre »anthropologisch orientierte« Weltsicht lediglich als utopische Vision vorstellt. Sie denkt und handelt konkret. Was sie dem Abt von Hirsau so energisch vor Augen hält, gehört zu ihrer eigenen prinzipiellen Praxis als Klostervorsteherin.

Diese, den Bedürfnissen des »irdischen Menschen« zugewandte Praxis der Äbtissin Hildegard blieb nicht verborgen und erregte Anstoß. Immerhin verdanken wir dem brieflichen Tadel einer Klostervorsteherin aus Andernach wegen der »sonst nicht üblichen« Bräuche im Konvent auf dem Rupertsberg konkrete Hinweise. Die Meisterin Tengswich des Kanonissenstifts in Andernach bemängelt die von Hildegard eingeführten Kleider- und Schmucksitten. An den Festtagen trugen die Nonnen auf dem Rupertsberg anstelle der schwarzen Kutten bis zum Boden reichende weiße Seidenschleier. Mit gelöstem, herabfallendem Haar standen sie beim Psalmengesang im Chor, auf ihren Köpfen golddurchwirkte Kränze. Goldene Ringe schmückten ihre Finger.

Die entrüstete Meisterin Tengswich berief sich auf Paulus, der den Frauen unziemliches Schmuckwerk verboten und von ihnen sittsames Verhalten gefordert habe.

Die herausgeforderte Hildegard reagierte mit geradezu heiterer Gelassenheit. Keine Vorschrift gebiete der Jungfrau, die »Schönheit ihres Haares« zu verbergen. Und es stehe ihr zu, an Festtagen ein leuchtend weißes Gewand anzulegen. Im Hinblick auf ihre Vermählung mit Christus habe sich die Jungfrau »in Einfalt und Unversehrtheit wie im schönen Paradies« zu schmücken.

Von übertriebener Askese im Klosterleben hält sie nicht viel, wohl jedoch vom Gottesdienst in freudiger Haltung zum Lobe des Schöpfers. Einem Benediktinerabt rät Hildegard unverblümt: »Berücksichtige die Körperschwäche deiner Söhne nach dem Worte Gottes, der sprach: ›Barmherzigkeit will ich und nicht Opfer‹«. Sie bittet den Abt um Nachahmung der Barmherzigkeit Gottes, der »Hartes durch Mildes so gemäßigt (habe), daß es tragbar ist«.

Was die Äbtissin Hildegard brieflich wiederholt empfiehlt, bekennt sie geradezu programmatisch in ihrem dritten, ihrem letzten visionären Werk *Liber divinorum operum*, dem Buch der Gotteswerke: »Der Mensch sollte beides haben, die Sehnsucht nach dem Himmel und die Sorge um die Notdurft des Fleisches. So sollte er in allen Belangen mit Diskretion derart gehalten werden, damit in ihm durch maßlos auferlegte gute Werke nicht die Errichtung einer Ruine gebaut und er nicht unter dem Andrang unpassender Sitten zugrunde gerichtet werde.«

Aus solchen Empfehlungen spricht die Lebensklugheit der Äbtissin Hildegard, die am eigenen Leib erfahren hat, was menschliche Gebrechlichkeit und deren Überwindung vermag.

Sie reagiert mit gebotener Nüchternheit, wo immer Fragen zum Pflichtverhalten in der klösterlichen Kommunität an sie gerichtet werden, und fordert zur Milde anstelle selbstquälerischer Härte auf.

Wenn es um ihr Kloster geht oder um einen von ihr erwünschten Rat, sind ihre eigenen körperlichen Schwächen, ihre Mutlosigkeit, ja auch ihre Furcht, die sie nicht selten beunruhigt, wie weggeblasen. Sie antwortet klug, engagiert, im kritischen oder klärenden Blick auf die menschlichen Belange durchaus selbstbewußt, was ihrer Demutshaltung nicht im Geringsten widerspricht, wenn man den Grund ihres Selbstbewußtseins bedenkt.

Für Hildegard selbst gilt, was sie, nahezu einer Selbstdefinition entsprechend, einer jüngeren Benediktinerin schreibt. Es ist zugleich eine ihrer eindringlichsten und schönsten Bestimmungen des religiös bewußten Menschen. »Die danach verlangen, Gottes Werke zu vollbringen, müssen stets beachten, daß sie, weil Menschen, Gefäße von Ton sind, und mögen ständig ihren Blick darauf richten, was sie sind und was sie sein werden. Das Himmlische sollen sie dem überlassen, der himmlisch ist, weil sie selbst Verbannte sind, die das Himmlische nicht kennen. Sie künden die Geheimnisse nur wie eine Posaune, die den Ton zwar erklingen läßt, ihn aber nicht selbst hervorbringt. Denn ein anderer bläst in sie hinein, damit sie töne.«

7. Richardis von Stade

Zwei der visionären Werke Hildegards sind durch eindrucksvoll das Geschaute vor Augen führende Bildtafeln ausgeschmückt. Noch zu Lebzeiten Hildegards entstanden in ihrem Rupertsberger Scriptorium die Bildtafeln des *Scivias*-Buches, dessen erstes Bild die von göttlicher Eingebung überstrahlte Seherin und ihren Helfer, den Mönch Volmar, zeigt. Aus dem 13. Jahrhundert, datiert um 1230, stammt eine ebenfalls bebilderte Handschrift ihres *Liber divinorum operum*, des Buches der Gotteswerke. Die erste Miniatur dieser Handschrift zeigt die sitzende und nach oben blickende Seherin zwischen dem gebückt schreibenden Sekretär Volmar und einer dritten stehenden Person im bodenlangen Nonnenhabit, auf dem Kopf eine weiße Haube, von der seitlich ein schwarzer Seidenschleier herabfällt. Ihr Blick ist auf die Seherin gerichtet, ihre schmalen Hände sind übereinandergelegt: Richardis von Stade.

Keine der Hildegard nahestehenden Personen ist besser bezeugt. Keine ihrer persönlichen, menschlichen Zuneigungen enthüllt Hildegard selbst freimütiger, radikaler als ihre Beziehung zu der jüngeren Mitschwester Richardis.

»Als ich das Buch *Scivias* schrieb, war ich einer adligen Nonne, der Tochter der genannten Markgräfin Richardis von Stade, in voller Liebe zugetan, so wie Paulus dem Timotheus. Sie hatte sich mir in allem durch liebende Freundschaft verbunden und litt in meinen Leiden mit mir, bis ich das Buch vollendet hatte.«

Diese im hohen Alter Hildegards in ihrer Vita verfaßte Notiz bliebe unvollständig ohne das Folgende, in dem noch etwas von verhaltenem Groll, von unvergessener Enttäuschung mitschwingt: »Danach neigte sie sich im Hinblick auf ihr angesehenes Geschlecht einer höheren Stellung zu: Sie wollte die Mutter eines vornehmen Klosters genannt werden. Dies erstrebte sie nicht im Sinne Gottes, sondern im Sinne weltlicher Ehrsucht. Nachdem sie von uns weg in eine andere Gegend gezogen war und auch mich verlassen hatte, verlor sie sehr bald mit dem Namen ihrer Würde das irdische Leben.«

Die Mutter der Richardis, die einflußreiche Markgräfin von Stade, hatte sich für Hildegards Gründung auf dem Rupertsberg eingesetzt und dem Kloster zudem einen Güterbesitz in Ockenheim gestiftet. Aber die Markgräfin und ihr Sohn, Erzbischof Hartwig von Bremen, vermittelten Richardis die freigewordene Stelle der Äbtissin des Benediktinerinnenklosters von Bassum, südlich von Bremen. Richardis stimmte ihrer Wahl zu. Noch im Jahr der Vollendung von *Scivias*, 1151, verläßt die vertrauteste Mitarbeiterin Hildegards den Rupertsberg und übernimmt ihr Amt als Äbtissin von Bassum.

Was nun folgt, das erschütterte Reagieren Hildegards in einem bei ihr ganz und gar ungewohnten Übermaß an verletzten Gefühlen, konnten die Beteiligten, Empfänger ihrer bekümmerten Briefe, nur partiell wahrnehmen. Verzweifelt versuchte sie, die Entscheidung rückgängig zu machen. Und es genügt schon jeder einzelne der Briefe, um Hildegards Verletztsein, ihren unstillbaren Schmerz zu ermessen, Briefe an den Erzbischof von Mainz, Erzbischof von Bremen, an Papst Eugen III., an die Markgräfin von Stade und Richardis selbst.

Jedoch eindringlicher bezeugen die Briefe in ihrer Gesamtheit, ihrer Abfolge eine grenzensprengende leidenschaftliche Zuneigung, bei der weltliche und geistliche Liebe schwerlich zu trennen sind.

Schon Hildegards erster Versuch, die zur Äbtissin gewählte Richardis gegen deren Willen festzuhalten, erweist sich als hilflose Geste. Erzbischof Heinrich von Mainz, Vorsteher und Schutzherr des Rupertsberger Klosters, fordert, ja befiehlt mit ungewöhnlich scharfen Worten die Freigabe der im ordentlichen Verfahren gewählten Äbtissin von Bassum. Hildegard antwortet nicht weniger scharf. Sie brandmarkt das Verschleudern der »in Gott begründeten Ämter um Geldbesitz«, also den nicht seltenen Ämterkauf, und sie droht ihrem Erzbischof mit einer an Kühnheit kaum zu übertreffenden Anklage: »Darum darf man euren verfluchenden, böswilligen und drohenden Worten kein Gehör schenken.«

An ihre Wohltäterin, die Markgräfin von Stade, offensichtlich die Antreiberin zur ehrenvollen Amtsübernahme ihrer Tochter in Bassum, richtet Hildegard ein anderes, flehendes Schreiben: »Ich beschwöre und ermahne dich: bringe meine Seele nicht derart in Aufruhr, daß du meinen Augen bittere Tränen entlockst und mein Herz mit grausamen Wunden verletzest...«. Und weiter, nun wahrhaft beschwörend: »Denn die Äbtissinnenwürde, die du (für sie) begehrst, ist sicher, sicher, ja sicher nicht von Gott.« Wie merkwürdig die dreimal wiederholte Bekräftigung »sicher«!

Kommt es nicht einem Aufschrei gleich, wenn Hildegard an den Erzbischof von Bremen, »in Tränen und Trübsal zu deinen Füßen niedergeworfen«, schreibt und von ihm das Unmögliche fordert, die Rücksendung ihrer »geliebten Tochter«, das heißt, die Annullierung ihrer Wahl zur Äbtissin? Hildegard appelliert an Hartwigs Bischofsgewalt, »der du nach der Ordnung des Melchisedech auf dem Bischofsstuhle sitzest«. Sie beschwört den Erzbischof, »bei dem, der Sein Leben für dich hingab, und bei Seiner edelsten Mutter: Sende meine geliebte Tochter zu mir zurück!«

Hildegard geht einen Schritt weiter. Sie beruft sich auf den Willen Gottes, den sie erkenne und dem sie nicht widersprechen könne. Nochmals erhebt sie den Vorwurf der Simonie, des Ämterkaufs. Erzbischof Hartwig möge beachten, »daß in dieser Zeit viele Hirten blind und lahm und Räuber todbringenden Geldes sind und die Gerechtigkeit Gottes ersticken«. Ungewiß bleibt, wen der Vorwurf des Ämterkaufs trifft. Nach dem brieflichen Kontext scheint Hildegard dem Bruder ihrer Richardis eher geneigt zu sein. Sie klagt ihn nicht an wie im erstgenannten Brief den Erzbischof von Mainz. Allenfalls steckt in ihren Worten eine Warnung, vielleicht eine Vermutung. Wovon Hildegard jedoch überzeugt ist und was sie später in ihrer Vita rückblickend wiederholt, das kennzeichnet sie deutlich genug als die familiäre »weltliche Ehrsucht«, und davon bleibt in ihren Augen Richardis selbst nicht unberührt.

Einen ihrer ergreifendsten, in ihrer Selbstbezichtigung freimütigsten Briefe richtet sie an Richardis. Hildegard bekennt: »Der Schmerz tötet das große Vertrauen und die Tröstung, die ich in einem Menschen besaß.« Es ist zunächst mehr ein Selbstgespräch, ihre eigene Situation bloßlegend, wenn sie sagt, es sei besser, auf den Herrn zu hoffen, auf den hohen, lebendigen Gott zu schauen, »ohne irgendeine Umschattung der Liebe und ohne die schwache Zuverlässigkeit, wie die luftige Feuchtigkeit der Erde sie nur für kurze Zeit bietet«. Eben darin habe sie »gefehlt aus Liebe zu einem edlen Menschen«.

Jedoch sogleich überwältigt die Briefschreiberin der so sehr menschliche Trennungsschmerz. Sie überfällt die ferne Richardis geradezu mit ihrer Klage: »Weh mir Mutter, weh mir Tochter! Warum hast du mich wie eine Waise zurückgelassen? Ich habe den Adel deiner Sitten geliebt, deine Weisheit und deine Keuschheit, deine Seele und dein ganzes Leben, so daß viele sagten: ›Was tust du?‹ Nun sollen alle mit mir klagen, die Schmerz leiden gleich meinem Schmerz; die aus Gottes Liebe in ihrem Herzen und Gemüt Liebe zu einem Menschen trugen, wie ich sie zu dir gehabt – einem Menschen, der ihnen in einem Augenblick entrissen ward, so wie du mir entrissen worden bist.«

Was war das, dieses in der Mitte des 12. Jahrhunderts auf weniger als zwei Jahre verteilte, den Briefempfängern entsprechend variierte und doch eindeutige, rückhaltlose, verstörte Selbstbekenntnis? Wir wissen nicht, ob und was Richardis erwiderte. Eine Antwort ist nicht überliefert. Von den Angeschriebenen erreicht Hildegard lediglich ein späteres Schreiben des Erzbischofs Hartwig von Bremen und eine briefliche Anmerkung des Papstes Eugen, der diplomatisch die nichtssagende Weisung gab, die Äbtissin Richardis möge entweder die Benediktusregel »an dem ihr übertragenen Ort streng beobachten« oder zu Hildegard zurückkehren.

Gewiß wurde die von Hildegard bis an die Grenze der Selbstvergessenheit vorgetriebene und durchlittene Widerfahrung, die »Geschichte einer enttäuschten Liebe«, wie gesagt wurde, nicht im Geheimen ausgetragen. Sie wurde bekannt, erntete

Mitleid, Unverständnis. »Viele sagten: ›Was tust du?‹«, bemerkt Hildegard lakonisch in ihrem letzten Brief.

Die Irritation der Außenstehenden hielt an. Aber kein größeres Mißverständnis wäre denkbar, als diese Geschichte zu einer peinlichen Randerscheinung im Leben dieser als Heilige verehrten Klosterfrau herabzuwürdigen oder gleich ganz zu verschweigen. Jedoch das Geschehen um die junge Richardis gehört in jeder Nuance zum Leben Hildegards, ihrem Menschenleben, und öffnet den Blick wie kaum ein anderes Ereignis auf ihre menschenwürdige und himmelswürdige Größe, vollends, wenn wir den Abschluß dieser Geschichte bedenken.

Die sensible Richardis muß unter dem Übermaß an liebender Zuneigung ihrer geistlichen Mutter gelitten haben. Sie hatte ja von Hildegard deren Selbstanklage hören müssen, das Geständnis, Hildegard habe »gefehlt aus Liebe zu einem edlen Menschen« und Gott habe ihr »diese Sünde entweder durch irgendwelche Ängste oder Schmerzen offenbar gemacht«. Welch ungeheure Zumutung Hildegards, in ihrem Brief an Richardis ergänzend zu betonen: »So geschah es auch jetzt um deinetwillen, wie du selbst weißt.«

Vielleicht empfand Richardis angesichts der »übermächtigen Autorität« Hildegards diese letzte Zumutung ihrer geistlichen Mutter als eine ihre psychischen Kräfte heillos überfordernde Bedrängnis. Die eben gewählte Äbtissin, in ihrem hohen Amt den Benediktinerinnen von Bassum verpflichtet, geriet in eine verzweifelte, eine tragische Situation, aus der sie keinen Ausweg fand.

Wir sind auf Vermutungen angewiesen, denn es gibt für diesen sicherlich schon in den ersten Monaten der Richardis in Bassum eskalierenden inneren Prozeß kein unmittelbares Zeugnis. Ein letzter brieflicher Bericht des Erzbischofs Hartwig von Bremen an Hildegard, im frühen November 1152 geschrieben, läßt jedoch eine andere Deutung nicht zu.

Der Erzbischof schreibt Hildegard, seine Schwester habe sich »unter Tränen aus ganzem Herzen nach deinem Kloster zurückgesehnt«. Viele seien Zeugen »ihrer Tränen (gewesen), die sie über das Verlassen deines Klosters vergossen hat«. Hartwig schreibt weiter, die doch schon amtierende Äbtissin Richardis habe die Erlaubnis zur Rückkehr zum Kloster Hildegards erhalten. Ein außergewöhnlicher Vorgang, der eine stichhaltige Antragstellung voraussetzte, deren Erfüllung ohne ein zwingendes Prüfungsverfahren und den päpstlichen Dispens undenkbar gewesen wäre.

Jedoch dieses einen Augenblick lang tröstliche Mitgeteilte gehörte schon der Vergangenheit an. Im selben Brief schreibt Erzbischof Hartwig, daß seine Schwester Richardis »im vollkommenen Glauben an Gott, in der Hoffnung und in der Liebe zu Ihm am 29. Oktober (1152) gestorben« sei.

Da kein konkreter Krankheitsbefund überliefert ist, wurde vermutet, »daß Richardis an diesem Konflikt mit Hildegard starb, oder doch jedenfalls in engem Zusammenhang mit ihm«. Weiter wurde gesagt, daß »die für Richardis übermächtige Autorität der Muttergestalt Hildegard, die sich bei dem entscheidenden Ablösungsvorgang gegen sie stellte, zur negativen Mutter wurde, sie offensichtlich erdrückt hat«. Genaue Hinweise zur Todesursache fehlen. Es ist denkbar, daß der unlösbare Konflikt die Heilungschancen einer schweren Erkrankung verminderte oder zunichte machte und zum allzu frühen Tod beitrug.

Hartwig gibt der Beziehung Hildegards zu Richardis auch nicht die Andeutung eines Vorwurfs, einer negativen, repressiven Übermacht, die den Tod seiner Schwester verursacht haben könnte. Andernfalls hätte er niemals in seinem Brief an Hildegard geschrieben: »Unsere Schwester, meine, nein deine – meine dem Leibe, deine dem Geiste nach«. Noch weniger hätte der mit seiner jüngeren Schwester eng verbundene Erzbischof Hartwig an Hildegard die Bitte gerichtet: »Du wolltest sie lieben, so sehr, wie sie dich geliebt hat.« An anderer Stelle schreibt Hartwig in seinem Brief: »Und scheint sie irgendwie gefehlt zu haben, so gedenke wenigstens – da dies nicht auf sie, sondern auf mich zurückzuführen war – ihrer Tränen, die sie über das Verlassen deines Klosters vergossen hat.« Dies ist nahezu ein Schuldbekenntnis. Auf ihn, Hartwig, war Richardis' Verlassen ihres Rupertsberger Klosters »zurückzuführen«. Das lag nahe, denn das Benediktinerinnenkloster von Bassum gehörte zum Verantwortungsbereich des Erzbischofs von Bremen. Noch einmal wurde deutlich, wie Richardis nicht aus eigenem Antrieb, sondern unter dem Druck ihrer Familie den Rupertsberg und Hildegard verließ, um Äbtissin von Bassum zu werden.

Bedenkt man, wie wenig mitteilsam Hildegard in eigener, in persönlicher Sache ist, wie ihr ganzes Leben ihrer Sehergabe und Schau dient, darüber hinaus verpflichtet den menschlichen und kirchlichen Verhältnissen ihrer Zeit, dann gewinnen ihre der Richardis gewidmeten Selbstaussagen ein besonderes Gewicht. Jeder der Briefe der dreiundfünfzigjährigen Hildegard bezeugt ihre liebende Zuneigung, das mit den Jahren gewachsene Vertrauensverhältnis und das als unzumutbar empfundene Weggehen ihrer Richardis »in eine andere Gegend«.

Nur ein menschenferner Unverstand kann Hildegard, dieser großen, in ihrer Selbsterkenntnis ihre späteren Interpreten weit übertreffenden Frau, so sehr dem Menschlichen entrückt sehen, daß ihr ein dem Leben zugehörender Eros völlig fremd blieb. Als ob die menschenwürdige Liebe auch nur im Geringsten der mystischen und Gott zugewandten Liebe widerspräche.

»Mein Herz war voll von Liebe zu ihr«, bekennt Hildegard im letzten, ihrem Antwortbrief an Hartwig, und sie gesteht mit einem ihrer innigsten und schönsten Wortbilder, daß Richardis ihr »wie eine Blume erschien in der Schönheit und Zier und Symphonie dieser Welt«.

Jedoch war es alles andere als fromme Rhetorik, wenn Hildegard ihre Liebe zu Richardis nun als vergangen begreift und ihren Schmerz überwindend wörtlich schreibt: »Ich verbanne aus meinem Herzen den Schmerz.« Sicherlich war diese so gut bezeugte, die Klosterfrau Hildegard in unvorstellbarer Weise bewegende und jäh endende Beziehung ein Erlebnis, aus dem sie selbst geläutert hervorging. Glaubhaft beteuert sie in ihrem Brief, sie habe »großes Vertrauen zu ihr (Richardis), obgleich die Welt ihre Schönheit und Klugheit liebte ... Doch Gott liebte sie noch mehr. Darum wollte Er Seine Geliebte dem feindlichen Liebhaber, der Welt, nicht überlassen«.

8. Eine himmlische Symphonie

Undenkbar wäre das Klosterleben, wäre eine Kommunität, geleitet von der Meisterin, der Äbtissin Hildegard, ohne Musik und Gesang. Hildegard selbst schreibt von der *Symphonia harmoniae caelestium revelationum,* vom Zusammenklang in der Harmonie himmlischer Offenbarungen, und sie meint damit ihre Liedschöpfungen, die vor allem in den acht Jahren nach der Vollendung ihres *Scivias*-Buches entstanden sind. Sie schreibt dies 1158, am Anfang der Aufzeichnung ihres zweiten visionären Werkes, dem Buch der Lebensverdienste, des *Liber vitae meritorum.* Ihr Ruf als Schöpferin geistlicher Lieder war längst über die Landesgrenzen hinaus verbreitet.

Schon 1148 hatte der Magister Odo von Paris an die Meisterin der Nonnenklause auf dem Disibodenberg geschrieben: »Man sagt, daß du in den Himmel erhoben wirst, vieles schaust und durch Schriften hervorbringst sowie neue Liedweisen erfindest, da du doch von all dem nichts gelernt hast.« Bemerkenswert ist die Verwunderung des Magisters, weil Hildegard doch »von all dem nichts gelernt« habe.

Nicht viel anders sagt es Hildegard selbst im hohen Alter in ihrer Vita, zu einer Zeit, als ihre Anerkennung als Erfinderin neuer Liedweisen keiner Rechtfertigung mehr bedurfte. »Aber auch Lieder und Melodien zum Lobe Gottes verfaßte und sang ich ohne die Belehrung eines Menschen, obwohl ich niemals Neumen noch Gesang erlernt hatte.« Es gehört nicht viel dazu, diesem einfachen, durch Wiederholung verstärkten Geständnis den Unterton einer durchaus bewußten Selbsteinschätzung zu entnehmen.

Solche Notizen verweisen noch einmal auf das Ungewöhnliche und deswegen um so mehr Bewundernswerte einer gelehrten Nonne. Blieb doch jegliches Studium, auch das Erlernen von Kenntnissen in der Wort- und Musikkunst, den Klosterfrauen verwehrt. Jedoch wie anders als durch festliche Gesänge und geistliche Dichtungen hätten Klosterfrauen ihre Gottesdienste und ihre Feiern in der Kommunität ausschmücken können? Es ist beeindruckend, was eine über Jahre, Jahrzehnte hinweg täglich wiederholte Übung innerhalb der Klostergemeinschaft bei einer genial begabten Nonne vermochte.

Nach Hildegards eigenen Worten war das Singen und das instrumentale Spiel zum Lobpreis Gottes mehr als ein bloßes zusätzliches Schmuckwerk. Es gehört zum Wesen des Menschen, schreibt sie im *Buch der Lebensverdienste*, und vollendet den »Einklang der Seele«: »Hat sie doch von ihrem ersten Anhauch an, mit dem Gott den Menschen die Seele eingehaucht hat, die Melodie des Jubilierens in sich. Daher lobet Gott mit jenem lauteren und passenden Wissen, das die Geschöpfe in sich selber zum Einklingen stimmt, und in jener milden und tiefgründigen Weisheit, die alle Dinge nach ihrem rechten Maß ordnet.« In Hildegards eigenen Worten hat »die Seele des Menschen den Wohlklang in sich und sie ist wohlklingend«: *Anima hominis symphoniam in se habet et symphonizans est.*

In ihrem dritten visionären Werk, dem *Buch der Gotteswerke,* gibt Hildegard dieser *symphonia* eine geradezu theologische Begründung. Sie schreibt vom Jubel der »ganzen himmlischen Harmonie«, weil »der irdische Mensch, der doch der Erde entstammt, in jene Höhe, wo Gott weilt, aufblicken kann. Alles Lob mit jeder Art von Musik erklingt über die Himmel um der Wundertaten willen, die Gott im Menschen wirkt«.

Wiederholt beruft sich Hildegard auf die *symphonia*, den wohllautenden Zusammenklang im gemeinsamen Singen und Musizieren. Und es gehörte zu den Selbstverständlichkeiten des klösterlichen Zusammenlebens, daß die Nonnen dem Erfindungsreichtum ihrer Äbtissin geistliche Lieder und Musikwerke verdankten, die zu den festlichen Anlässen eingeübt und vorgetragen wurden.

Es sind 77 geistliche Lieder Hildegards überliefert, gekennzeichnet als Antiphon, Responsorium, Hymnus, Sequenz, dazu das Singspiel *Ordo virtutum*, in der Übersetzung »Spiel der Kräfte«, in dem die *virtutes* als die durch Personen dargestellten »göttlichen Kräfte« auftreten.

Das allegorische Spiel handelt vom Kampf der Gotteskräfte und Tugenden mit dem Diabolus. Die *virtutes* und der *diabolus* kämpfen um die menschliche Seele, die *anima*. Aber der Verfasserin geht es nicht um die dialogisierte Entfaltung eines im engeren Sinne menschlich-moralischen Konflikts, sondern um eine kosmische und heilsgeschichtliche Auseinandersetzung. Es geht Hildegard um den Kampf gegen die Mächte der Finsternis. Erst am Ende ist die durch den Diabolus gestörte Welt geheilt. Zuletzt fragen »Die Kräfte«: »O Gott, wer bist du? In deinem Innern trugst du den großen Ratschluß« zur Rettung der Menschheit und zur Heimführung »in das himmlische Jerusalem«. Dies ist ein in der mittelalterlichen Vorstellungswelt geläufiges und in der vertrauten, der zeitgebundenen symbolhaften Sprache vorgestelltes Thema.

Mit einer ersten, kürzeren Fassung des *Ordo virtutum* beschließt Hildegard ihr *Scivias*-Buch. Die größere, nun auch vertonte Fassung, zum »Spiel« erweitert durch eine verstärkte Dialogisierung, durch deutlicher hervorgehobene Einzelrollen und ihre Beziehung zueinander, wurde vermutlich zur Einweihung der Klosterkirche auf dem Rupertsberg am 1. Mai 1152 aufgeführt.

Die Rollen der göttlichen Kräfte und der Seele übernahmen sechzehn Nonnen. Die einzige männliche Rolle, den Diabolus, sprach wohl der Mönch Volmar. Dem Diabolus als einzigem weist Hildegard eine Sprechrolle zu, ergänzt durch den ausdrücklichen Vermerk *strepitus*, was Lärm, Getös, Gekrächz bedeutet. Das war weniger eine humorvolle, zur Heiterkeit beitragende Sprechanweisung, sondern bekräftigte Hildegards Auffassung, der entsprechend der Teufel weder singend noch musizierend zum Lob Gottes fähig ist, untauglich zur Harmonie, zum Einklang und Wohlklang der Schöpfung und der innersten Berufung des Menschen. »Der Böse hat keine Lieder.«

Einige der schönsten Verse der vertonten und aufgeführten

Fassung erinnern noch einmal an Richardis von Stade. Im letzten Brief an Erzbischof Hartwig zum Tode ihrer geliebten Tochter und Freundin hatte Hildegard geschrieben, sie habe in einer »wahren Schau« die auf Richardis bezogenen Worte gehört: »O Jungfräulichkeit, du stehst im königlichen Brautgemach.« Es war ein in der mystischen Vorstellungwelt nicht ungewöhnliches Bild, das die Aufnahme der *anima*, der Seele, als himmlische Braut des Christus-Königs darstellt. Ein Bild, das im biblischen Hohen Lied, im Lebensbund des Königs mit seiner Braut, vorgeprägt ist.

Im geistlichen Spiel *Ordo virtutum* wiederholt Hildegard ihr der Richardis zugedachtes Bild, und sie läßt die Castitas, die Keuschheit, sagen:

O Jungfräulichkeit,
du stehst im königlichen Brautgemach.
Wie selig glühst du in der Umarmung des Königs,
wenn die Sonne dich durchstrahlt.
So wird deine strahlende Blüte nie welken.
O edle Jungfrau, nie wird die Nacht dich finden
mit herabfallender Blüte.

Die Virtutes, die göttlichen Kräfte, bestätigen die Einreihung der Seele unter die »Himmelsbürger« und die fortan niemals mehr welkende Blüte der Seele:

Die Blume des Feldes sinkt nieder vom Wind,
der Regen verstreut ihre Blätter.
O Jungfräulichkeit, du weilst bei den Chören
der Himmelsbürger. So bist du
die liebliche Blüte, die niemals verdorrt.

Thematisch hält sich Hildegard in ihrem geistlichen Spiel wie in ihren Lieddichtungen an den allgemeinen, den überlieferten Kanon, freilich in der ihr eigenen poetischen und bilderreichen Sprache. Das Gleiche gilt für ihre Liedkompositionen, eine wiederum sehr eigenschöpferische Erweiterung der in den mittelalterlichen Klostergemeinschaften gesungenen Gregorianik. Wenn Hildegard auch gestand, sie habe »niemals Neumen noch Gesang gelernt«, so spricht doch aus ihren Kompositionen »ein Klanggefühl, das gegenüber der Gregorianik ›modernes‹ Empfinden verrät«. Zumal ihre abwechslungsreichere Melodik und eine verstärkte Melismenfreudigkeit, melodische Verzierungen, sprengten den Rahmen der traditionell gewohnten Meßgesänge.

Ihre Lieddichtungen widmete Hildegard den Engeln und Aposteln, Propheten und heiligen Märtyrern, den Witwen und Jungfrauen. Die als Liedschöpferin bekanntgewordene Äbtissin erfüllte Wünsche anderer Abteien, so die Bitte des Abtes Kuno vom Disibodenberg um Lieder zu Ehren des heiligen Disibod. Oder sie verfaßte, sicherlich in Erinnerung an die Trierer Synode, Gesänge auf die in Trier verehrten Heiligen Eucharius und Matthias.

Einige Gesänge entstanden zu besonderen Anlässen, zu Heiligenfesten oder zu Kirchweihen. Jedoch nahezu immer dient der konkrete Anlaß zur Darstellung einer übergreifenden Wahrheit. So in den nur acht Verszeilen einer Antiphon zu einer Kirchweihe. Die Dichterin sieht in der Kirche, der Ekklesia, den Ort der Stärke und der Erkenntnis und deren notwendige, die »Wunden der Völker« heilende Bedeutung:

> O unermeßlich weite Kirche,
> umgürtet mit göttlichen Waffen,
> mit Hyazinth geschmückt.
> O Wohlduft,
> entströmend den Wunden der Völker,
> du Stadt der Erkenntnis!
> Oh, oh, auch du bist gesalbt
> bei starkem Klang, du funkelnde Gemme.

Als eine in ihrer Zeit herausragende Leistung bleibt lobenswert, wie die Äbtissin auf dem Rupertsberg in ihrer geistlichen Dichtung aktuelle Ereignisse aufgreift, jedoch zugleich den größeren Glaubenszusammenhang sichtbar macht, stets im Hinblick auf die konkrete Gemeinschaft der Ekklesia.

So schrieb Hildegard einige Gesänge nach der Entdeckung eines riesigen Gräberfeldes in Köln mit den angeblichen Gebeinen der heiligen Ursula und ihrer elftausend Gefährtinnen. In der Sequenz »An die elftausend Jungfrauen« wird Ursula, ähnlich der Richardis im Vers aus dem *Ordo virtutum*, als Braut des Königs, des Gottessohnes, gesehen. Die Dichterin setzte voraus, daß den Hörerinnen und Hörern ihrer Sequenz die Brautmystik des alttestamentlichen Hohen Liedes vertraut war. Jedoch nun wird die jungfräuliche Märtyrerin Ursula »zu einer Gestalt der Virginitas, einem Typus der Kirche, die nach ihrem Bräutigam verlangt«. Überaus kühn, undogmatisch, ausholend zu einem poetisch symbolhaften Hymnus auf die personifizierte Ekklesia, beginnt Hildegard ihre Sequenz:

O Kirche, deine Augen gleichen einem Saphir,
und deine Ohren sind dem Berge Bethel gleich,
und deine Nase wie ein Berg von Myrrhe
und von Weihrauch ist,
dein Mund wie vieler Wasser Rauschen.

Erst nach diesem eindringlichen Vor-Bild umschreibt die Dichterin die Passion der heiligen Ursula und deren »himmlische Vermählung«:

In der Schau des wahren Glaubens
hat Ursula den Gottessohn geliebt,
sie hat dem Mann und dieser Welt entsagt
und blickte in die Sonne.
...

Mit großer Mehrheit sind die Gesänge Hildegards der Jungfrau und Gottesmutter Maria gewidmet. Mit Maria im vollen Wortsinn ursprünglich verbunden, in der Gottesmutter eingewurzelt ist die himmlische *symphonia*, jenes in den Dichtungen Hildegards hervorgehobene Wort des Einklangs und Wohlklangs:

Voller Freude war dein Leib,
da aus dir
alle Symphonie des Himmels tönte,
denn du, Jungfrau, strahlendhell in Gott,
trugst Gottes Sohn.

Geradezu unerschöpflich findet die Dichterin sinnbildhafte Benennungen der Gottesmutter: hellstrahlender Edelstein; Lebensgrund; erleuchtet von göttlichem Licht; Reis voll Lieblichkeit oder leuchtend grünes Reis, im originalen Text: *viridissima virga* – wobei sicherlich die lateinische Wortnähe von *virga* (Reis) und *virgo* (Jungfrau) anklingen sollte. Diese Beziehungsnähe kommt nochmals in einer der schönsten Lieddichtungen Hildegards zum Ausdruck, der Sequenz »De Sancta Maria« mit der Anfangszeile:

O virga ac diadema purpurae Regis.
O Reis und Diadem im königlichen Purpur,
verschlossen bist du, einer Brünne gleich.
Du grünst und blühst auf andre Art
als Adam, der den Menschen gab das Leben.
...
O Blüte du, nicht Tau, noch Rieselregen,
noch Windeswehn bist du entsprossen,
vielmehr hat dich die Gottesherrlichkeit
am edlen Reis erweckt.
O Reis, dein Blühn hat Gott vorausgeschaut
am ersten Tage seiner Schöpfung.
...
O Retterin, du hast dem menschlichen Geschlecht
das neue Licht geboren,
so sammle denn die Glieder deines Sohnes
zur einen Himmelsharmonie.

Neben der *symphonia*, dem wohllautenden Zusammenklang und Einklang »zur einen Himmelsharmonie«, gibt es ein zweites eigenschöpferisch genutztes Leitwort der Dichterin und Visionärin Hildegard. Es ist die *viriditas*, in einfacher Wortbedeutung das Grün, übertragen die treibende Grünkraft, das Wachstum, die Jugendfrische. Hildegard sieht in der *viriditas* die vitale, der Schöpfung innewohnende Urkraft, das im jahreszeitlichen Rhythmus verjüngt auferstehende und wachsende Leben, dessen sichtbares Zeichen die ergründende und erneut aufblühende Natur ist. »Die Luft lebt im Grünen und Blühen«, schreibt Hildegard in der ersten Schau ihrer Kosmosschrift, dem *Liber divinorum operum*. Zumal in diesem Buch der Gotteswerke, ihrem eindrucksvollsten visionären Werk, wird die Verfasserin nicht müde, von der vitalen Macht der *viriditas* zu sprechen. Die grünende Lebenskraft bewirkt die natürliche Fruchtbarkeit der Erde, und in der menschlichen Gemeinschaft wirkt sie als Leben zeugende Kraft bei der Vereinigung von Mann und Frau.

Hildegard erkennt in der *viriditas* nicht nur den farbsymbolischen Ausdruck der natürlichen und menschlichen Vitalität, sondern das Zeugnis einer spirituellen Wirklichkeit. Auf den Menschen als Geschöpf Gottes bezogen ist »die Seele die grüne Lebenskraft des Leibes, da der Körper durch sie wächst und vorankommt«. Zuletzt jedoch, wahrhaft umfassend, bildet die sichtbare, erkennbare *viriditas* die Gewißheit der von den Armen Gottes umfangenen, von Gott geliebten Schöpfung.

O nobilissima viriditas
O edelstes Grün,
in der Sonne du wurzelst,
du leuchtest in strahlender Helle
im Kreise,
den irdisches Sinnen und Sein noch so hoch
kann niemals erfassen.
Umfangen wirst du von den Armen
der Geheimnisse Gottes.

Du schimmerst wie Morgenrot,
brennst wie die Sonnenglut.

Die Äbtissin Hildegard wollte keine Dichterin sein. Sie habe »nichts aus eigener Erfindung« geschrieben, sondern wie sie es »in himmlischer Eingebung sah und hörte«, bekannte sie zur Urheberschaft ihrer visionären Schriften. Ihren Lieddichtungen wird die Verfasserin kaum eine andere als eine dienende Funktion zuerkannt haben. Zum täglichen oder festtäglichen Gebrauch bestimmte, das allgemeine Offizium ergänzende Gesänge anläßlich der Heiligenfeste oder zur Meßfeier. Entsprechend werden die Liedtexte als Antiphone, Responsorien oder Sequenzen bezeichnet.

Aber Hildegards Verse sind Dichtungen von einem unerwartet reichen sinnlich-bildhaften und formal sicheren Ausdrucksvermögen. Es sind Dichtungen, weil die Sprache und das Gemeinte, das zunächst verborgene Innere und das lesbare, erkennbare Äußere in vollkommener Weise übereinstimmen. Das gilt nicht nur, aber doch beispielhaft für das oben genannte Viriditas-Responsorium, mag auch die Übersetzung aus dem Lateinischen nur annähernd die nun zitierten originalen Verszeilen wiedergeben:

O nobilissima viriditas,
quae radicas in sole,
et quae in candida serenitate luces
in rota,
quam nulla terrena excellentia
comprehendit,
tu circumdata es
amblexibus divinorum mysteriorum.
Tu rubes ut aurora
et ardes ut solis flamma.

Hildegard verfaßte ihre geistlichen Lieddichtungen in der kirchlich gebundenen Symbolsprache des Mittelalters. Sie beherrscht mühelos eine dichte poetische, aber doch einfache, eher herbe Sprache, nach ihrem eigenen Eingeständnis ohne Kenntnis einer über die in ihrer klösterlichen Begrenztheit hinausgehenden literarischen Tradition.

Ein Brief der achtzigjährigen Äbtissin Hildegard zeigt, wie sehr sie noch einmal weit ausholend den Lobpreis Gottes durch geistliche Lieder als notwendig und unerläßlich für das gemeinsame klösterliche Leben hervorhebt. Den Anlaß gab ein über das Rupertsberger Kloster verhängtes Interdikt der Mainzer Kirchenbehörde, nachdem die Äbtissin die von den Prälaten geforderte Exhumierung eines auf dem Klosterfriedhof bestatteten Wohltäters verweigert hatte. Im Rahmen der üblichen Strafmaßnahmen mußte die Kommunität auf den stets von Gesang erfüllten öffentlichen Gottesdienst verzichten.

In ihrem Protestbrief, 1178 an die Mainzer Prälaten geschrieben, gibt die Äbtissin Hildegard dem geistlichen Gesang und der Musikbegleitung eine geradezu theologische Begründung. Sie erinnert an die heiligen Propheten, deren Psalmen und Lieder das »Gedenken an die himmlische Seligkeit« vor dem Sündenfall Adams wachhalten. Nun sei es der Teufel, der »den Lobpreis Gottes und die Schönheit der geistlichen Lieder... durch Zwietracht, Ärgernisse und ungerechte Unterdrückungen... in Disharmonie« bringe.

Ihren so sehr engagierten Protest und ihre unmißverständliche Warnung ergänzt die keineswegs durch die geistliche Autorität zu schreckende Äbtissin Hildegard durch ihre schönste, eine wahrhaft charismatische Begründung des Gotteslobes durch Lieddichtungen und die »Lieblichkeit aller Musikkunst«.

»Wie der Leib Jesu Christi vom Heiligen Geist aus der unversehrten Jungfrau Maria geboren wurde, so hat auch in der Kirche das Singen des Gotteslobes als Widerhall der himmlischen Harmonie seine Wurzeln vom Heiligen Geist. Der Leib aber ist das Gewand der Seele, die der Stimme Leben gibt. Darum muß der Leib seine Stimme im Einklang mit der Seele zum Gotteslob erheben. So befiehlt auch der Geist des Propheten: Gott solle mit schallenden Zimbeln gelobt werden, mit Zimbeln hellen Jubels und mit allen Musikinstrumenten, die kluge und fleißige Leute hergestellt haben. Denn alle Künste, die dem Nutzen und der Notdurft der Menschen dienen, sind von dem Hauch ersonnen, den Gott in den Leib des Menschen gesandt hat. Und darum ist es gerecht, daß Gott in allem gelobt werde.«

9. Heilkräfte der Natur

Die Niederschrift eines umfangreichen (in der Übersetzung 613 Seiten zählenden) visionären Werkes, Aufsehen erregend bis in die höchsten Kreise; die Gründung eines Klosters auf verwildertem Gelände und die Sorge für das Wohl der Kommunität; die schon von Zeitgenossen gelobte Erfindung neuer Liedweisen und Verse zum gottesdienstlichen Gebrauch – das wäre schon mehr als genug für ein Menschenleben, ein geistliches Leben über die Normalität hinaus.

Jedoch nicht weniger intensiv beschäftigten die Äbtissin Hildegard naturkundliche und heilkundliche Fragen. In den ersten acht oder neun Jahren auf dem Rupertsberg entstanden jene durchaus pragmatischen Schriften, die in der Besinnung auf die Heilkräfte in der Natur die Grundlage einer heute wie damals aktuellen Naturheilkunde bilden.

Krankenheilung, die Anwendung naturgegebener Heilmittel und die Krankenpflege gehörten zu den benediktinischen klösterlichen Pflichten. Hildegard vervollständigte die übliche Praxis durch die Systematik ihrer Aufzeichnungen, gewiß ohne den Anspruch einer nach heutigem Verständnis wissenschaftlichen Exaktheit. Aber bewundernswert bleibt der Ertrag aus der Verbindung von zeitgenössischem medizinischem Wissen mit Elementen der überlieferten Volksmedizin und ebenso eigenen klösterlichen Erfahrungen.

In der Hinwendung der Seherin Hildegard zur menschlichen »leibhaftigen Existenz in gesunden wie kranken Tagen« wurde mit Recht ein konsequenter Zusammenhang mit ihrem visionären Werk erkannt. Hildegards Beiträge zur Naturkunde und Heilkunst bestätigen überzeugend eine »Konsequenz ihres Denkens« und zugleich ihren »frappierenden Wirklichkeitssinn«.

Anders als bei den drei visionären Werken Hildegards sind die originalen Handschriften ihrer Naturkunde und Heilkunde nicht erhalten. Sie waren wohl ursprünglich vereinigt in einem einzigen Werk unter dem etwas umständlichen Titel *Liber subtilitatum diversarum naturarum creaturarum*, »Buch vom inneren Wesen der verschiedenen Naturen der Geschöpfe«. Später verfaßten Abschriften entsprechen die heute vorliegenden zwei Bücher: *Physica*, »Naturkunde« oder besser »Heilkraft der Natur« genannt, und *Causae et Curae*, »Ursachen und Heilung von Krankheiten«.

Die ältesten Abschriften der *Physica* entstanden um 1300 und bis ins 15. Jahrhundert. Mit der Entstehungszeit dieser überlieferten Fassungen hundertfünfzig bis dreihundert Jahre nach dem Original verbindet sich zwangsläufig die Frage nach der Echtheit. Es war nicht unüblich, daß die mittelalterlichen Abschreiber von Büchern zum praktischen Gebrauch, im vorliegenden Falle der Gesundheit und Heilung von Krankheiten dienend, ihre Textvorlagen veränderten, ergänzten oder verkürzten, wenn es ihnen sinnvoll erschien. So fällt es nicht schwer, den Herausgebern der *Physica* zu folgen, die in ihrer Einführung hervorheben, »daß die vorhandenen Handschriften *nicht* in allen Teilen das Original wiedergeben, sondern Zusätze und Veränderungen enthalten«.

Trotz solcher vereinzelter Vorbehalte besteht kein Zweifel an der generellen Urheberschaft der 513 kurzgefaßten Einzelschilderungen von Pflanzen, Bäumen, Landtieren und Fischen, von Elementen und Metallen. Das bezeugen schon jene überlieferten Abschriften der *Physica*, die gleichlautend auf Hildegards Original verweisen.

Ähnlich wie bei der Lieddichtung vermittelt Hildegard »ihre Gedanken viel häufiger mit zu wenig als zu viel Worten«. In der äußerst gedrängten und prägnanten Einzelbeschreibung läßt sich unschwer eine sprachlich-stilistische Eigenart der Verfasserin erkennen.

Als abweichend oder zugefügt werden jene Teile bezeichnet, die den Vorstellungen Hildegards widersprechen. Das betrifft solche Darlegungen, deren Primitivität mit dem medizinischen Wissen der Verfasserin unvereinbar ist. Als ebenso fragwürdig gelten Abschnitte, die – wie im Pflanzenbuch beim Farn – auf »Magie und Zaubereien der Dämonen« verweisen und die eher mittelalterlich-abergläubischen Praktiken entsprechen. Die »große Mystikerin verabscheut aber die Magie!« Kein Zweifel besteht an der Urheberschaft Hildegards, wo immer Übereinstimmung mit ihren authentischen Schriften besteht.

Allein das umfangreichste, das Buch der Pflanzen versammelt 230 Kurzbeschreibungen, beginnend mit den verschiedenen Getreidearten, darunter der Dinkel, eine Urform des Weizens, dessen Heilkraft in der modernen Naturmedizin wiederentdeckt wurde. Der milde Dinkel bewährt sich zur heilsamen Anwendung bei Magen- und Darmerkrankungen, ebenso zur Blutreinigung. In der Sprache Hildegards heißt das:

»Der Dinkel ist das beste Getreide, und er ist warm und fett und kräftig, und er ist milder als andere Getreidearten, und er bereitet dem der ihn ißt rechtes Fleisch und rechtes Blut, und er macht frohen Sinn und Freude im Gemüt des Menschen. Und wie auch immer (die Menschen) ihn essen, sei es in Brot, sei es in anderen Speisen, er ist gut und mild. Und wenn einer so krank ist, daß er vor Krankheit nicht essen kann, dann nimm die ganzen Körner des Dinkels und koche sie in Wasser, unter Beigabe von Fett oder Eidotter, so daß man ihn wegen des besseren Geschmacks gern essen kann, und gib das dem Kranken zu essen, und es heilt ihn innerlich wie eine gute und gesunde Salbe.«

Schon dieses für Hildegards Schreibweise typische Beispiel zeigt, daß die übliche Bezeichnung der *Physica* als »Naturkunde« allenfalls als Hilfsbegriff dienen kann. Genauer kennzeichnet der Untertitel »Heilkraft der Natur« eine Thematik, die stets auf das innere und äußere Heil des Menschen bezogen bleibt. Insofern ist es nicht falsch, von der Ärztin Hildegard zu sprechen, der »ersten schreibenden Ärztin« Deutschlands, auch wenn das Gewicht ihrer Heilkunst auf einer »charismatischen Heilung« beruht.

Von den Heilerfolgen der Ärztin Hildegard berichtet der

frühe Biograph Theoderich im dritten Buch der Vita: »Die Gabe der Krankenheilung erstrahlte so mächtig in der heiligen Jungfrau, daß kaum ein Kranker sich an sie wandte, der nicht sogleich die Gesundheit zurückerhielt.« Sie selbst hätte allerdings schwerlich diesen mittelalterlich verständlichen Enthusiasmus für ihre Heilerfolge beansprucht. Um so wohltuender der ihr eigene Realismus, der sich niederschlug in ihrer Heilmittellehre und einer nicht nur zu ihrer Zeit gültigen und hilfreichen Diätetik, der Grundlage zu einer gesunden Ernährungsweise.

Charismatische Heilung, das ist die der Heilkunst der Äbtissin Hildegard integrierte Zielsetzung. Mit anderen Worten gesagt: »Alles in allem geht es in Hildegards Heilkunde weniger um eine therapeutische Korrektur (restitutio ad integrum) als um die Hinwendung zu sinnvoller Lebensführung (restitutio ad integritatem).« Aber zunächst lenkt sie den Blick auf die naturgegebenen Voraussetzungen, auf die der leiblichen Gesundheit oder Gesundung dienenden natürlichen und jedem zugänglichen Heilkräfte.

Hildegard gilt als »eine der besten Pflanzen- und Tierkennerinnen ihrer Zeit«, und schon dies würde genügen, ihren in der Selbstbewertung geradezu hartnäckig verleugneten, dennoch außerordentlich hohen Wissensstand hervorzuheben. Sie beschreibt ja nicht nur die Heilpflanzen ihres Klostergartens, einige heimische Tierarten und die Fische, die sie in der Nahe und im Rhein beobachten konnte, sondern erfaßt in ihrem Werk nahezu vollständig alle zu ihrer Zeit bekannten Pflanzen. Sie erforscht deren jeweilige Wachstums- und Wirkungsgesetze, erweist sich als scharfsinnige Naturbeobachterin, deren botanische, zoologische und mineralogische Kenntnisse allein von dem hundert Jahre nach ihr rheinabwärts in Köln lebenden Naturphilosophen Albertus Magnus übertroffen werden.

Es ist jedoch nicht nur diese Wissensvermittlung, die Hildegards »Naturkunde« auszeichnet. Die ihr eigene Besonderheit, die jeder Einzelbeschreibung in der *Physica* zugrundeliegt, bezieht sich auf das schon genannte Ausgerichtetsein der gesamten Schöpfung auf den Menschen. Darauf verweist programmatisch bereits der erste Satz des Vorworts zur *Physica*:

Alle Kreaturen und Pflanzen, »alle Elemente dienten ihm (dem Menschen), weil sie fühlten, daß er lebe«. Im naturhaften Austausch »wirkten sie mit ihm zusammen und er mit ihnen. Und die Erde gab ihr Grün (viriditas) gemäß der Art und der Natur und den Sitten und allem Umgang des Menschen.«

Wieder nennt Hildegard das Grün als die der Erde und jeglicher Kreatur innewohnende Vitalkraft, die schon in ihren Dichtungen zitierte *nobilissima viriditas*. Noch einmal erweist sich die sprachschöpferische Kraft Hildegards, indem sie über das dichterische Schmuckwort hinaus die *viriditas*, die »Grünheit«, als zentrales Wort erkennt, das zur natürlichen wie übernatürlichen Bestimmung des Menschen eine existentielle Bedeutung gewinnt. Sie sagt: »Es gibt eine Kraft aus der Ewigkeit, und diese Kraft ist grün.« Und sie begreift die *nobilissima viriditas* als »ein Spiegelbild für jene lebensfrische Urkraft, die im Grunde der Ewigkeit eingeborgen ruht.«

Im natürlichen Bereich versteht Hildegard die *viriditas* als die Vitalkraft, »welche alle Lebensvorgänge durchwirkt, sich in Tieren, Fischen und Vögeln, in allen Kräutern, Blumen und Bäumen wiederfindet, sich als ›grünende‹ Geschlechtskraft ebenso darstellt wie als erlösendes Lebensprinzip«. Hildegards »Grünheit« ist die sichtbar gewordene Garantie der im Lebenswie im Jahresrhythmus sich wiederholenden und erneuernden Lebensvielfalt der Schöpfung.

Ihr Verhältnis zur Natur, zu den in der Natur vorgegebenen Heilmitteln, ist realistisch, pragmatisch. Sie gebraucht einfache Worte, beschreibt kurz, bildhaft, jedermann nachvollziehbar. In ihrer Diätetik empfiehlt sie ein maßvolles Leben, maßvoll im Wechsel von Schlaf und Wachen wie in der Aufnahme der täglichen Nahrung. Sie bezieht sich auf die benediktinische Regel von ora et labora, dem Wechsel von Gebet und Arbeit. Vor Übertreibungen, vor Trunkenheit, übermäßigem oder zu fettigem Essen warnt sie ebenso wie vor übertriebener Enthaltsamkeit. So ermahnt die Äbtissin Hildegard einen übereifrigen Abt, der ihren Rat erbittet, er möge nach der Barmherzigkeit Gottes handeln, Hartes durch Mildes ersetzen, denn Gott wolle »Barmherzigkeit, nicht Opfer«.

Gegensätzliche Begriffspaare verwendet Hildegard bevorzugt, und sie besteht in ihrem »Naturkundebuch« auf deren lebensnotwendigem Ausgleich. Als *warm* oder *kalt, feucht* oder *trocken* bestimmt sie im Buch der Pflanzen deren substantielle Eigenschaften und deren Bedeutung zum Nutzen oder Schaden für den Menschen. In ihrer Einführung erklärt sie diese jeder Pflanze innewohnende Qualität. »Jedes Kraut ist entweder warm oder kalt, und so wächst es, weil die Wärme der Kräuter ihre Seele bezeichnet und die Kälte den Leib; und somit leben sie gemäß ihrer Art, wenn sie entweder an Wärme oder an Kälte überreich sind.« Ein Übergewicht des einen oder anderen würde auch beim Menschen, der die Nahrung aufnimmt, zu einem inneren Ungleichgewicht führen.

Wie den Dinkel nennt Hildegard den Weizen warm und Brot aus Weizenmehl, »gut für Gesunde und Kranke, bereitet rechtes Fleisch und rechtes Blut im Menschen«. Auch der Roggen ist warm, »doch kälter als der Weizen, und er hat viele Kräfte«. Sein Brot ist »gut für gesunde Menschen und macht sie stark, gut für jene, die fettes Fleisch haben, weil es ihr Fleisch mindert«.

Kalt ist die Rose, aber kalt »in nützlicher Mischung«. Ein Rosenblatt, am Morgen auf die Augen gelegt, »zieht den Saft heraus und macht sie klar«. Die Lilie, »mehr kalt als warm«, erfreut durch ihren Duft »das Herz des Menschen und bereitet ihm richtige Gedanken«. Der Fenchel, von »angenehmer Wärme«, unterdrückt den »üblen Atemgeruch und bringt den Augen klares Sehen«. Fenchel »macht den Menschen fröhlich«, sein Saft vertreibt die Melancholie. Aber soll man wirklich glauben, daß der mit der Wabe gegessene Bienenhonig im Gegensatz zum Fenchel die Melancholie fördert, und wer oft Honig ißt, »Fäulnis in sich bereitet«?

Neben einer Mehrheit noch heute gültiger und hilfreicher Erkenntnisse zur Naturheilkunde enthält die Hildegardsche *Physica* jene schon erwähnten mittelalterlich-abergläubischen Zufügungen, deren Urheberschaft ungesichert ist. Dazu gehören wohl auch Behauptungen wie: die Tollkirsche wachse »teuflischer Einflüsterung« nahe und sei gefährlich, »weil sie den Geist zerrüttet«, oder die noch teuflischere Alraune müsse man ausgraben und in eine Quelle legen, damit sie »nicht länger zur Magie und zu Trugbildern taugt«.

Andererseits wäre es falsch, auch bei der verbürgten Hildegardschen »Naturkunde« die mittelalterliche Zeitgenossenschaft zu ignorieren. Im Buch der Bäume entdeckten Interpreten Einflüsse altgermanischer Naturmagie und der »alten Drudenweisheit«. Eine Abwehr magischer Kräfte erkennt Hildegard in der Tanne, dem Symbol der Tapferkeit, von Luftgeistern gemieden. Am Ort der Tanne verlieren »Zauber und Magie« ihre Kraft. Eine ähnliche Abwehr bietet die als »Geheimnis Gottes« bezeichnete Zypresse. Aus deren angebohrtem Stamm abgezapftes und nüchtern getrunkenes Wasser hilft gegen teuflische oder magische Verwirrung.

Neben solchen Rezepten vermittelt Hildegards Naturheilkunde unendlich viele einfach der leiblichen Gesundheit dienenden Ratschläge. Die Frucht des Kastanienbaums hilft gegen Schwäche, und Kastanienmus reinigt den Magen, macht ihn »warm und kräftig«. Das aus Beeren des Ölbaums gepreßte Öl vertreibt die Gicht, wie auch der gekocht gegessene Dill. In Wasser gekochte Birnen bewirken eine gute Verdauung, und den für Gesunde leicht verdaulichen Apfel sollten Kranke nur gekocht essen. Der Hopfen (mit nur sechs Zeilen beschrieben) macht den Menschen traurig, hält aber, Getränken beigegeben, Fäulnis fern, macht sie haltbar.

Die schlechteste Charakterisierung erfährt die so beliebte deutsche Eiche. Sie gilt als »hart und bitter«, deren Frucht genießbar für Schweine, nicht für den Menschen. Hingegen bezeichnet die Eibe die Freude. Der eingeatmete Rauch des brennenden Eibenholzes löst »üble Säfte« in der Nase und in der Brust und wirkt heilsam.

Besondere Aufmerksamkeit widmet Hildegard den heimischen Flüssen Rhein, Nahe, Glan, auch Main und Mosel, und deren Fischarten. Naturwissenschaftler bestätigen, bis in die Neuzeit habe »niemand die Fischfauna des Rheins und seiner Nebenflüsse so gründlich geschildert«. Zur klösterlichen Ernährung, zumal in der Fastenzeit und an Feiertagen, war dies eine nützliche Hilfe. Die Leser vertrauten dem Hinweis, »frischgefangene Fische« aus Rhein, Main oder Nahe seien gesund, weniger die Moselfische, »weil sie sich von Unrat ernähren«. Damals hilfreich (heute eher zum Schaden) empfahl Hildegard, Rheinwasser zu trinken, weil es »schädliche und krankmachende Säfte im Menschen tilgt.«

In vieler Hinsicht bleibt Hildegards angewandte »Naturkunde« zeitgebunden. Das gilt besonders für die im Buch der Tiere beschriebenen in ferner Wildnis lebenden Tiere wie Löwe, Tiger, Elefant oder Kamel. Wie sollte auch eine Klosterfrau des 12. Jahrhunderts von exotischen Tieren und deren heilsamer oder unheilsamer Beziehung zum Menschen mehr wissen als das zeitgenössisch Bekannte, in Fabeln und Märchen Tradierte. Solcher Überlieferung entspricht beispielsweise, daß ein in Löwenblut getauchtes Schwert seinem Träger Waffenstärke verleiht oder der Drache durch seinen ausgestoßenen Hauch die Luftgeister bewegt.

Die ihr vertrauten Tiere charakterisiert Hildegard ohne stereotype Anklänge, individuell und gewitzt. Beim Hasen entdeckt sie »die Sanftheit des Schafes und die Sprünge des Rehes«. Die Beschreibung des Hundes, eines ihrer schönsten Tierbilder, zeichnet sich aus durch liebevolle Genauigkeit:

»Der Hund versteht den Menschen und liebt ihn und verweilt gerne bei ihm. Und er ist treu ... Wenn er merkt, daß in einem Hause Haß und Zorn ist, dann knurrt er darin und in sich leise und ergrimmt ... Wenn aber ein Dieb im Hause ist oder ein Mensch, der den Willen zum Stehlen hat, dann knurrt er gegen ihn, und er geht ihm nach und prüft mit der Nase dessen Geruch, und so kann der Dieb erkannt werden. Aber auch Freude oder Trauer fühlt er manchmal voraus und demgemäß bellt er und zeigt er sie an. Wenn etwas bevorsteht, das freudig ist, wedelt er mit dem Schwanz, und wenn dort Trauer herrscht, heult er traurig.«

Die naturkundlichen Bücher setzen spezifische Kenntnisse voraus, die schwerlich vereinbar sind mit der von Hildegard selbst wohl doch zu einseitig betonten »Unbildung«. Undenkbar wären zahlreiche der in der *Physica* überlieferten Beschreibungen ohne Kenntnis der zeitgenössischen Quellen, ohne Übernahme aus dem reichen Vorrat des mittelalterlichen Bildungsgutes. Mit Recht wurde in einer jüngeren Interpretation der Bildung Hildegards erkannt, daß die »Analyse ihres Wortschatzes« auf ihr Vertrautsein mit dem »Gedankengut der Kirchenväter wie auch zahlreicher Zeitgenossen« schließen läßt.

Soviel auch Hildegard ihrer eigenen Intuition oder visionärer Eingebung verdankt, bestimmte konkrete Kenntnisse, bezogen auf die ihr fremden Bereiche in der Naturkunde, verweisen auf andere, vorgegebene gelehrte Schriften. Diese naheliegende Vermutung bestätigt ein konkreter Hinweis. Der Bischof Siward von Uppsala, ein gelehrter Herr, der neben medizinischen Schriften ein Kräuterbuch (Herbarium) und ein Steinbuch (Lapidarium) verfaßt hatte, hielt sich um 1235 längere Zeit auf dem Disibodenberg auf und gewiß wird die etwa siebenunddreißigjährige Hildegard von seiner Naturkunde gewußt, den Gast gesprochen und von ihm gelernt haben.

Aus dieser wie aus anderen unbekannten Quellen wird Hildegard bei der Abfassung ihres Buches der Edelsteine geschöpft haben. Jedoch mehr als die anderen Bücher der *Physica* gibt das Edelsteinbuch Rätsel auf, auch deswegen, weil es im 1533 erschienenen Erstdruck der *Physica* fehlt. Zudem werden im zweiten Werk der Hildegardschen Heilkunde, *Causae et Curae*, zahlreiche Naturheilmittel erwähnt, jedoch keine Edelsteine, obwohl den einzeln beschriebenen Steinen Heilkräfte zugewiesen werden.

Möglicherweise empfanden die Herausgeber des Erstdrucks das Buch der Steine als Fremdkörper in einem vorwiegend der belebten Natur, Pflanzen, Bäumen, Landtieren und Fischen, gewidmeten Werk. Aber schon in den ersten Sätzen des Vorworts verdichtet sich Hildegards »Weltanschauung« in der Bildlichkeit ihrer »angewandten Theologie«, deren eigene Urheberschaft schwerlich anzuzweifeln ist. Hildegard schreibt, das Feuer, die Leuchtkraft der Edelsteine hätte ursprünglich auch Luzifer geschmückt, der sie »im Spiegel Gottes leuchten sah«. Ihr schöner Glanz verführte ihn zu der Annahme, Gott gleich zu sein. Weil sie ihn nach seinem Sturz an seine verlorene Schönheit erinnerten, »haßte und verschmähte« Luzifer die Edelsteine, die aber nun um so mehr die Menschen erfreuen und ihnen nützlich sind.

Gott bewahrte den Edelsteinen ihre Schönheit und heilende Kraft, weil »er wollte, daß sie auf der Erde seien zu Ehre und Segnung und für die Heilkunst«. Auch dies, die jedem der im Edelsteinbuch beschriebenen fünfundzwanzig Steine innewohnende medizinische Heilkraft und folglich deren Beziehung zum Menschen bestätigt noch einmal durch die thematische

Ähnlichkeit mit den anderen naturkundlichen Büchern die Verfasserschaft Hildegards.

Der Glaube an eine den Edelsteinen eigene Kraft zur Abwehr des Bösen gehört zum ältesten mythischen und religiösen Erbgut. In der Geheimen Offenbarung des Johannes schmücken zwölf Edelsteine die Grundmauern der heiligen Stadt Jerusalem, die »von der Herrlichkeit Gottes erleuchtet« ist. Natürlich kannte die bibelkundige Äbtissin Hildegard die Bedeutung der zwölf Steine, die sie vollzählig vom Jaspis, Saphir bis zum Amethyst beschreibt. Aber vor allem entsprach es ihrem Realismus, den jeweiligen therapeutischen Nutzen hervorzuheben.

Edelsteine, die heute als Schmuckstein einen Ring zieren, besaßen in ursprünglicher Bedeutung eine schützende oder heilende Kraft. Eine solche heilspendende Absicht wird zum kirchlichen rituellen Brauch geführt haben, wonach Bischöfe seit dem sechsten Jahrhundert an ihrer rechten, der segnenden Hand, einen Ring mit einem blauen Saphir trugen.

Der blaue Saphir, offensichtlich ein Lieblingsstein Hildegards, bezeichnet nach ihren Worten »die vollkommene Liebe zur Weisheit«. Der Stein, frühmorgens in den Mund gelegt, vermittelt einen klaren Verstand und gute Einsicht, und er vertreibt den Zorn. Außerdem hilft der Saphir, wenn Menschen vom »bösen Geist besessen« sind, das heißt, wenn Kräfte unsichtbarer Herkunft sie plagen. Und ein Wein, in den ein Saphir gelegt wurde, kann von einem unstatthaften Liebeswahn befreien, was für Frauen und Männer, zumal für die zölibatären Kleriker galt.

Die Ärztin Hildegard verschreibt handfeste Rezepte, bei denen die heilsamen Steine meist in den Mund zu nehmen oder auf den erkrankten Körperteil zu legen sind. Sie gibt realistische Anweisungen, die zur Heilung von zeitgenössischen Krankheiten und Bedrängnissen verhalfen. Vieles davon wird heute in der Naturheilkunde wieder praktiziert.

Der Smaragd, in den Mund genommen, vertreibt Herz- und Magenschmerzen. Der Achat, auf der nackten Haut getragen, hilft Mondsüchtigen und Epileptikern, er macht »verständig und klug beim Reden«. Gegen Augenleiden, ebenso gegen Traurigkeit soll der Onyx helfen, auch der Amethyst. Der Jaspis, in ein Ohr gesteckt, befreit von Taubheit, aber schützt auch vor »Fantasien und Trugbildern«. Der in der Hand gehaltene Beryll hilft bei Streitsucht, aber auch gegen Gift, wenn man ihn in etwas Wasser schabt und dies trinkt. Allgemeine Krankheiten, ebenso den Jähzorn wendet der auf die Haut über einer Ader gelegte Chalcedon ab. In der Hand gehalten, dann mit der Zunge berührt, verleiht er unbeirrte Redekraft.

Eine Sonderstellung fällt dem Sarder zu, ein dem feinkristallinischen Chalcedon und dem rötlichen Karneol naher Stein, jedoch von bräunlicher Farbe. Bedeutungsvoll macht ihn schon seine gut abgestimmte »Wärmemischung« und seine im Mittelalter so sehr wichtige Kraft zur Abwehr hereinbrechender Seuchen (adversitates pestilentiae).

Aber vor allem bemerkenswert ist die mit dem Sarder verbundene Nennung des Teufels, den als »erster Engel« die Schönheit der Edelsteine verblendete. Der Sarder vertreibt Schmerzen im Kopfbereich, wenn man ihn auf den Scheitel legt und spricht: »Wie Gott den ersten Engel in den Abgrund warf, so trenne er diesen Wahnsinn von dir ab und gebe dir gute Einsicht zurück.« Noch einmal hilfreich erweist sich der Sarder bei qualvollen Geburtswehen. Man soll der schwangeren Frau mit dem Stein über die Schenkel streichen und sagen: »Wie du, Stein, auf Geheiß Gottes im ersten Engel erstrahltest, so gehe du, Kind, als strahlender Mensch hervor und bleibend in Gott.« Danach soll der Sarder an die Vagina der Gebärenden gelegt und zuletzt mit einem Gürtel der Frau auf den Leib gebunden werden, um einer glücklichen Geburt sicher zu sein.

Auch in der auf die Edelsteine bezogenen therapeutischen Praxis wie generell in Hildegards *Physica* kann man nicht absehen von der Zeitgebundenheit ihrer Heilkunde. Sicherlich ist es richtig, darauf hinzuweisen, daß Hildegard »den Geist der mittelalterlichen Medizin... am reinsten verkörpert« hat. Schon dies wäre unendlich viel im Hinblick auf die Vielfalt ihrer klösterlichen, geistlichen, visionären Aufgaben und ihre vielbeachtete Einwirkung auf das Zeitgeschehen. Aber was so sehr fasziniert, bei ihrer *Physica* wie ihrem zweiten natur- und heilkundlichen Buch, *Causae et Curae*, das ist eine konsequente, nie irritierte Mischung aus gesundem Realismus und gläubigem Begreifen der göttlichen Schöpfung.

10. Charismatisches Heilwissen

Die zunehmend wachsende Klostergemeinschaft der Nonnen auf dem Disibodenberg hatte den um 1150 vollzogenen Wechsel auf den Rupertsberg notwendig gemacht. Aber die Loslösung von der unmittelbaren Aufsicht der Mönche entsprach gewiß auch dem Wunsch Hildegards nach Ungebundenheit zur Verwirklichung ihrer Pläne. Das wird nicht ausdrücklich gesagt, liegt jedoch nahe im Hinblick auf den Fortgang der Ereignisse und auf die nun entstehenden Werke.

Nun jedenfalls, als Äbtissin auf dem Rupertsberg, gewann Hildegard die Freiheit, ihre naturkundlichen und heilkundlichen Erfahrungen schriftlich niederzulegen. Trotz unsicherer Quellenlage und nachweislicher Kompilationen, Ergänzungen von fremder Hand wie bei solchen Werken nicht unüblich, bleibt genug, um dennoch eine generelle Autorschaft zu rechtfertigen. Sie gilt jedenfalls für jene Stellen, die sich auf Hildegards »Zentralgedanken (beziehen), das innere Ordnungsgefüge der Schöpfung, das alles Geschaffene und folglich auch das Verhältnis zwischen Körper und Seele bestimmt«. Zudem bestätigt sich neben der Beobachtung des eigenen engeren Umfeldes eine explizite Vertrautheit mit dem Wissen ihrer Zeit.

Hildegard übernimmt in ihrer Heilkunde jenes nach mittelalterlicher Vorstellung im Menschen wirksame Ordnungssystem, das auf den antiken Arzt Claudius Galenus, genannt Galen, und zeitlich näherliegend auf Isidor von Sevilla (ca. 560–636) zurückgeht. Die Ärztin Hildegard muß die beiden für die mittelalterliche Medizin grundlegenden Lehrmeister gut studiert haben. Undenkbar wäre ihre Heilkunde ohne die Vorgaben Galens und Isidors, ohne deren »Konzept der vier Elemente und Säfte, der vier Kräfte und Qualitäten, der vier Temperamente auch, die das Leben des gesunden und kranken Menschen bestimmen«.

Isidor von Sevilla sah im Menschen das Abbild der großen Welt, des Makrokosmos: »Denn wie sie (die Welt) aus vier Elementen zusammengesetzt ist, so besteht er aus vier Säften (Temperamenten), und zwar in einem bestimmten gemischten Verhältnis.«

In Anlehnung an Isidor, jedoch in der Sprache Hildegards heißt das: »Als Gott die Welt erschuf, festigte er sie durch die vier Elemente, nämlich Feuer, Luft, Wasser und Erde ... Wie nun aber die vier Elemente die Welt zusammenhalten, so sorgen die Elemente auch für den Zusammenhalt des menschlichen Körpers. Feuer, Luft, Wasser und Erde sind im Menschen, und aus ihnen besteht er. Denn vom Feuer hat er die Wärme, von der Luft den Atem, vom Wasser das Blut und von der Erde das Fleisch ... Wenn die Elemente im Menschen geordnet wirken, erhalten sie ihn ebenso und machen ihn gesund.«

Hildegard variiert das Gemeinte und nimmt es noch konkreter in den von ihr erkannten Bedeutungszusammenhang. Sie erläutert: Das *Feuer* erhält durch seine Wärme das Wachstum. Die *Luft* »läßt den Windhauch wehen, wodurch die Bäume wachsen« und der Mensch atmet. Das *Wasser* gibt den Bäumen den Saft und »ist in jedem beweglichen Geschöpf«. Die *Erde* besitzt »die Kraft, wachsen und welken zu lassen ... Sie erhält die Lebewesen am Leben und trägt alles«.

Schon die wenigen Beispiele zeigen, wie die Autorin das Vorgegebene nicht blindlings kopiert, sondern wie sie stets von der heilsgeschichtlichen Ordnung ausgeht und wie sie das Bekannte durch ihre originäre, bilderreiche Sprache belebt.

Das gilt nicht weniger im Hinblick auf die schon angedeutete Lehre von den vier Säften und deren Zuordnung zu den vier Temperamenten. Die »Säftelehre«, die für die mittelalterliche Medizin und bis in die Neuzeit als maßgebend erkannte Abhängigkeit des menschlichen Typus von der rechten Säftemischung hatte bereits der neben Hippokrates berühmteste

Arzt der Antike, Claudius Galenus, der im zweiten Jahrhundert in Pergamon und Rom lebte, erkannt.

Hildegard hält sich an die überlieferte Kennzeichnung der vier Temperamente, der vier menschlichen Reaktionstypen. Auf die kürzeste Formel gebracht prägt und kennzeichnet demnach den Sanguiniker die »Lebhaftigkeit des fließenden Blutes«, den Choleriker die »Reizbarkeit der Galle«, den Melancholiker die »depressive Verstimmung der schwarzen Galle« und den Phlegmatiker die »Trägheit des Schleims«. Die Wechselbeziehung zwischen den vier Säften und den Temperamenten muß die nach einer ganzheitlichen Schau des Menschen verlangende Hildegard fasziniert haben. Von diesen Zusammenhängen spricht sie wiederholt in ihrer »Heilkunde«.

Mit der ihr eigenen Intensität verweist die Klosterfrau Hildegard nicht nur auf den größeren Zusammenhang, die Einbettung des Menschen in das kosmische Geschehen, sondern zugleich zeigt sie konkret und nachdrücklich das menschlich Naheliegende.

Sie charakterisiert die vier Temperamente entsprechend typischer Verhaltensweisen als sanguinisch, cholerisch, melancholisch oder phlegmatisch. Einzigartig in der damaligen Zeit ist ihre geschlechtsspezifische Unterscheidung der Verhaltensweisen von Männern und Frauen. Beiden widmet sie getrennte, psychologisch eindringliche und zumal als Nonne in der »Betonung psychisch-sexueller Merkmale« äußerst ungewöhnliche Charakterisierungen. Zu ihrer Typologie der Frau wird in einer jüngeren Untersuchung bemerkt, Hildegards Schema kann »als Praxisanleitung gesehen werden, die Frauen helfen sollte, ihre eigene Psychosomatik zu verstehen, und vielleicht sogar, um sich auf der Grundlage einer realistischen Selbsterkenntnis zwischen Ehe und Ehelosigkeit zu entscheiden«.

Natürlich konnte eine solche kundige Typisierung auch der Selbsterkennntnis der jungen Frau vor ihrem Gelübde zum Leben als Nonne dienen. Und sicherlich hielt sich die Äbtissin bei der Charakterisierung der Frauen an das von ihr selbst im klösterlichen Umfeld Beobachtete. Auf jeden Fall bleibt ihre sprachlich klare, eindeutige und in ihrer Unverblümtheit kühne Beschreibung der Temperamente bewundernswert.

Bei der Sanguinikerin vermerkt Hildegard deren »helle

Gesichtsfarbe«, daß sie »Zärtlichkeiten liebt« und selbst als liebenswürdig gilt. Sie ist »fruchtbar und kann männlichen Samen aufnehmen, bringt aber nicht sehr viele Kinder zur Welt«. Ohne Gatten erkrankt sie leicht, während sie in der Ehe gesundet. Von Natur aus ist sie »selbstbeherrscht«, und sie verfährt begabt und »genau bei künstlerischen Arbeiten«.

Der phlegmatischen Frau zu eigen sei ein »dunkler Teint«, und sie sei »ernsthaft, fleißig und tüchtig« und besitze einen ziemlich männlichen Sinn. Auf Männer wirke sie anziehend, »und deshalb lieben die Männer sie«, obwohl sie selbst sich leicht enthalten kann. Wenn sie jedoch mit einem Mann verkehrt, erweist sie sich »in ihrer Leidenschaft oft unbeherrscht und maßlos«.

Bei der Cholerikerin entdeckt ihre Beobachterin eine »blasse Gesichtsfarbe«, und sie sei »gütig und klug und von den Menschen sehr geachtet«. Die Männer »lieben ihr Wesen, meiden sie jedoch nicht selten«, weil die Cholerikerin eine rasche Bindung scheut. Als Ehefrau verhält sie sich »keusch und treu«, und sie bleibt »mit ihrem Gatten körperlich gesund«, während sie ohne einen Mann oft leidet.

Interessant ist die Charakterskizze der Melancholikerin, weil als wahrscheinlich gilt, »daß Hildegard ihr eigenes Temperament wegen ihrer ungewöhnlich empfindlichen Konstitution als melancholisch verstand«. Es ist der komplizierteste der vier Typen, zudem der einzige, der »gesünder, kräftiger und fröhlicher ohne Gatten« lebt. Hildegard schildert die Melancholikerin sehr präzise: »mageres Fleisch, mäßig starker Knochenbau und ein Blut, das mehr schleimig als blutig ist«. Sie besitzt eine »schwache, gebrechliche Gebärmutter« und empfindet wenig Freude an sexuellem Verkehr. Weil die Männer ihre Unlust spüren, »wenden sie sich von ihr ab oder meiden sie«. Körperlich ist sie nicht sehr belastbar und neigt zur Schwermut. Aber ihre Gedanken schweifen aus, und sie ist »übel gelaunt, wenn sie sich bei einem Verdruß abhärmt«.

Was besagt diese eindringliche Charakterisierung des menschlichen, des fraulichen Verhaltens? Doch soviel, daß »Lebenskunde« und »Heilkunde«, Krankenheilung als ärztliche Praxis, unlöslich miteinander verbunden sind und voneinander abhängen. Heilen wäre nicht möglich ohne genaue

Kenntnis der den Frauen und Männern eigenen Lebensvorgänge.

Es ist nicht unwichtig, daran zu erinnern, daß die heilkundige Äbtissin auf dem Rupertsberg keineswegs primär als Ärztin praktizierte. Wohl jedoch galt sie zu ihren Lebzeiten als gesuchte und erfolgreiche Krankenheilerin, wie es ihr Vita-Schreiber überliefert und wie es in der benediktinischen Regel vorgeschrieben war. Nach der *Regula benedicti* steht »die Sorge für die Kranken vor und über allen Pflichten«.

Vielleicht war es gerade Hildegards nichtprofessioneller Dienst zur Heilung der Kranken, der sie befähigte, nicht nur auf punktuelle Abhilfe durch Salben, Tinkturen oder sonstige der üblichen Mittel zu setzen, sondern bei ernsthaften Erkrankungen wie bei jeglicher notwendigen Therapie den ganzen Menschen im Auge zu behalten. Methodisch gesehen, zumal im Sinne der von ihr bevorzugten Naturheilkunde ein damals wie heute gültiges und beachtenswertes Verfahren. Mit Recht wurde Hildegard zugesprochen, sie habe »innerhalb der Grenzen ihrer Zeit eine durchaus sinnvolle symptomatische Therapie betrieben und aufgrund ihrer ganzheitlichen Denkweise eine in sich schlüssige, konsequente Krankheitslehre geschaffen«.

Schlüssig und konsequent war, daß die Äbtissin in ihrer Heilkunde bei der Beschreibung auch der intimen menschlichen Lebensvorgänge nicht die geringste Scheu kannte. Das gilt insbesondere für die Schilderung der Sexualität von Frau und Mann, von der sie über die schon angedeutete Charakterisierung der vier Temperamente hinaus in gesonderten Abschnitten freimütig wie kaum ein anderer Autor ihrer Zeit mit realistischer Deutlichkeit schreibt. Entgegen aller fehlgeleiteten Sexualmoral erkennt die Äbtissin Hildegard den Eigenwert einer leidenschaftlichen erotischen Liebe und gibt ihr einen kaum prägnanter und sinnlicher zu fassenden Ausdruck. »Wie das Feuer von Vulkanen, das man nur schwer löschen kann«, aber als gottgegeben kennzeichnet Hildegard die Leidenschaft Adams und des Mannes in seiner Liebe zur Frau, und sie schreibt weiter:

»Die große Liebe, die in Adam war, als Eva aus ihm hervorging, und die Süßigkeit des Schlafes, in der er damals lag, verwandelte sich aber bei seinem Sündenfall in das Gegenteil der Süßigkeit. Weil aber der Mann diese große Süßigkeit in sich spürt und hat, eilt er schnell, wie der Hirsch zur Quelle, zur Frau und die Frau zu ihm. Ähnlich ist es mit der Tenne des Hofes, die von vielen Schlägen getroffen wird und sich dabei erwärmt, wenn das Korn auf ihr gedroschen wird.«

Das Bild vom Hirschen, der zur Quelle eilt, entlehnte Hildegard den biblischen Psalmen (Ps 42,2), aber es ist eingebettet in ihre eigene realistische Deutung, der ja auch ein bemerkenswertes »Gefühl für die Schönheit der leidenschaftlichen Liebe« mitgegeben war. Es war ihre eigene unverstellte Sprache, ihre Definition der erotischen Beziehung zwischen Mann und Frau, so sehr auch mitunter bei solchen Passagen ihre Autorenschaft angezweifelt wurde. Wie konnte eine jungfräulich lebende Nonne so eingehend von der Sexualität der Geschlechter wissen und sie darstellen? Aber sicherlich wird die Äbtissin auf dem Rupertsberg von den Erfahrungen anderer Frauen gehört und sie befragt haben. Zu ihr kamen genug heil- und ratsuchende weltlich wie klösterlich lebende Frauen und Männer.

Mit Recht wurde gesagt, Hildegard sei nie »einer Vertierung und Verteufelung weiblicher Sexualität« verfallen, wie es zu ihrer Zeit nicht selten war. Vielmehr wird sie nicht müde, wechselnde Bilder für das Aufeinanderbezogensein von Mann und Frau zu finden und das je Eigene in ihrem Verhalten hervorzuheben.

Ungeniert spricht sie davon, wie bei der Vereinigung der Frau mit einem Mann »ein lustvolles Hitzegefühl in ihrem Gehirn den Genuß dieser Lust und den Samenerguß« ankündet. »Ist der Samen an die richtige Stelle gefallen, dann zieht ihn die erwähnte sehr starke Hitze im Gehirn an sich und hält ihn fest. Dann ziehen sich auch die Lenden dieser Frau zusammen, und alle Glieder, die zur Zeit der Menstruation bereit sind, sich zu öffnen, schließen sich alsbald so fest, wie wenn ein starker Mann etwas in seine Hand schließt.«

Stets ist Hildegard darauf bedacht, die Gleichwertigkeit von Mann und Frau herauszustellen, ihren Blick auf ein »polares Menschenbild« zu richten, »in welchem der eigenständige Wert des Frauseins dem des Mannseins entgegengesetzt ist«. Im schon zitierten Abschnitt von der Liebe Adams und des Mannes schreibt sie mit schöner bildhafter Prägnanz: »Die Liebe der Frau ist im Vergleich mit der Liebe des Mannes wie eine milde Wärme, die von der Sonne ausgeht und Früchte hervorbringt, im Vergleich mit einem sehr heftig brennenden Holzfeuer, weil sie durch ihre Milde in den Kindern Früchte hervorbringt.«

Allerdings nutzt sie auch derbe, einer Landfrau gemäße und der einheimischen bäuerlichen Bevölkerung vertraute Bilder: »Wie nämlich eine Speise nicht durch ihr natürliches Feuer gekocht wird, wenn nicht ein anderes Feuer hinzukommt, so wird auch der Samen des Mannes nicht gargekocht, wenn nicht das Feuer eines anderen Menschen dazu verhilft.« Oder sie vergleicht die Frau mit einem Ackerland, »das vom Pflug durchfurcht wird. Sie nimmt den Samen des Mannes auf, hüllt ihn in ihr Blut und wärmt ihn mit ihrer Wärme.«

Keineswegs verschweigt die Äbtissin Hildegard sexuelles Fehlverhalten oder daß der »Lust« auch ein »Beigeschmack von Sünde« anhaften kann. Aber wichtiger ist doch, zumal in ihrer Zeit, Hildegards wiederholte und ausdrückliche Hervorhebung der Sexualität zwischen Mann und Frau als »völlig natürlicher, gegenseitiger Akt« und gottgewollter Liebesvollzug in der ehelichen Gemeinschaft.

Diese von einer Frau, einer Nonne mit unerhörter Kühnheit wiederholt formulierte Überzeugung war zu Lebzeiten Hildegards wie überhaupt in der eher zur Abwertung und Dämonisierung der menschlichen Sexualität neigenden kirchlich-theologischen Tradition alles andere als selbstverständlich. Wie sehr mußte sie sich bestätigt und gestärkt gefühlt haben, als sie ihre durch Bernhard von Clairvaux befürwortete Anerkennung des Papstes erhielt und die Kirchenoberen zunehmend ihren Rat suchten.

Seit der Synode von Trier im Jahre 1147 wußten Papst Eugen III. und die Bischöfe, was die damals noch unbekannte Nonne vom Disibodenberg im ersten Teil ihrer Schrift *Scivias* geschrieben hatte: »Die Frau ist um des Mannes willen geschaffen; denn wie sie vom Manne, so stammt auch der Mann von ihr, damit sie sich bei der gemeinsamen Zeugung ihrer Kinder nicht trennen, weil sie gemeinsam ein Werk vollbringen, wie auch Luft und Wind zusammenarbeiten. Wie geschieht das? Die Luft wird vom Wind in Bewegung gesetzt und der Wind von der Luft umschlossen, so daß alles, was grünt, von ihnen abhängig ist.« Und das »Zusammenwirken« von Mann und Frau geschieht »nach göttlicher Ordnung und Planung, denn Gott erschuf sie nach seinem Willen«.

Auf ihrer »Lebenskunde«, ihrer ganzheitlichen Schau des Menschen gründet, wie die Ärztin Hildegard zeitgenössische Krankheiten diagnostiziert und welche Heilmittel und Therapie sie vorschlägt. Neben Frauenkrankheiten und Geburtskomplikationen sind vor allem zu ihrer Zeit häufig vorkommende Erkrankungen wie Ausschlag, Gicht, Fallsucht, Stoffwechselstörungen, aber auch Nerven- und Geisteskrankheiten, Störungen des Gemüts, die vorzugsweise genannt werden.

Gewiß hält sich die Äbtissin im zwölften Jahrhundert zur Bestimmung von Krankheitsursachen an mittelalterliche Vorstellungen und an das damals übliche Vokabular. Nicht selten erweisen sich jedoch ihre Heilmethoden als zeitlos und unkonventionell. Das zeigt deutlich der ausführliche Vita-Bericht von der Heilung der adligen Frau Sigewiza aus Köln, von der es heißt, sie sei im achten Jahr »vom Teufel besessen« und leide unter »einer teuflischen Zusammenballung von Schwärze und Dampf«. Sigewiza »verlor ihr gesundes Denken und Handeln und rief und tat oft etwas Unziemliches«. Da kein üblicher Exorzismus, keine Teufelsaustreibung half, bat Abt Gedolph von Brauweiler die als Krankenheilerin bekanntgewordene Äbtissin um Hilfe.

Hildegard nahm die geistesgestörte Frau in ihren Konvent auf, zum Entsetzen mancher Mitschwester, bis alle durch ihr Dulden, Mitleiden und Ansprechen der Kranken durch Fasten und Beten zu einer Art »Gemeinschaftstherapie« bereit waren. Die nach damaliger Auffassung »vom Teufel besessene« Sigewiza wurde geheilt, und Hildegard selbst antwortet auf eine Anfrage des Erzbischofs Arnold von Trier: »An der Besessenen haben wir viel Wunderbares geschaut... Wir haben erkannt, daß der teuflische Anhauch von Tag zu Tag bis zu seinem Rückzug dahinschwand. Und diese Frau ist von den Quälereien des Teufels befreit worden... Jetzt aber hat sie die Kräfte des Leibes und der Seele in voller Gesundheit wiedererlangt.«

Kein Wort von angewandtem Exorzismus, kein Wort von Salben, Tinkturen oder sonstigen medizinischen Präparaten, aber persönliche Zuwendung Hildegards und ihrer Mitschwestern zu der geisteskranken Frau. Was so sehr auffällt, das ist die in der Heilpraxis als selbstverständlich und notwendig erkannte »mitmenschliche Verbindlichkeit«. Hildegard handelte nicht nur mit dem ihr eigenen Temperament, indem sie den bloßen »Salbenmischern« vorwarf: »Wie könnt ihr Heilmittel verabreichen, ohne eure Tugend dazuzutun.«

Was Hildegard unter Tugend versteht, hat sie in ihrem Brief an den um die klösterliche Zucht besorgten Abt Helmrich von Bamberg vor allem Barmherzigkeit, *misericordia*, genannt, und zur Legitimierung des Gemeinten berief sie sich in einem anderen Brief auf die Nachfolge Christi: »Denn der gute Arzt (Christus) salbte ohne Zögern die Wunden der Menschen mit Barmherzigkeit«. Aber sie blieb nicht bei brieflich geäußerten frommen Ratschlägen und schöner Therapie. Wie im Falle der geistesgestörten Sigewiza half die Äbtissin erkrankten Frauen und Männern, die zu ihr auf den Rupertsberg pilgerten oder gebracht wurden, durch Heilmittel aus der klösterlichen Apotheke und besonders durch ihre unmittelbare barmherzige Zuwendung. Barmherzigkeit nicht als sentimentales Herabbeugen, sondern aus dem Selbstverständnis einfacher Mitmenschlichkeit.

Die heilkundige Äbtissin duldete keinen Widerspruch zwischen den leiblichen und seelischen Bedürfnissen der Menschen. Vielleicht ist diese ihre Grundhaltung am meisten bewundernswert und wahrhaft zeitüberdauernd. Aufs engste verknüpft sah die Mystikerin, die Seherin Hildegard die »Sehnsucht nach dem Himmel« mit der »Sorge um die leibliche Notdurft«, die das erdhafte Leben schwer macht.

Die Seele, so bekennt Hildegard, »besitzt alles in allem die umarmende Liebe zu ihrem Leibe«. Die Seele stärkt den menschlichen Körper, »weil das Fleisch wie die Erde gebrechlich ist. Auf diese Weise stehen Leib und Seele unter sich in einer gespannten Auseinandersetzung, solange der Mensch die lichten und trüben Werke mit der Seele und dem Leibe zu wirken hat.«

Das schrieb die lebenskluge Äbtissin nicht als theologisch

begründete Erkenntnis über die Köpfe ihrer Mitmenschen hinweg. Im gleichen Zusammenhang in ihrem Buch von »Welt und Mensch« wird die Realistin Hildegard konkret, indem sie feststellt, daß »die Seele in allen Dingen das diskrete Maß liebt«, und sogleich das Gemeinte dem einfachen Verständnis erschließt. Sie verweist auf das Naheliegende, das rechte Maßhalten bei der Befriedigung der menschlichen Grundbedürfnisse: »Wann immer auch der Körper des Menschen ohne Diskretion ißt und trinkt oder etwas anderes dieser Art verrichtet, werden die Kräfte der Seele verletzt, weil alles nur mit Maß ausgeführt werden soll, da nun einmal der Mensch nicht ständig im Himmel weilen kann.«

Nichts anderes erstrebte und empfahl die heilkundige Äbtissin als das »diskrete Maß« in allen menschlichen Verrichtungen. Die maßlose Völlerei im Essen und Trinken verwarf sie als menschenunwürdig und die Gesundheit schädigend, weil das Blut dickflüssig wird und den Körper verseucht. Aber nicht weniger warnte sie vor übertriebener Askese, lehnte sie »maßlos auferlegte gute Werke« ab, weil der Mensch »unter dem Andrang unpassender Sitten zugrunde gerichtet werde«. Wie bewundernswert lebensklug die Klosterfrau Hildegard einfache Worte findet für die Grundverfassung des Menschen, indem sie als gegeben feststellt: Er könne »nun einmal nicht ständig im Himmel weilen«.

Die menschenfreundliche *discretio*, das »diskrete Maß«, darf im Sinne einer vorbeugenden Medizin als ein Leitbegriff der Ärztin Hildegard angesehen werden. Ein Leitbegriff, der konsequent die benediktinische Grundregel *ora et labora*, des Ausgleichs von Gebet und Arbeit, in die allgemeine Lebensführung überträgt. Entsprechend der angewandten Heilkunde Hildegards gilt dieses vernünftig ausgetragene Gleichgewicht für jede menschenwürdige Lebensweise.

Die heilkundige Äbtissin besteht in geradezu modernem, jedenfalls zeitlosem Begreifen der menschlichen Verfassung auf dem lebensnotwendigen Ausgleich von körperlicher Bewegung und Ruhe, von Aktivität und Meditation, von Wachsein und Schlafen. Für jedes dieser und anderer Gegensatzpaare verlangt Hildegard das menschenwürdige Gleichgewicht, das dem Menschen dienende »diskrete Maß«. Was den Schlaf anbetrifft, so erklärt sie die Folgen des zuviel oder zuwenig Schlafens, besteht sie auf »mäßig langem Schlaf«, oder sie beschreibt die Störungsursachen, die den Ausgleich zwischen Schlafen und Wachen verhindern.

Zunächst verschreibt die Ärztin Hildegard nichts anderes als die Hinwendung zu einer vernünftigen, das heißt maßvollen Lebensweise. In den einfachen leiblichen Bedürfnissen wie im menschlichen Affektleben, im Großen wie im Kleinen, erkennt Hildegard die Notwendigkeit des »diskreten Maßes«, des Ausgleichs und Wechsels. Aber das so schlicht erscheinende dem Menschen eigene Verhalten sieht die heilkundige Äbtissin eingebettet in das schon zitierte kosmische Geschehen. Sie beruft sich auf das unlösliche Gebundensein des Menschen an die Ordnung der Elemente nach der aus der Antike, von Claudius Galenus über Isidor von Sevilla, überlieferten Vorstellung. Sie übernimmt deren Sicht auf den Zusammenhalt des Lebens im Ausgleich von Wachsen und Vergehen, von Wärme und Kälte, von Schlafen und Wachen und anderer Gegensatzpaare, und sie folgt der Überlieferung im Hinblick auf ein harmonisches Mischungsverhältnis der menschlichen Körpersäfte wie der menschlichen Temperamente.

Sie wäre jedoch nicht die aus ihrem charismatischen Heilwissen heraus handelnde Äbtissin von Rupertsberg, würde sie die heilsgeschichtliche Zuordnung ihres Tuns verleugnen. »Was Hildegards Heilkunde auszeichnet, ist die gelungene Synthese der antiken »techne therapeutike« mit dem christlichen Geist der »humanitas« und der »misericordia«, zwei Bereichen, die hier in der Blüte des hohen Mittelalters ein so elegantes Bündnis eingehen. Das Ethos des Arztes liegt denn auch gar nicht im Sanieren, im Heilmachen um jeden Preis, sondern in jener »misericordia«, die einer für den anderen aufzubringen bereit ist.«

Das wurde in unserer heutigen Sprache gesagt. Hildegard selbst zieht es vor, mit ihren eigenen Worten die Synthese als die »umarmende Liebe der Seele zu ihrem Leibe« hervorzuheben. Und sie kennzeichnet diese Zusammengehörigkeit in der vierten Schau ihres *Liber divinorum operum,* ihres Buches »*Welt und* Mensch«, in voller Deutlichkeit: Die Seele und der Körper »haben ein gleiches Maß, da die Seele den Körper nicht mehr bewegt, als jener wirken kann, und der Leib nicht mehr ausführt als von der Seele in Bewegung gesetzt wird und sich die einzelnen Sinne nie voneinander trennen. Sie halten sich vielmehr in hoher Kraft aneinander und erleuchten den ganzen Menschen, in seinen oberen wie niedrigeren Schichten, zum Guten.«

DRITTER TEIL
Öffnung zur Welt

Die danach verlangen, Gottes Werke zu
vollbringen, müssen stets beachten, daß sie,
weil Menschen, Gefäße von Ton sind,
und mögen ständig ihren Blick darauf richten,
was sie sind und was sie sein werden.
Das Himmlische sollen sie dem überlassen,
der himmlisch ist, weil sie selbst Verbannte
sind, die das Himmlische nicht kennen.

HILDEGARD AN ELISABETH VON SCHÖNAU

11. Die Äbtissin und der Kaiser

Ein Kloster, am allerwenigsten das Kloster auf dem Rupertsberg bei der Einmündung der Nahe in den Rhein, war keine abgeschirmte Festung. Die Meisterin Hildegard, nach ihrem Einzug auf den Rupertsberg am Anfang ihrer fünfziger Jahre, war nicht mehr die *Inklusin*, die im Kloster auf dem Disibodenberg in ihrer Zelle »Eingesperrte«. Nach ihrer Anerkennung durch Papst Eugen III. und die Trierer Synode hatte sich ihr Ruf als Seherin, als Prophetin, aber auch konkret und den einfachen Leuten näherliegend, als eine zur Hilfe und Heilung vielbegehrte, vielbesuchte Ärztin für Leib und Seele rasch verbreitet.

»Von allen Seiten«, so berichtet der zeitgenössische Vita-Schreiber, »strömten Scharen von Menschen, Männern und Frauen, zu Hildegard«, Kranke, Gebrechliche, Ratsuchende, Notleidende, um Unterkunft Bittende oder bloß Neugierige, die sehen wollten, was im vielgenannten Kloster auf dem Rupertsberg vor sich ging. »Nicht wenige wurden auch durch Hildegards Segen von ihren Leiden befreit. Da Hildegard aber durch ihren prophetischen Geist die Gedanken und Absichten der Menschen erkannte, wies sie einige, die verkehrten und frivolen Herzens zu ihr kamen, zurecht«, und die Getadelten gaben ihr »schlechtes Vorhaben« auf.

Solche Anmerkungen des Chronisten Theoderich lassen nicht weniger Hildegards ungetrübten Sinn für die menschlichen Gegebenheiten erkennen. Überhaupt zeigte schon die schwierige Klostergründung und bestätigen die mit der Sicherung der monastischen Lebensverhältnisse, mit der Klosterverwaltung verbundenen Aktivitäten der Äbtissin ihre außergewöhnliche realistische Begabung. Wir sind gewohnt, in ihr zunächst die Visionärin, Prophetin, die schon zu ihren Lebzeiten hochgerühmte *prophetissa teutonica* und die Verfasserin ihrer natur- und heilkundlichen Schriften zu sehen. Aber es war doch ihre ganz persönliche Leistung, alle anfänglichen Hindernisse, auch Konflikte mit dem benachbarten Bingen zu überwinden und die leiblichen wie die spirituellen Bedürfnisse des rasch wachsenden Konvents so zu ordnen, daß ihr Kloster sehr bald zu einem vielbeachteten Zentrum benediktinischen Lebens wurde.

Im vierten oder fünften Jahr auf dem Rupertsberg hatten sich die Lebensverhältnisse der Nonnen einigermaßen stabilisiert. So muß es gewesen sein, denn nun beginnt im Leben Hildegards eine verstärkte Hinwendung zur Öffentlichkeit, zum politischen Leben, auch dies ungewöhnlich für eine Klosterfrau in ihrer Zeit, noch ungewöhnlicher für eine begnadete Mystikerin. Aber diese unerwartete Öffnung zur Welt außerhalb ihres Klosters hing zusammen mit Hildegards zunehmendem Bekanntheitsgrad, der nicht nur die Kirchenoberen, sondern ebenso die weltlichen Herrscher bewegte, ihre »Hilfe durch Gebete und Ermahnungen« oder konkreten Rat zu erbitten.

Die Äbtissin begrüßt den im März 1152 in Aachen zum deutschen König gekrönten Staufer Friedrich I. Barbarossa. Schon in ihrem ersten von vier erhaltenen Briefen an den höchsten Herrscher der Christenheit tritt sie als selbstbewußte und keineswegs »kleine Nonne« auf, indem sie schreibt: »Räuber und Abirrende zerstören den Weg des Herrn. O du König, bezwinge mit dem Zepter der Barmherzigkeit die trägen, unsteten und wilden Sitten ... Denn schwarz sind die lässigen Sitten der Fürsten, die in Ausgelassenheit und Schmutz daherlaufen. Davor fliehe, o König! Sei vielmehr ein bewaffneter Streiter, der dem Teufel tapfer widersteht, damit Gott dich nicht stürze und dadurch Schande über dein irdisches Reich komme.«

Ein oder zwei Jahre nach diesem Begrüßungsschreiben folgt die Äbtissin einer Einladung Barbarossas in die zwischen

Mainz und Bingen gelegene, großartig wiederhergestellt Pfalz von Ingelheim. Es ist das erste Mal, daß Hildegard ihr Kloster auf dem Rupertsberg in einer weltlichen Angelegenheit verläßt.

Wir kennen weder den genauen Zeitpunkt des Treffens noch den konkreten Anlaß. Jedoch schreibt Friedrich Barbarossa der Äbtissin bald nach seiner Rückkehr aus Rom, wo er im Juni 1155 aus der Hand des Papstes Hadrian die Kaiserkrone empfangen hatte, und sein Brief an Hildegard erinnert an die für beide Seiten wichtige Begegnung in der Kaiserpfalz: »Wir machen deiner Heiligkeit bekannt: Das, was du uns vorausgesagt hast, als wir dich bei unserem Aufenthalt in Ingelheim gebeten hatten, vor uns zu erscheinen, halten wir bereits in Händen.«

Das Vorausgesagte kennen wir nicht. Aber was auch immer der nun gekrönte Kaiser Friedrich I. gemeint haben mag, sein Brief bezeugt eine Zäsur in der Lebensgeschichte Hildegards, den Beginn einer neuen, der Welt zugewandten Phase, freilich ohne geringste Vernachlässigung ihres Auftrags als Seherin und Prophetin, als Äbtissin und fürsorgliche Mutter der ihr anvertrauten Schwestern. Außerdem schrieb Hildegard in diesen Jahren noch an ihrem heilkundlichen Werke *Causae et Curae*.

Man muß die Begegnung der etwa sechsundfünfzigjährigen Hildegard mit dem wenig mehr als dreißig Jahre zählenden deutschen König Friedrich bildhaft vor Augen haben, um die Bedeutung dieser den üblichen Rahmen sprengenden Zusammenkunft auch nur annähernd zu ermessen. Der junge, kräftig gewachsene rotbärtige und rothaarige Staufer, ausgestattet mit den Insignien der weltlichen Macht, bittet die in ihren schwarzen Wollhabit gekleidete, eher schmächtige, von körperlicher Labilität und unablässiger Überanstrengung gezeichnete Klosterfrau »aufs inständigste« um ihre Hilfe.

Erstaunlich war es, daß Friedrich I. als Kaiser der Christenheit in bewegender brieflicher Rede der Begegnung ein solches Gewicht verleiht und wie gegenüber einer Respektperson gesteht: »Wir werden nicht aufhören, uns für die Ehre des Reiches abzumühen.« Er verspricht der Äbtissin mit auffallender Konkretheit: »Du darfst aber die sichere Überzeugung haben, daß wir bei jedwedem Anliegen, das du uns vorträgst, weder auf die Freundschaft noch auf den Haß irgendeiner Person

Rücksicht nehmen werden. Vielmehr haben wir uns vorgenommen, einzig im Blick auf die Gerechtigkeit gerecht zu urteilen.«

Bei den Geschichtsschreibern fand dieser singuläre Brief des Kaisers Friedrich Barbarossa wenig Beachtung. Nach dem Tod seines Vorgängers, des politisch schwachen, familiär unglücklichen Königs Konrad III., dem zudem noch ein gescheiterter Kreuzzug angelastet wurde, standen die Sorgen um das Reich und das eben erworbene Kaisertum Friedrichs im Vordergrund des politischen Geschehens. Um so mehr Aufmerksamkeit verdient das kaiserliche Schreiben. Ein Brief, der alles andere als förmlich abgefaßt wurde. Keine bloße Pflichtübung des Herrschers, der Grund hatte zum Dank für eine erfüllte Voraussage Hildegards.

Neun Jahre vergingen, bis es im April 1163 auf einem Hoftag in Mainz zu einer erneuten Begegnung der Äbtissin mit Kaiser Friedrich Barbarossa kam. Im selben Jahr hatte Hildegard ihr zweites visionäres Werk *Liber vitae meritorum*, das »Buch der Lebensverdienste«, beendet. Das Buch war entstanden unter dem Eindruck der Auseinandersetzungen zwischen Kaiser und Papst und wurde nicht zu Unrecht eine »moralische Kampfschrift« genannt, wenn auch ohne direkten Bezug auf die reichspolitische Problematik.

Schon 1155, beim ersten Zusammentreffen von Barbarossa mit Papst Hadrian IV. wäre es fast zu einem Eklat gekommen. Barbarossa verweigerte dem zu Pferde sitzenden Papst den von ihm erwarteten Zügel- und Bügeldienst, bis ihm versichert wurde, es sei kein Vasallendienst, sondern eine Ehrenbezeugung. Jedoch der Konflikt um den Vorrang von Papsttum oder Kaisertum verschärfte sich zunehmend. Barbarossa unternahm einen zweiten Italienzug zur Wiederherstellung seiner in Italien gefährdeten kaiserlichen Rechte. Sehr geschickt hatten die Gegner Barbarossas Gerüchte von Weltherrschaftsgelüsten des Stauferkaisers verbreitet. Die reichen lombardischen Städte Mailand, Cremona und andere erhoben sich wider die Kaisergewalt, und 1162, kaum ein Jahr vor dem Mainzer Hoftag, hatte Barbarossa Mailand völlig zerstören lassen.

Vor diesem reichspolitisch brisanten Hintergrund fand auf dem Mainzer Hoftag die zweite Begegnung der Äbtissin mit

Kaiser Friedrich Barbarossa statt. Aber die als Bittende in der repräsentativen Fürstenversammlung auftretende fünfundsechzigjährige Hildegard hatte auch außerkirchlich eine Berühmtheit erlangt, die der weltliche Herrscher schwerlich ignorieren konnte.

Auf dem Hoftag zu Mainz bittet die Äbtissin um Bestätigung der bereits 1158 festgelegten Besitzungen und Rechte der Rupertsberger Nonnen. Über diese Bestätigung hinaus wird nun »auf Antrag und Bitte der ehrwürdigen Frau Äbtissin Hildegard« am 18. April 1163 die absolute kaiserliche Schutzherrschaft über ihren Konvent beurkundet. Der Schutzbrief bedeutet nichts Geringeres als daß jeder das Kloster schädigende Friedensbrecher »kaiserliche Rechte« verletzt und ihm entsprechende staatliche Gegenmaßnahmen drohten.

Hildegards Auftritt auf dem Mainzer Hoftag und ihre vorgetragene Bitte bezeugen nicht nur ihren Mut, ihre Resolutheit im Umgang mit den Mächtigen ihrer Zeit, sondern nicht weniger ihr hohes Ansehen, das ihr Gehör verschaffte, obwohl in Mainz genug andere politisch vordringliche Fragen verhandelt wurden.

Noch deutlicher kennzeichnen die Zeugen der kaiserlichen Schutzurkunde den hohen Rang der Äbtissin vom Rupertsberg. Acht der höchsten kirchlichen Würdenträger und mehrere weltliche Fürsten beglaubigten durch ihre Unterschrift die kaiserlichen Privilegien. Von einigen Zeugen wissen wir durch ihren anschließenden Briefwechsel mit der Äbtissin.

Ein Schreiben des Erzbischofs Eberhard von Salzburg, eines der menschlich und kirchen- wie reichspolitisch integersten Fürsten im Episkopat des 12. Jahrhunderts, erinnert an seine Begegnung mit der Äbtissin: »Als ich im Hoflager bei Mainz war, habe ich mich aufs eifrigste deinen Gebeten empfohlen, damit durch deine Fürsprache mein inneres Leben Fortschritt im Herrn und glückliche Vollendung erfahre.« Hildegard antwortet souverän. Sie erinnert den Kirchenfürsten an seine Pflicht, das »Himmlische und Irdische zum Wohle des Volkes zur Einheit« zu verbinden. Was anders war dies als die Aufforderung, in der derzeitigen kirchlich-politischen Zerstrittenheit den Blick auf das Ganze »zum Wohle des Volkes« zu richten.

Es liegt nahe, Hildegards Andeutung auf die schon entbrannte Auseinandersetzung zwischen Kaiser und Papst zu beziehen, deren Opfer ein anderer hochgestellter Zeuge wurde, der Erzbischof Konrad von Mainz, ein Bruder des Bayernherzogs Otto von Wittelsbach.

Der dem Rupertsberger Kloster vertraute Erzbischof fiel im Jahr nach dem Hoftag bei Barbarossa in Ungnade, weil er sich nach dem Tod des Papstes Hadrian im Streit zwischen dem legitim gewählten Nachfolger Alexander III. und dem Kaiser papsttreu verhielt. Dem aufrechten Erzbischof Konrad, den der Kaiser seines Amtes enthob, schrieb die Äbtissin, selbst mutig genug: »So wirst du das mörderische Schwert der Böswilligen und die ungläubigen Reden derer fliehen, die auf Gott wie ein Hund losfahren. Nun aber lehre dich Gott, ein treuer Knecht zu sein, und du wirst für immer im ewigen Leben verharren.«

Als »getreuer Vermittler« bemüht um einen befriedigenden Ausgleich zwischen den entzweiten höchsten Repräsentanten der Christenheit erwies sich Bischof Eberhard von Bamberg, ein dritter Zeuge auf dem Mainzer Hoftag. Der politisch kluge, überdies theologisch hochgelehrte Bischof hatte Hildegard auf dem Rückweg vom kaiserlichen Hoftag besucht. Nach Bamberg zurückgekehrt, schrieb Bischof Eberhard einen Brief, aus dem die bemerkenswerte Erwartung spricht, von der Äbtissin Hildegard in einer theologisch essentiellen Frage belehrt zu werden. »Wir haben ja, als wir vom kaiserlichen Hofe aus bei dir, die du vom Heiligen Geist durchtränkt bist, vorbeikamen, deiner Liebe eine Aufgabe gestellt: *Im Vater west die Ewigkeit, im Sohne die Gleichheit, im Heiligen Geist die Verbindung von Ewigkeit und Gleichheit.* – Dies möchten wir nun gemäß dem, was Gott dir geoffenbart hat, dargelegt sehen.«

Drei durch den konkreten Anlaß, den Mainzer Hoftag, miteinander verbundene, aber doch voneinander unabhängige und unbedingt eigenwillige Beispiele, die in so eindeutiger Bestätigung durch die Kirchenfürsten den persönlichen Mut und nicht weniger das Geachtetsein der in theologischen Fragen als kompetent angesehenen Äbtissin bezeugen.

Die diffizile Aufgabenstellung des Bischofs Eberhard von Bamberg beantwortet Hildegard mit einem ihrer ausführlichsten und eindringlichsten Schreiben. Ihre Antwort, die von ihr gewünschte Darlegung der Lehre von der Trinität, der göttlichen Dreifaltigkeit, entspricht beispielhaft dem theologischen Wissen ihrer Zeit. Die Äbtissin entfaltet ihre Argumente in einer Weise, die noch einmal erkennen läßt, wie verfehlt es wäre, in ihrer Selbstbezichtigung als *femina indocta*, als ungelehrte Frau, mehr als eine Demutsgeste, einen »Bescheidenheitstopos« zu sehen. Man kann sogar einen Schritt weiter gehen und in der ihr eigenen bildhaften und wiederum die Natur einbeziehenden Schreibweise die gelungene eigene Auslegung einer eher abstrakten theologischen Fragestellung zur Definition der göttlichen Trinität bewundern.

In der Zusammenfassung lautet ihre Antwort: »Im *Vater* herrscht die Ewigkeit, weil niemand vor Ihm war und die Ewigkeit keinen Anfang hat.« Die »Gleichheit« des *Sohnes* erweist sich darin, daß »der Sohn sich nie vom Vater trennte, noch der Vater jemals ohne den Sohn war«. Als innigste »Verbindung« von beiden sieht Hildegard in einem ihrer unverwechselbaren Wortbilder den *Heiligen Geist*, »weil der Sohn immer beim Vater blieb und der Vater beim Sohne. Denn der Heilige Geist in ihnen ist feuriges Leben, und sie sind eins.«

Mit ihrem Erfolg auf dem Hoftag zu Mainz und dem unmittelbaren, durch den anschließenden Briefwechsel dokumentierten Nachtrag hätte die Äbtissin zufrieden sein können. Es sind jedoch einige weitere Briefe Hildegards an Kaiser Friedrich Barbarossa überliefert, die in ihrer Beziehung zum zunächst ja als Wohltäter zugunsten des Rupertsberger Klosters begrüßten Kaiser schon bald einen deutlichen Bruch erkennen lassen. Eine Entzweiung, die schließlich zu Äußerungen der Äbtissin von schneidender Schärfe führte.

Ein erstes nach dem Mainzer Hoftag an Barbarossa gesandtes Schreiben Hildegards mag ein Dankbrief zur Gewährung der kaiserlichen Schutzrechte für ihr Kloster sein. Ihr undatierter Brief läßt sich zeitlich gut einordnen, weil Hildegard im letzten Abschnitt auf die Sorge des Kaisers um einen Thronerben eingeht und schreibt, sie werden »Gott aus ganzem Herzen bitten, Er möge dich trösten durch einen Ihm wohlgefälligen Erben«. Da die Kaiserin Beatrix in der Julimitte 1164 in Pavia den ersten Kaisersohn Friedrich gebar, muß Hildegard ihren Brief einige Zeit vor diesem Datum geschrieben haben.

Aber schon dieser Brief der Äbtissin, der den Abschluß einer Phase des beiderseitigen Wohlwollens kennzeichnet, enthält vorwiegend kritische, zumindest warnende Sätze, in denen sie nicht unbedacht dem Kaiser den »alles beherrschenden Gott« und dessen »Wege der Gerechtigkeit« vor Augen hält:

»Denn alle Gewalt und Herrschaft geht allein von dem aus, der alles in rechter Ordnung verteilt, und empfängt von Ihm ihren Namen. Demgemäß sollen sie (die Herrscher) die Völker regieren, zurechtweisen und richten. Die Wege der Wahrheit und Gerechtigkeit sollen sie aufzeigen... O Diener Gottes, der du nach Ihm genannt wirst, möge der Heilige Geist dich belehren, daß du gemäß seiner Gerechtigkeit lebst und richtest. Wenn du das getan, wirst du von deinen Feinden niemals überwunden werden, wie auch David nie überwunden werden konnte, weil er alle seine Gerichte in Gottesfurcht vollzog. Vertraue jedoch auf Gott, und ahme Jakob nach, der milde und gerecht war...«

12. Das Schisma

Die im Dankbrief der Äbtissin Hildegard an den Kaiser noch allgemein gehaltene Mahnung, die Herrscher mögen in der von Gott gegebenen »rechten Ordnung... die Völker regieren, zurechtweisen und richten«, das heißt der *weltlichen* Ordnung dienen, hatte einen konkreten Anlaß. Zweifellos bezieht sich schon dieser zweite Brief Hildegards an Friedrich Barbarossa auf die Frage nach dem Vorrang der weltlichen oder der geistlichen Autorität. Eine Grundsatzfrage, die bereits das Verhältnis des machtbewußten Kaisers zu Papst Hadrian IV. getrübt hatte, die schließlich in unheilvoller Auswirkung zu einem durch Friedrich Barbarossa und den deutschgesinnten Episkopat ausgelösten Schisma führte, das 1159 begann und über achtzehn Jahre die Christenheit spaltete.

Nach dem Tod des Papstes Hadrian 1159 war der Konflikt zwischen der kirchlich-römischen und der kaiserlich-deutschen Partei durch einen spektakulären Auftakt verschärft entbrannt. Die Papstwahl der in der Petersbasilika versammelten Kardinäle verlief zwar zunächst so, wie es »normalen Verhältnissen« entsprach. »Die Mehrheit, und dabei alle Kardinalbischöfe, also die nach dem Papstwahldekret entscheidenden Wähler, 20 an der Zahl, wählten Roland Bandinelli«, einen aus Siena stammenden vertrauten Berater des verstorbenen Papstes Hadrian, der sich nach seiner Weihe Alexander III. nannte.

Die offensichtlich legitime Wahl des Kardinals Bandinelli

zum Papst hatte jedoch ein skandalöses Nachspiel: »Kaum wollte man ihm, der sich dessen sträubte, den roten Mantel anlegen, als der Kardinal Oktavian, das Haupt der Deutschgesinnten, ihm den Purpur von den Schultern riß; ein unwilliger Senator nahm ihm zwar das Gewand fort, doch ein Kapellan lief mit einem anderen Mantel herbei, welchen nun Oktavian in seiner Aufregung verkehrt um sich warf. Die Versammlung hatte nicht Zeit, über die Gestalt dieses sich so begierig ummantelnden Kardinals zu lachen, denn der Tumult war groß.«

Scharen von Bewaffneten, »den Degen in der Faust«, drangen in die Petersbasilika ein und erzwangen eine Wahl zugunsten Oktavians. In einem schwerlich nach geltendem Recht geordneten Verfahren stimmte eine Minderheit, darunter lediglich zwei Kardinalpriester, für den in der höchsten Weihekirche der Christenheit so rabiat auftretenden Kardinal Oktavian, dem freilich zahlreiche römische Anhänger, der niedere Klerus und die meisten Senatoren akklamierten.

Im weiteren Verlauf der Ereignisse zeigte sich alsbald, daß weder Oktavian, seit seiner Weihe Papst Viktor IV., noch der vor ihm gewählte Papst Alexander III. angesichts der aufgewühlten Verhältnisse in Rom bleiben konnten, und wie zum Spott blickte Viktor von der Berghöhe seiner Residenz in Segni hinab auf das nicht entfernt liegende Anagni, wo Alexander residierte.

Die Beteiligten erwarteten eine Entscheidung des Kaisers, des Schutzherrn der Christenheit. Aber was anderes als eine politische, eine weltliche Entscheidung, die Parteinahme für den deutschgesinnten, zudem mit Friedrich Barbarossa verwandten Viktor IV., war zu erwarten. Es lag auf der Hand, daß der ehrgeizige junge Staufer seine ganze weltliche Macht einsetzte, um der Wahl des Papstes, der den kaiserlichen Vorrang anerkannte, den Anschein der Rechtmäßigkeit zu geben. Unter kaiserlichem Einfluß legitimierte eine rasch einberufene Synode zu Pavia, der Alexander III. klugerweise fernblieb, die Wahl Viktors. Ein verhängnisvoller Schritt, der das Papstschisma endgültig besiegelte.

Der von seiner rechtmäßigen Weihe überzeugte Papst Alexander III. ließ sich nicht entmutigen. Aus seiner machtpolitisch schwächeren Position kämpfte er um die Unabhängigkeit des Papsttums und der Kirche, auch gegenüber einer Übermacht, zu der sich bald der größere Teil der Römer in Erwartung handfester Vorteile gesellte.

Im deutschen Episkopat, dessen Mehrheit der kaiserlich beeinflußten Papstwahl zustimmte, gab es vereinzelt Widerspruch. Freilich, einen Widerspruch, der nicht ungefährlich war, wie sich schon zeigte am Beispiel des aufrechten Kardinals Konrad von Mainz, der von seinem Bischofssitz vertrieben wurde und den die Äbtissin Hildegard in seiner Standhaftigkeit gegen die »Böswilligen« ermutigte.

Schon in den knapp geschilderten Vorgängen könnte man eine abenteuerliche Erfindung vermuten, wären sie nicht geschichtlich verbürgt. Bezeugt ist ebenso die Parteinahme Hildegards für den rechtmäßig gewählten Papst Alexander III. durch zwei an den Kaiser gerichtete Schreiben von kaum zu überbietender Schärfe.

Aber Hildegards Widerspruch, nun nicht mehr zurückhaltend oder marginal, sondern in voller, überaus kühner Eindeutigkeit den Kaiser selbst treffend, erfolgte erst 1164, im fünften Jahr des Schismas, nach dem Tod des ersten Gegenpapstes Viktor IV. und der Wahl des ihm nachfolgenden Paschalis III., wiederum bestimmt durch Friedrich Barbarossa.

Warum zögerte die Äbtissin Hildegard jahrelang und brachte sie nicht sogleich ihre anerkannte Autorität als Seherin und *prophetissa teutonica* zur Geltung? Zaudern, Ängstlichkeit im Verhalten gegenüber den weltlichen Machthabern widersprach ganz und gar ihrem Temperament. Zu billig und ihr nicht gemäß wäre auch die Vermutung, sie habe durch ihr Schweigen den ihrem Kloster 1163 zuerkannten kaiserlichen Schutz erreichen und nicht gefährden wollen. Aber es war wohl doch ein tragischer, von bitterer Enttäuschung gezeichneter Konflikt, in den Hildegard in ihrem Verhältnis zu ihrem und ihres Klosters Wohltäter geriet. Das zeigt allzudeutlich, wie sie, die Äbtissin, gegenüber dem weltlichen Herrscher nun nicht mehr als dankbar Bittende, sondern als schmerzhaft Enttäuschte enragiert anklagend und verurteilend auftritt.

Zunächst klingt es wie eine Warnung, wenn sie Friedrich Barbarossa vor Augen hält: »Noch hast du Zeit, über irdische

Dinge zu herrschen. Gib acht, daß der höchste König dich nicht zu Boden streckt wegen der Blindheit deiner Augen, die nicht richtig sehen, wie du das Zepter zum rechten Regieren in deiner Hand halten mußt.«

Das war in der Metaphernsprache Hildegards gesprochen, aber doch für den Briefempfänger deutlich genug. Friedrich Barbarossa reagierte nicht, auch nicht auf das nächste und letzte kurze Schreiben der Äbtissin, die nun den Kaiser in geradezu apokalyptischer Drohung warnt, Gott werde »den Widerstand derer, die Mir trotzen«, zermalmen. »Wehe, wehe, diesem bösen Tun der Frevler, die Mich verachten! Das höre, König, wenn du leben willst! Sonst wird Mein Schwert dich durchbohren!«

Dies schrieb Hildegard vermutlich um 1167, nachdem das deutsche Heer, angeführt von Reichskanzler Reinald von Dassel, dem kriegerischen Erzbischof von Köln, über die Alpen gezogen war und vor den Toren Roms stand. Die Kaiserlichen verlangten die Auslieferung des Papstes. Aber Alexander konnte entfliehen, auf einem Boot den Tiber abwärts fahrend. Nur ein kurzweiliger Triumph war Friedrich Barbarossa, der sich in der Peterskirche erneut von Papst Paschalis krönen ließ, vergönnt. Im kaiserlichen Heer brach die Pest aus, der auch Reinald von Dassel zum Opfer fiel, und der nach Hildegards Prophezeihung wahrhaft von Gott geschlagene Kaiser mußte sein kümmerliches Restheer erfolglos zurückführen nach Deutschland.

Bemerkenswert ist nun doch, daß Friedrich Barbarossa trotz Hildegards verschärfter Gegenhaltung den ihrer Abtei zugesicherten kaiserlichen Schutz zu keiner Zeit widerrief. In auffallender Weise blieb der Nonnenkonvent auf dem Rupertsberg verschont, während »kaiserliche Truppen in Bingen und anderen Orten des papsttreuen Rheingaus wüteten«.

Ein direkter oder nachweisbarer Einfluß auf die Haltung des Kaisers während des Schismas blieb der Äbtissin versagt. Dem zweiten Gegenpapst Paschalis folgte nach dessen Tod 1168 ein dritter, der sich Kalixt III. nannte, an dessen Erhebung kein einziger Kardinal beteiligt war und der unter kaiserlichem Schutz in Rom ein volles Jahrzehnt die gespaltene Christenheit repräsentierte.

Wie gefährlich, ja todbringend der Widerspruch gegen die Staatsgewalt war, zeigte sich in diesen Jahren in England, als Thomas Becket, der Erzbischof von Canterbury, dem rechtmäßigen Papst Alexander in Treue verbunden blieb. Thomas Becket war gezwungen, 1164 nach Frankreich zu fliehen. Nicht anders als dem Kaiser Friedrich Barbarossa hielt die couragierte Äbtissin Hildegard dem König Heinrich II. von England vor Augen, seine weltliche Machtdemonstration verstoße gegen das kirchlich-geistliche Eigenrecht: »Du sollst aber dem Räuber, der dir so rät, kein Gehör schenken.« Mit unerhörtem Freimut machte sie, die Nonne, Heinrich II. auf seine angemessenen königlichen Pflichten aufmerksam: »Durch Regieren, Schirmen, Beschützen, Vorsehen sollst du deinen Himmel haben.«

Das von König Heinrich befohlene furchtbare Ende erschütterte nicht nur die Zeitgenossen. Der durch einen angebotenen Scheinfrieden getäuschte nach England zurückgekehrte Erzbischof Thomas Becket wurde an einem der letzten Dezembertage 1170 am Altar seiner Kathedrale von den Schergen des Königs ermordet.

Die Nonne Hildegard konnte das blutige Geschäft der Mächtigen nicht verhindern. Aber sie mischte sich ein, unerschrocken. Selbst die Erfahrung, als Klosterfrau gegenüber der weltlichen Macht auf verlorenem Posten zu stehen, machte sie nicht mundtot, verführte sie nicht zu feiger Zurückhaltung angesichts der von ihr als gottgegeben verteidigten gerechten Ordnung.

Vielleicht hängt ihre geradezu aggressive Verurteilung der Feigheit in ihrem in diesen Jahren verfaßten Buch der Lebensverdienste, *Liber vitae meritorum*, mit den gleichzeitigen politisch-kirchlichen Ereignissen zusammen. Nach Hildegards Worten wird die *Feigheit* sich hüten, irgendetwas gegen andere zu unternehmen. »Die Feigheit spricht: ... So könnte ich meine eigene Existenz dabei aufs Spiel setzen. Lieber will ich den Vornehmen und Reichen schmeicheln. Jedem zu Gefallen will ich leben, damit ich nicht zu kurz komme. Würde ich nämlich mit jemandem streiten, so würde er mich sicherlich kleinkriegen. Besser ist es, den Mächtigen aus dem Weg zu gehen, als sich gegen sie zu stellen. Ich jedenfalls besitze mein Häuschen, das ich mir ausgesucht habe. Oft verlieren ja gerade die ihre Habe, die da die Wahrheit sagen. Und wer den Kampf aufnimmt, kommt wohl auch darin um.«

Die Verfasserin solcher Sätze, in denen sie die Feigheit durch deren Selbstzitierung bloßstellt, wußte genau, was sie schrieb. Sie kannte die menschlichen Schwachstellen und wußte sie zu benennen. Ihr eindringliches, fast schon ironisches Insistieren zeigt aber auch, wie sehr ihr die Ereignisse jener Jahre nahegingen, wie sie den in weiten Kreisen des Episkopats vorherrschenden Wankelmut, manchen Opportunismus oder blinden Unverstand wahrnimmt und verurteilt.

Während der achtzehn Jahre des Papstschismas verzichtet die Äbtissin auf jeden brieflichen Kontakt mit den drei Gegenpäpsten. Jedoch schrieb sie im Jahre 1173 an Papst Alexander III., um ihn nach dem Tod ihres Sekretärs Volmar zu bitten, ihr und ihren Nonnen bei der Wahl eines bestimmten Nachfolgers durch Zustimmung zu helfen. Der Disibodenberger Abt Helenger hatte die Freistellung des von den Nonnen gewünschten Propstes aus seinem Konvent verweigert. Schließlich, nach der päpstlichen Vermittlung, erhielt der Disibodenberger Mönch Gottfried die Erlaubnis zum Dienst bei den Nonnen.

Der Brief der nun schon fünfundsiebzigjährigen Äbtissin Hildegard an Alexander III. bezeugt ihre Anerkennung des gewählten Papstes, dem sie in ihrer unverwechselbaren treffsicheren Bildhaftigkeit schreibt: »In der Kirche, die – seit langem durch die Finsternis der Spaltung verwirrt – des Lichtes der Gerechtigkeit Gottes entbehrt, sei du der Morgenstern, der der Sonne des Tages vorauseilt. Weise zurecht gemäß dem Eifer Gottes, und salbe die Reumütigen mit dem Öl der Barmherzigkeit, denn Gott liebt die Barmherzigkeit mehr als Brandopfer.«

Friedrich Barbarossa mußte nach dem erschreckenden Mißerfolg des kaiserlichen Heeres vor Rom eine nicht weniger folgenschwere militärische Niederlage in der Lombardei erleben. Die mit Papst Alexander verbündeten reichen und wohlgerüsteten lombardischen Städte besiegten den kaiserlichen Angreifer. Aber es war nicht nur der überwältigende militärische Sieg in der Lombardei, der die Position Alexanders stärkte, sondern ein längst begonnener Prozeß seiner Anerkennung und seine unbeirrte Haltung, die ihm im Urteil der Nachwelt den Ruf eines besonnenen und staatsmännisch klugen Papstes einbrachte.

Der Kaiser selbst lud den von ihm bisher mißachteten Papst Alexander, seinen härtesten Gegner, zum Friedensschluß nach Venedig ein. Welch eine bewegende Szene, zu sehen, wie Friedrich Barbarossa im späten Juli 1177 bei der Begrüßung auf dem Markusplatz vor dem greisen Papst Alexander niederkniet und von ihm den Friedenskuß erhält. Alexander befreit Friedrich Barbarossa von dem über ihn verhängten Kirchenbann, und nach dem Gottesdienst in San Marco führt der Kaiser den Papst zu seinem weißen Pferd und hält dem Aufsitzenden, wie es Brauch war, die Steigbügel.

Mehr als Friedrich Barbarossa hatte der schon durch sein Alter geschwächte Papst Alexander III. Grund zum Triumph. Denn nicht der Kaiser diktierte die Modalitäten des Friedensvertrags, sondern der aus seiner früheren Zeit als Rechtsgelehrter erfahrene Alexander. Der Kaiser beugte sich der wichtigsten Forderung nach kirchlich-geistlicher Unabhängigkeit und verzichtete auf jeglichen weltlichen Einfluß bei einer künftigen Papstwahl.

Die Äbtissin Hildegard wird als Genugtuung empfunden haben, daß das von ihr nur wenige Jahre zuvor noch als verwirrende Finsternis bezeichnete Papstschisma unter solchen Bedingungen aufgehoben war.

13. Elisabeth von Schönau

Beim Lesen des Briefwechsels zwischen Hildegard und der drei Jahrzehnte jüngeren Nonne Elisabeth erweist sich die naheliegende Vermutung, es handle sich um eine sublimierte Wiederholung der innigen Beziehung Hildegards zu ihrer Mitschwester Richardis, nach deren Tod vier Jahre vergangen waren, als untauglich. Von vornherein anders als ihre von Leidenschaft und Eros gezeichnete Beziehung zu der jungen Richardis begann Hildegards Verbindung mit der ihr unbekannten Briefschreiberin Elisabeth. Die den Abstand der »kleinen Nonne« (wie sich Elisabeth nennt) zur »Meisterin« wahrende Grundhaltung kommt schon im ersten Brief der Nonne an die Äbtissin zum Ausdruck.

Die junge Benediktinerin Elisabeth von Schönau lebte nicht allzu weit vom Rupertsberg entfernt im Nonnenkonvent des Klosters Schönau auf einer Taunushöhe östlich von St. Goarshausen. Ihre Eltern hatten sie als Zwölfjährige dem Konvent von Schönau übergeben, und sie blieb dort bis zu ihrem frühen Tod in der Junimitte 1165, erst sechsunddreißig Jahre alt. Jedoch deutet eine Bemerkung in ihrem ersten Brief an Hildegard an, daß sie zumindest einmal ihr Kloster verließ, wohl 1156, im Jahr vor ihrer eigenen Wahl zur Äbtissin, um die verehrte Äbtissin Hildegard auf dem Rupertsberg zu besuchen.

Zu dieser Zeit galt Hildegard bereits als eine respektable und allseits geehrte Berühmtheit, auch über die engeren Landesgrenzen hinaus. Eine Seherin, deren erstem großen visionären

Werk *Scivias* der allerhöchste kirchliche Segen zuteil geworden war. Eine begehrte Briefpartnerin geistlicher und weltlicher Fürsten, die ihren Rat, ihre Fürsprache erbaten. Nicht weniger begehrt von jedermann als Natur- und Heilkundige, der ein charismatisches Heilwissen zugesprochen wurde. Der Vorbildcharakter Hildegards, die Erwartung von Zuspruch, von menschlicher und geistlicher Hilfe spielt im Briefwechsel mit der Äbtissin Hildegard eine entscheidende Rolle.

Sie sei verwirrt, eine »Wolke der Verwirrung« sei über sie gekommen, klagt die siebenundzwanzigjährige Elisabeth der ehrwürdigen Meisterin. Wegen ihrer Visionen und Ekstasen sei sie unangebracht ins Gerede gekommen, und man verbreite wahrheitswidrige Gerüchte über sie. Selbst ihre Mitschwestern würden spotten, »ich weiß nicht, wodurch angestachelt, über die Gnade des Herrn in mir«.

Elisabeth bittet die Meisterin auf dem Rupertsberg um ihr Urteil und schildert konkret, was ihr in der seit einiger Zeit über sie gekommenen Geistesentrücktheit geschehen war. Ein Engel, so schreibt sie, sei ihr wiederholt erschienen. Er habe vom Strafgericht Gottes, das »bald über die ganze Welt kommen sollte«, gesprochen und zur Buße aufgefordert. Sie habe den Engel nach seiner Wahrhaftigkeit befragt und gehört: »Ich bin wirklich ein Engel Gottes, und die Gesichte, die du geschaut, sind wahrhaftig, und was du aus meinem Munde gehört hast, ist wahr und wird in Wahrheit geschehen, wenn die Versöhnung zwischen Gott und den Menschen nicht wiederhergestellt wird.«

In einem ihrer schönsten Briefe, den visionären Überschwang Elisabeths sanft, aber entschieden zurechtrückend, erwidert Hildegard, indem sie die Visionärin auf die Erde zurückholt. Wie so oft in ihren Briefen macht die lebenskundige Äbtissin unmißverständlich darauf aufmerksam, daß die Ordensschwestern keineswegs ihrer irdischen Existenz ganz entrückt seien: »Das Himmlische sollen sie dem überlassen, der himmlisch ist, weil sie selbst Verbannte sind, die das Himmlische nicht kennen... Den Panzer des Glaubens sollen sie anlegen, mild, sanft, arm und verachtet sein, wie jenes Lamm es war, dessen Posaunenton sie sind, von Kindeseinfalt in ihrem Gehaben.« Begeistert reagiert Elisabeth, das Wort vom »Posaunenton« aufgreifend, indem sie der Äbtissin Hildegard dankt: »Ein Instrument des Heiligen Geistes bist du, denn deine Worte haben mich entzündet wie wenn eine Flamme mein Herz berührt hätte.«

Geradezu auffallend nimmt die eher schwärmerische Elisabeth die auf die reale Verfaßtheit des Menschen gerichtete Mahnung Hildegards auf und bestätigt sie überschwenglich. Es ist der Auftakt zu einer Beziehung, die auf beiderseitiger Zuneigung beruhte, ungetrübt, trotz aller Verschiedenheit der Lebensschicksale beider Frauen, verschieden nach Lebensjahren und Widerfahrungen, verschieden in ihren Temperamenten und in ihrer Selbsteinschätzung als Seherin.

Ihre gläubige Übereinstimmung war ihnen wichtiger als die in diesen Jahren aktuelle Frage des Papstschismas, die in ihrem Briefwechsel unerwähnt blieb, obwohl Hildegard und Elisabeth unterschiedliche Positionen einnahmen.

In dieser wie in anderen Fragen scheint Elisabeth abhängig gewesen zu sein vom Einfluß ihres älteren Bruders Egbert. Sie hatte ihren Bruder aus seinem ersten Priesteramt in Bonn nach Schönau geholt, und er wurde ihr vertrauter Berater, gelegentlich Mitformulierer ihrer Visionen und deren Herausgeber. Egbert war Studienkollege von Reinald von Dassel, auch später befreundet mit ihm, der als Erzbischof von Köln und Kanzler des Reiches die Papstpolitik Friedrich Barbarossas maßgeblich beeinflußte und mit Entschiedenheit die Legitimierung des Gegenpapstes Viktor IV. betrieb. Elisabeths Bruder hielt die kirchenpolitischen Unternehmungen Reinalds von Dassel für rechtens, und es lag nahe, daß er seine Meinung auf seine Schwester übertrug, während sich Hildegard nach anfänglichem Zögern für Alexander III. einsetzte.

Wahrscheinlich war die erfahrene, dem Weltgetriebe der großen und kleinen Leute verbundene Realistin Hildegard eher zu einer gültigen Beurteilung des Papstschismas fähig als die der politischen Realität entzogene Klausnerin Elisabeth. Aber es gab noch eine andere für die beiden Klosterfrauen belangvollere, ihr geistliches Leben betreffende unterschiedliche Grundhaltung. Sie kennzeichnet noch einmal aus konkretem Anlaß die geistliche und menschliche Lebensklugheit Hildegards.

1. Hildegard von Bingen, 1098–1179
aus dem Mittelschrein des Hildegardisaltars
aus der Rochuskapelle bei Bingen

2. Hildegardisaltar: Der Heilige
Bernhard von Clairvaux

ad exponendum. 1 indocta ad scriben
dum ea dic 1 scribe illa. n sedm os homi
nis. nec sedm intellectum humane ad
inuentionis nec sedm uoluntate huma
ne compositionis. s; sedm id quod ea in
celestib; desup in mirabilib; dei uides 1 au
dis. ea sic edisserendo pferens. quemadmo
dum 1 auditor uerba preceptoris sui perci
piens. ea sedm tenore locutionis ill'. ipso uo
lente. ostendente. 1 pcipiente ppalat. Sic
g; 1 tu ó homo. dic ea q uides 1 audis. 1 s;
be ea non sedm te. nec sedm aliu homi
nem. s; secundu uoluntate scientis uiden
tis 1 disponentis omnia in secretis miste
rioru suorum. Et iteru audiui uoce
de celo michi dicente. Dic g; mirabilia
hec. 1 scribe ea hoc modo edocta 1 dic.

Factum e in millesimo centesimo
quadragesimo pmo filii dei ihu x̄
incarnationis anno. cu qdraginta duoq;
annoq; septe q; nsum eem maxime corusca
tionis igneu lum apto celo ueniens totu
cerebru meu transfudit. 1 totu cor totuq;
pectus meu uelut flamma n tam ar
dens s; calens ita inflammauit. ut sol
rem aliquam calefacit. sup quam radi
os suos ponit. Et repente intellectum
expositionis libroru uidelicet psalterii
euuangelii 1 alioq; catholicoq; tam ue
teris quam noui testamenti uolumi
num sapiebam. n aute interpretatio
nem uerboq; textus eoq; nec diuisione

Ecce quadra
gesimo tercio
temporalis cur
sus mei anno
cum celesti uisi
oni magno ti
more 1 tremu
la intentione uiberere ui uidi maxi
mi splendoris e. in quo facta e uox
de celo ad me dicens. Ó homo fragi
lis 1 cinis cineris 1 putredo putredi
nis. dic 1 scribe q uides 1 audis. Sed
quia timida es ad loquendu 1 simplex

3. Hildegard und Volmar
Bildreproduktion aus dem »Rupertsberger Codex« der Abtei
St. Hildegard Eibingen, um 1190 entstanden

4. Zusammenkunft des Papstes Alexander III. mit Kaiser Friedrich I. Barbarossa und dem Dogen Sebastiano Ziani in Ancona. Gemälde von Girolamo Gambarota

5. Bingen am Rhein, Kloster Rupertsberg

6. Die Seherin Hildegard mit Richardis von Stade und Volmar.
Ausschnitt aus einer Miniatur, entstanden um 1230. *Codex Latinus 1942*, Lucca, Biblioteca Statale

7. Bernhard von Clairvaux, Heiliger um 1090–1153

8. Friedrich I. Barbarossa

9. Hildegards Vision (Detail), *Liber divinorum operum*,
entstanden um 1230.
Codex Latinus 1942, Lucca, Biblioteca Statale

10. Fünf Gotteskräfte im Turm des Ratschlusses
aus dem berühmten Werk von Hildegard von Bingen
»Liber Scivias«, Visio III, 3, Rupertsberger Codex

11. »Hildegardis Prophetissa«

Elisabeth eifert ihrem Vorbild nach, indem sie in Anlehnung an Hildegards Buchtitel *Scivias* ihr ersten Aufzeichnungen Liber viarum Dei nennt. Sie notiert, ihr Engel habe ihr vorausgesagt: »Das ist das *Buch der Wege Gottes*, welches durch dich offenbart werden soll, nachdem du Schwester Hildegard besucht und gehört hast.« Aber es blieb bei der Angleichung des Buchtitels wie bei der verehrenden Zuneigung zu Hildegard. Es gab keine inhaltliche, keine weiterreichende Konsequenz in ihrem eigenen Sehertum.

Während die Ekstatikerin Elisabeth den Boden unter den Füßen verlor, schaute Hildegard in den Himmel ohne ihre Erdenhaftung zu verlieren. Als die junge Nonne nach übermäßig strenger Askese schwer erkrankte, verschrieb ihr die Äbtissin Hildegard energisch: »Lerne Maßhaltung! Sie ist für Himmlisches und Irdisches die Mutter aller Tugenden.«

Etwas wie heiliger Zorn bewegt Hildegard in diesem letzten Brief an die »Tochter Elisabeth«, der sie mit der ihr eigenen radikalen Überzeugungskraft vor Augen hält: »Wie durch unangebrachten Sturzregen die Frucht der Erde Schaden leidet und in ungepflügter Erde unnütze Kräuter aufsprießen, so wird auch der Mensch, der sich mehr Mühsal auferlegt als sein Körper aushalten kann, seiner Seele keinen Nutzen bringen.« Hildegard warnt Elisabeth vor der »teuflischen Hinterlist«, die den Menschen auf solche Weise der Hoffnung und des Lebensgefühls beraube und ihn in schwere Krankheit treibe.

Aus diesem unmißverständlichen Zuruf spricht die Erfahrung der Äbtissin Hildegard, die wußte, wie schnell übertriebene Askese den guten Geist pervertiert. Es gehört zu ihrer Größe, ihrem Mut, als Klosterfrau in einem von Männern bestimmten religiösen Umfeld die im Mönchs- wie im Nonnenleben gleicherweise vorherrschende Problematik ungezügelter Enthaltsamkeit deutlich zu kennzeichnen.

Es blieb nicht verborgen, wie sehr Elisabeth unter depressiver Schwermut und quälenden, bedrohlichen Angstvisionen litt. Sie selbst schildert in einigen ihrer Visionen ihre psychisch bedingte schwere Erkrankung, ihr Gepeinigtsein von Ängsten, die unschwer zu erkennen sind als Sexualängste. In einer Vision verfolgt sie ein wollüstiger Priester bis ins Schlafgemach. Sie flieht in die Kapelle, der Geistliche läßt nicht ab von ihr, lacht sie an. Er »stand vor mir, indem er meiner mit einer obszönen Gebärde spottete. Ich konnte aber das Auge des Geistes nicht von ihm abwenden.« Sie fällt in Ohnmacht. »Ich wurde von allen Seiten so zusammengeschnürt, daß keines meiner Glieder ohne Schmerzen war.« Erstickungsanfälle peinigen sie.

Nach einer modernen Interpretation »handelt es sich um eine Angstvision, in welcher verdrängte Lust und Sexualität« sichtbar werden. In der Sprache Hildegards, in ihrem eindringlichen Schreiben an Elisabeth, ist es »der pechschwarze Vogel, der Teufel«, der in Bedrängnis im Gespanntsein zwischen maßloser Enthaltsamkeit und »unerlaubten Begierden« spürt und zum Verderben des Menschen nutzt.

Im Verhältnis zu der jungen Nonne Elisabeth kommt in hervorragender Weise Hildegards eigener religiös gefestigter wie menschlich verbindlicher Charakter zum Ausdruck. Und noch einmal, verschärft durch die Gegensätzlichkeit beider Frauen, zeigt sich Hildegards Selbstverständnis als Nonne und Visionärin.

Anders als Elisabeth, die sich zu ihrem ekstatisch-verzückten Erleben bekennt, bestreitet Hildegard entschieden das »Erlöschen des Tages- und Umweltbewußtseins durch ihre Visionen«. Sie sagt es selbst so dezidiert, daß kein Zweifel an der ihr wichtigen Bestimmung zulässig ist: »Die Gesichte aber, die ich sah, empfing ich nicht im Traum, nicht im Schlaf oder in Geistesverwirrung, nicht durch die leiblichen Augen oder die äußeren menschlichen Ohren, auch nicht an abgelegenen Orten, sondern ich erhielt sie in wachem Zustand, bei klarem Verstand, durch die Augen und Ohren des inneren Menschen, an zugänglichen Orten, wie Gott es wollte.«

Es bleibt uns nichts anderes übrig als dieser Selbstaussage Glauben zu schenken. Sie bestätigt Hildegard als »einzige nichtekstatische Visionärin des Hochmittelalters«, wie von ihr gesagt wurde, während die Frage, ob sie als Mystikerin einzureihen sei oder nicht, bei ihren neuzeitlichen Interpreten widersprüchliche Antworten hervorrief. Im Unterschied zu Elisabeths ekstatisch verzückten Visionen wurden Hildegards Schauungen als »Lehrvisionen« bezeichnet, wurden diese »weniger zur Mystik als zur Prophetie« gezählt. Solche

Versuche einer Annäherung können jedoch kaum mehr sagen als Hildegard selbst mit ihren eigenen Worten zu erkennen gibt.

Schon die aus der Einführung zu Scivias zitierten Sätze über ihre »Gesichte« bezeugen ein Selbstbewußtsein, das der mittelalterlichen Vorstellung von der Schwäche und Begrenztheit der Frau widerspricht. Wie auch immer Hildegards Bildhaftigkeit und ihre thematischen Ansätze der mittelalterlichen Vorstellungswelt verbunden bleiben, nicht weniger wird in ihren Schriften »eine Unterwanderung des zeitgenössischen scholastischen Frauenbildes« gesehen, vor allem in der Zuordnung und Gemeinsamkeit von Mann und Frau.

Es wäre sogar denkbar, daß die jüngere Elisabeth in dieser Hinsicht Vorstellungen Hildegards übernommen hat. Durchaus ihrem Vorbild ähnlich sieht Elisabeth in einer Vision die Frauen »den Männern gleichberechtigt zugeordnet«. Vor dem Thron der »unendlichen Majestät« erscheinen neben den männlichen Heiligen Scharen von Märtyrerinnen, von Jungfrauen und »zu verehrenden« verheirateten Frauen, die »einen sichtbaren Platz im Stand der Herrlichkeit« einnehmen.

Was Elisabeth als himmlische Ordnung schaut, erfaßt jedoch die Realistin Hildegard konkret im Blick auf die von ihr erkannte Wirklichkeit des menschlichen Lebens. Zunächst bleibt Hildegard der kirchlichen Tradition verpflichtet, wenn sie im ersten Teil von *Scivias* in der Zuordnung von Mann und Frau von der *potestas viri* spricht, von der Macht des Mannes als »Sämann«, während die Frau als »Empfangende« den Samen aufnimmt. Aber das Bild betrifft den natürlichen Zeugungsakt und wird im nächsten Abschnitt ergänzt durch die so eindeutige wie kühne und gern verschwiegene Feststellung: »Die Frau ist um des Mannes willen und der Mann ist um ihretwillen geschaffen.« In der knappen lateinischen Formulierung Hildegards kommt das Gemeinte noch deutlicher zum Ausdruck: »Mulier propter virum creata est, et vir propter mulierem factus est.« Besser, prägnanter läßt sich kaum die Gleichwertigkeit von Mann und Frau darstellen.

Dies war keine beiläufige Formulierung der Äbtissin Hildegard, kein zufälliges Überspringen des kirchlich Gebotenen und Praktizierten. Es war wohl doch ein sehr bewußter und überaus kühner Widerspruch, die nahezu wörtliche Umkehrung einer Bemerkung des Apostels Paulus, der in seinem ersten Brief an die Korinther seiner Gemeinde schrieb, »der Mann (sei) nicht geschaffen um der Frau willen, sondern die Frau um des Mannes willen« (1 Kor 11,9).

Die Gleichwertigkeit von Mann und Frau, von der ja auch die Visionärin Elisabeth nach ihrem Vermögen spricht, wird Hildegard noch einmal in ihrem dritten visionären Werk, ihrem Spätwerk »Welt und Mensch« hervorheben. Dort schreibt sie in ihrer Vierten Schau: »Mann und Frau sind auf eine solche Weise miteinander vermischt, daß einer das Werk des anderen ist. Ohne die Frau könnte der Mann nicht Mann heißen, ohne Mann könnte die Frau nicht Frau genannt werden.«

Dies jedenfalls war, trotz der ja nicht zu leugnenden religiös-theologischen Zeitbedingtheit mancher Forderungen Hildegards, eine über ihre Zeit hinausragende Aussage. In einer jüngeren Interpretation wurde auf »die Verschiebung von dem hierarchischen Menschenbild der Scholastik zu einem polaren bei Hildegard« hingewiesen. Aber nichts anderes vermittelt die Seherin als das in der Schöpfungsordnung vorgesehene Aufeinanderbezogensein von Mann und Frau im Sinne eines in seiner Ganzheit erkannten Menschenbildes. In Hinblick auf diese Ganzheit entwirft Hildegard in ihrem letzten und eindringlichsten visionären Werk »Welt und Mensch« das Bild des Kosmosmenschen, den sie »inmitten der kosmischen Kreise mit ausgebreiteten Armen« sieht und dem sie »eine beiden Geschlechtern gemeinsame Bedeutung« zuerkennt. Eine wiederholte Hervorhebung der Ranggleichheit der Geschlechter, die im fundamentalen Widerspruch zu der männlich orientierten christlich-kirchlichen Gesellschaft des zwölften Jahrhunderts stand.

So antwortet Hildegard sehr behutsam und umschreibend der leidenden, von sexuellen Angstvisionen geplagten jungen Elisabeth: »Gott macht dich zu einem Spiegel des Lebens«, damit jedoch nichts anderes meinend als die Anerkennung der von Gott geschaffenen und in ihrem Spätwerk so sehr betonten Lebensganzheit. Und Elisabeth wird die weitergehende Aufforderung der klugen Äbtissin genau verstanden haben, als sie im selben Brief las: »Diejenigen, die danach verlangen, Gottes Werke zu vollbringen, mögen ständig ihren Blick darauf richten, was sie sind und was sie sein werden.«

Aus eigener jahrzehntelanger Erfahrung als Nonne auf dem Disibodenberg wußte Hildegard, wie nach kirchlich-klösterlicher Tradition einer Klosterfrau die theologische Bildung und Mitsprache versagt blieben. Aber wer wollte der Seherin Hildegard den Mund verbieten, nachdem ihre Visionen durch päpstliche und bischöfliche Anerkennung gerechtfertigt waren und sie jedenfalls als Prophetin auch in Heilsfragen als Autorität galt, deren Meinung nicht nur von den einfachen Gläubigen, sondern von nicht wenigen Kirchenoberen erbeten wurde.

14. Der Mensch in der Verantwortung

Noch war das Leben der Nonnen auf dem Rupertsberg ungesichert. Einige der Mitschwestern opponierten wegen der Mühsal, der dürftigen Verhältnisse, und verließen die Kommunität. Wie erst muß die Not des Anfangs die Sorge um das Lebensnotwendige die Äbtissin belastet haben. Hildegard selbst schreibt von ihrem zusätzlichen Geplagtsein »durch viel Kranksein und starke körperliche Schmerzen« in dieser Zeit. Es waren jene gut fünf Jahre ihres Briefwechsels mit Elisabeth von Schönau, genau die Zeit, in der, nach ihrem ausdrücklichen Vermerk 1158 beginnend, ihr zweites visionäres Werk entstand, das »Buch der Lebensverdienste«, *Liber vitae meritorum*, »offenbar gemacht aus dem lebendigen Licht durch einen einfachen Menschen«, wie sie es selbst ankündigt.

Es bleibt ihr Geheimnis, wie sie Kontemplation und Aktivität, ihre Schau, deren Niederschrift, und das alltäglich Geforderte und ihr eigenes Geplagtsein vereinen konnte.

Die einundsechzigjährige Hildegard hört eine Stimme, die ihr befiehlt: »Verkünde nun, was du jetzt siehst und hörst.« Sie vernimmt die Warnung: »Rede auch jetzt wiederum nach Mir und nicht nach dir, und schreibe Mir nach und nicht dir nach.« Eine bemerkenswerte Warnung. Denn die Seherin beginnt, wie sie jedes ihrer drei visionären Werke beginnt:»Ich schaute...«, und natürlich wird sie das Geschaute mit ihren eigenen Worten weitergeben, kann sie nicht sich selbst verleugnen, nicht ihren Einfallsreichtum, ihr eigenes Denken in Bildern.

Was für ein wunderbares, gigantisches, wahrhaft weltumspannendes Bild sieht sie am Anfang:

»Ich sah einen Mann von solch hohem Wuchs, daß er von der obersten Höhe der Himmelswolken bis hinunter in die Abgründe reichte. So stand er da: Von den Schultern an ragte er über die Wolken hinaus in den strahlenden Äther. Von den Schultern abwärts bis zu seinen Hüften umschwebte ihn, unterhalb der erwähnten Wolkenschicht, eine andere blendendweiße Wolke. Von den Hüften bis zu seinen Knien umspielte ihn die irdische Luft. Von den Knien bis zu seinen Waden befand er sich in der Region der Erde. Seine Füße schließlich tauchten in die Wasser des Abgrundes, jedoch so, daß er dabei noch über dem Abgrund stand.«

So nimmt der Kosmos Gestalt an, und in diesem Kosmos-Menschen erscheint der Mann Gott, der *Vir deus*: »Sein Antlitz aber strahlte von solcher Heiterkeit, daß ich es nicht voll und ganz anzuschauen vermochte.« Der kosmische Mann Gott entläßt aus seinem Munde eine blendendweiße Wolke, die zur Posaune wird, aus der – hineingeblasen – eine Feuerwolke aufsteigt, voll von lebendigen Wesen. Es sind die personifizierten Tugendkräfte in kämpferischer Auseinandersetzung mit den Lastern.

Im Prinzip entfaltet die Seherin ein gewaltiges dramatisch bewegtes Spiel, ein *Theatrum mundi*, ein Welttheater, wie sie es in ihrem Mysterienspiel, dem »Spiel der Kräfte«, dem *Ordo virtutum*, vorführt und wie es überhaupt den mittelalterlichen Mysterienspielen zu eigen ist. Aber in ihrem Werk »Buch der Lebensverdienste« geht es nicht um den übergeordneten Kampf zwischen Himmel und Hölle, nicht um den Kampf zwischen den Gotteskräften und dem Teufel, die um die Seele, die *anima*, ringen, wie in Hildegards allegorischem »Spiel der Kräfte«.

Das »Buch der Lebensverdienste« handelt von der konkreten und für jeden Menschen unentrinnbaren Auseinandersetzung zwischen Gut und Böse, dargestellt an der Gegensätzlichkeit von fünfunddreißig Tugenden und ebenso vielen Lastern. Es geht »um den Kairos der Gegenwart, dem der Mensch sich in der alltäglichen Entscheidung seines Hier und Jetzt zu stellen hat«.

Zumal in dieser in fünf Jahren entstandenen Schrift überrascht Hildegard durch ihre für eine Klosterfrau des 12. Jahrhunderts eher unangebrachte und deswegen umso bestaunenswertere argumentative Schärfe. Ihr Grundthema entzündet sich an der dramatischen, mitunter spitzzüngigen Gegenüberstellung der widersätzlichen Positionen von Tugenden und Lastern, verständlicherweise im Spiegel ihrer Zeit. Jedoch geht es der hier so sehr dialektisch formulierenden Äbtissin Hildegard um die Beschwörung einer freien Entscheidung des Menschen für das Gute, im zeitgemäßen Verständnis für die Tugend.

So unerwartet es für eine Klosterfrau sein mag, es trifft zu, wenn ihr zweites visionäres Buch eine »moralische Kampfschrift« genannt wurde. Im Mittelpunkt steht »der Mensch in der Verantwortung«, wie der Titel der deutschen Übersetzung lautet.

Nicht mehr unter der Aufsicht der Disibodenberger Mönche, bezeugt die über sechzigjährige Äbtissin temperamentvoll und durchaus selbstbewußt ihr Vertrautsein mit dem Wissen ihrer Zeit und der mittelalterlichen Rechtspraxis, den üblichen Buß- und Strafmaßnahmen. Als noch gewichtiger erweist sich Hildegards Vertrautheit mit der älteren literarischen Tradition des mittelalterlichen Bildungsschatzes, wie er vorzugsweise in den Klöstern bewahrt und gepflegt wurde.

Nachzuweisen sind bei Hildegards »vielfältiger Tiersymbolik Anklänge an den spätantiken *Physiologus*«, einem allegorischen Volksbuch, in dem neben wirklichen Tieren auch tierähnliche Mischwesen, die lasterhafte oder sittlich und religiös vorbildliche Verhaltensweisen symbolisieren, beschrieben werden. Jedoch vor allem nimmt die Verfasserin der dramatischen Auseinandersetzung zwischen den Tugenden und den Lastern ein im Mittelalter populäres und in keiner Klosterbibliothek fehlendes Werk des lateinisch-christlichen Dichters Prudentius zum Vorbild.

Um das Jahr 400 hatte der gebürtige Spanier Aurelius Prudentius Clemens seine *Psychomachia*, den »Kampf um die Seele« verfaßt, eine dramatische Handlung, in der sieben Tugenden gegen ebenso viele Laster kämpfen. Prudentius schrieb ein dem Zeitempfinden entsprechendes moralisches Lehrgedicht, in dem er eine aus der Antike übernommene poetische Metaphorik mit der schon verbreiteten und erstarkten christlichen Morallehre verband. Der Aufbruchstimmung des frühen Christentums entsprach eine modische Allegorisierung, wobei selbstverständlich die personifizierten christlich gedeuteten Tugenden den Sieg davontrugen, beispielsweise die Concordia, die Harmonie über die Disharmonie, der Glaube über den Kult der alten Götter, die Demut über den Stolz.

Hildegard vervollständigt nicht nur den Katalog der Laster und Tugenden, sondern sie gibt der religiösen Thematik ihr eigenes Gepräge, vor allem deswegen, weil »ihrer Vision völlig den Charakter eines Lehrgedichts wie auch alle moralisierenden Motive abgehen«. Was sie übernimmt, bleibt auf das Muster der gegensätzlichen menschlichen Verhaltensweisen beschränkt. Was sie hinzufügt, ist ihre unbeirrte Blickrichtung auf eine kosmische, eine weltumspannende Theologie, die schon in ihrem zitierten Eingangsbild des Gott-Mannes sichtbar wird. Das ist wahrhaft erstaunlich, denn es wird nicht von einem gelehrten Theologen gesehen und mitgeteilt, sondern von einer Klosterfrau, der man wohl eine Schau, aber doch zu ihrer Zeit keine theologisch maßgebende Erkenntnis zutraut.

Der heutige Leser kann nicht davon absehen, daß die von Hildegard im »Buch der Lebensverdienste« entfaltete Thematik wie deren bildliche Darstellung der mittelalterlichen Vorstellungswelt entsprechen. Aber wie großartig und über ihre Zeitgebundenheit hinaus vermittelt die Seherin, ausgehend von ihrem ersten Kosmos-Bild, ein allumfassendes Seinsvertrauen, im religiösen Verständnis ihr Gottvertrauen.

Wie am Anfang der Hildegardschen Vision, »vor dem Ursprung der Tage«, aus dem Mund des Gott-Mannes, seinem Feuer-Atem, alle Wesen hervorgehen, »alle Kraft und alles, was da lebt«, so heißt es am Ende, in der letzten Schau: »Der gewaltig starke Gott, der Macht über alles hat, wird seine Gewalt am Ende der Zeitlichkeit zeigen, wenn Er diese Welt zu einem neuen Wunderwerk wandeln wird... Alsdann werden alle Dinge in die Ewigkeit hinübergehen, herausgehoben aus der Unbeständigkeit und Gebrechlichkeit, unter denen die Welt und alles auf der Welt jetzt noch leidet... Künftig wird kein Schrecken mehr sein und nichts an Gefahren, wie sie früher herrschten, als die Menschen noch zeitlich in der Zeitlichkeit lebten.«

Zwischen dem Uranfang und der neuen, der erlösten Welt nimmt der Mensch jene Sonderstellung ein, die ihn zur Entscheidung herausfordert. Hier zeigt sich beispielhaft Hildegards religiös gefestigte, aber doch jedermann zuträgliche Botschaft: kein Mensch, ob gläubig in ihrem Sinne oder ungläubig, lebt in einem jeglicher Verantwortung enthobenen ethischen Freiraum. »Ob man sich wohl auch nur einen Menschen auf der Welt denken könnte, der nicht das Wissen um Gut und Böse hätte? Keinen einzigen!« An anderer Stelle fügt sie ergänzend hinzu: »Und so kann sich der Mensch gar wohl im Rad seines Gewissens frei entscheiden, zu welcher Seite er sich neigen will.«

Wer immer der menschlichen Gemeinschaft angehört, welche Sprache er auch spricht, welcher Konfession er auch angehört, seine Entscheidungsfreiheit hebt ihn aus der naturhaften Zwangsläufigkeit hervor und begründet seine sittliche Existenz, die Fähigkeit zur Wahl zwischen Gut und Böse. So vermittelt die lebenskundige Seherin Hildegard in ihrem Katalog der Tugenden und Laster einen Reigen zeitloser wie allgemein gültiger Beispiele.

Am Anfang der Streitgespräche widerspricht die himmlische Liebe der Weltliebe. Ein grundlegender Auftakt der dem geistlichen Leben dienenden Äbtissin, wie der Kampf der Frömmigkeit gegen die Gottlosigkeit, wie die Sehnsucht nach Gott im Widerstreit mit der Ausschweifung. Aber in Hildegards temperamentvoll ausgemalter Differenzierung kämpfen auch, jederzeit und jedermann verständlich, der Friede gegen die Streitsucht, das Maß gegen die Maßlosigkeit, die Gerechtigkeit gegen die Ungerechtigkeit, die Liebe gegen die Mißgunst, die Hoffnung gegen die Verzweiflung, die Tapferkeit gegen den Stumpfsinn, die Eintracht gegen die Zwietracht, der göttliche Sieg gegen die allen schmeichelnde und nie die eigene Existenz aufs Spiel setzende Feigheit.

»Unter allen Übeln das schlimmste«, nennt Hildegard die Herzenshärte, »da sie auf niemanden Rücksicht nimmt und keinem Barmherzigkeit erweist. Sie macht das Menschliche als solches verächtlich und verzichtet darauf, jemandem noch ein

Interesse entgegenzubringen. Sie freut sich nicht mehr mit einem anderen, noch gibt sie ihm einen guten Rat; in allen Dingen bleibt sie einfach hart und verachtet alles, so wie sie dies in den oben angeführten Worten beweist. Ihr antwortet die wahre Barmherzigkeit und mahnt, aus lauter Güte allen Gutes zu erweisen.« Schon in der ersten Schau widerspricht die Barmherzigkeit der Herzenshärte, von der »nur ein grausamer Blick unbarmherzig ausgeht«. Aber »jedwede Kreatur hat einen Urtrieb nach liebender Umarmung.«

Es gibt keine bessere, keine einleuchtendere Bestimmung des wohl doch etwas aufgeweichten Wortes Barmherzigkeit als Hildegards Metapher vom »Urtrieb nach liebender Umarmung«. Aber sie wird nicht müde, in der Barmherzigkeit, der *misericordia,* die wahre Heilkraft und in der Unbarmherzigkeit ein Widerwort, ein menschenverachtendes Mißverhalten zu sehen, und dies in ihren Briefen wie den Schriften wiederholen. In diesem Sinne schreibt die sechsundfünfzigjährige Äbtissin an Papst Anastasius IV.: »Vom Herzen aber geht Heilung aus, wenn das Morgenrot wie der Glanz eines ersten Aufgangs sichtbar wird.«

Von der heilenden Barmherzigkeit spricht die Ärztin Hildegard, zu der die Gebrechlichen und Kranken auf den Rupertsberg pilgern oder gebracht werden. Sie selbst handelt, wie sie in ihrer Vision die Barmherzigkeit sprechen läßt: »Übervoll ist mein Herz, jedwedem Hilfe zu schenken. Den Gebrochenen helfe ich auf und führe sie zur Gesundung. Eine Salbe bin ich für jeden Schmerz.«

Ihr Vorbild ist der große Arzt, der *magnus medicus* Christus, der in ihrer dritten Vision von *Scivias* spricht: »Ich bin der große Arzt für alle Krankheiten und handle wie ein Doktor, der einen Kranken sieht, den sehr nach einer Medizin verlangt.« Den gleichen Gedanken greift die Äbtissin in ihrem Brief an einen Trierer Benediktinerabt auf, den offensichtlich Schwierigkeiten im Verhältnis zu seinen Untergebenen plagen. Der Abt möge sich hüten vor jedem »Geruch der Tyrannei. Denn der gute Arzt (Christus) salbte ohne Zögern die Wunden der Menschen mit Barmherzigkeit«.

In der negativen Rangliste der Hildegardschen »Ethik« folgt der Unbarmherzigkeit die Lüge. Die Lüge nennt sie »das Laster der Unmenschlichkeit«. Und gleich anschließend erklärt die menschenkundige Äbtissin mit einer Kühnheit, die man am allerwenigsten einer zölibatär lebenden Nonne zuzutrauen bereit ist: »Wenn nämlich ein Mensch in seinem fleischlichen Verlangen sündigt, so ist das menschlich. Wer aber der Lüge folgt, der verläßt den Bereich der Menschlichkeit.« Er lebt außerhalb der Menschlichkeit, *extra humanum est*. Hildegard ergänzt mit einfachen Worten, die gleichwohl ihre außergewöhnliche Menschenkenntnis bezeugen: Der Lügner entzieht sich selbst der »Glückseligkeit und dem Leben in Freude«.

Die Seherin kann es auch anders sagen, wenn sie den Lügner mittelalterlich-drastischen Höllenqualen ausgesetzt sieht. Nicht wenige ihrer Visionen der schlimmsten Bestrafung moralischer Verdorbenheit und unbereuter Boshaftigkeit nehmen vorweg, was Dante eineinhalb Jahrhunderte nach Hildegard im *Inferno* seiner »Göttlichen Komödie« schildern wird. So erwartet die Seelen der Lügner und Meineidigen ein qualvolles Wechselbad einer vom Atem lauernder Drachen entfachten Feuersglut mit einem eiskalten Wasser, wild gepeitscht von den Drachen. Die Seelen der Hartherzigen, die kein Erbarmen mit ihren Mitmenschen kannten, sieht die Seherin in einem »Brunnengrund voll Pech und Feuer hocken«. Durch einen Spalt sieht sie jene, die »den Menschen unmenschliche Schmerzen zugefügt hatten«, den Martern von »feurigem Rauch und glühenden Würmern« ausgeliefert.

Das sind abschreckende Visionen, im Mittelalter und bis hin zu Dantes Inferno den Menschen vor Augen gehalten. Zeitgebunden, jedoch nicht weniger zeitlos argumentiert die Äbtissin des 12. Jahrhunderts in ihrem »Buch der Lebensverdienste«, indem sie die Verantwortung im alltäglichen Handeln in den Vordergrund rückt.

Die Zurückholung des Menschen auf die Erde ist eines der Grundthemen Hildegards. Ein solches Bewußtmachen der irdischen Existenz erwartet man wohl kaum von einer dem geistlichen Leben geweihten Äbtissin. Aber sie sagt es selbst unmißverständlich in ihrer vierten Vision, in der ihr kosmischer Gott-Mann »nach Süden und Westen schaut«.

In eindrucksvoller Bildhaftigkeit begreift Hildegard die verpflichtende erdhafte Existenz des Menschen und zugleich seine »himmlische« Berufung: »Der gläubige Mensch aber ergreife den Pflug hinter dem Ochsen so, daß er gleichwohl zu Gott aufschauen kann, der da der Erde die Grünheit und alle Frucht verleiht. So trete er nach den Vorschriften des Meisters auf, daß er die Erde pflege, ohne doch das Himmlische zu vernachlässigen.«

VIERTER TEIL

Unerschrockene Predigerin

Außerdem ist vor allem bemerkenswert,
daß Hildegard, vom göttlichen Geist nicht
nur angetrieben, sondern genötigt, nach
Köln, Trier, Metz, Würzburg und Bamberg
ging und der Geistlichkeit und dem Volke
den Willen Gottes kundtat.

THEODERICH IN DER
HILDEGARD-VITA

15. Erste Predigtreisen

Die körperlich eher zarte Äbtissin muß über eine gebündelte Energie verfügt haben. Wie anders wäre die Bewältigung ihrer Arbeitslast zu erklären, nochmals vermehrt in ihren sechziger Jahren. Zunächst waren es jene Jahre zwischen 1158 und 1163, in denen sie ihr »Buch der Lebensverdienste«, ihr *Liber vitae meritorum*, verfaßte. Aber noch war die Aufbauphase, die Konsolidierung der Schwesterngemeinschaft auf dem Rupertsberg nicht beendet. In ihrer Kommunität war der anfängliche Enthusiasmus angesichts der realen Verhältnisse einer Ernüchterung gewichen. Die Unsicherheit, manche Einschränkungen vertrugen sich schlecht mit den eitlen Erwartungen einiger adliger Töchter. Niemand anderes als sie, die Äbtissin, konnte solchen Schwierigkeiten die Stirn bieten.

Sicherlich mitverursacht durch ihre Überforderung befiel Hildegard um diese Zeit, 1158 beginnend, eine drei Jahre währende Krankheit. Nach ihren eigenen Worten litt sie unter »quälenden Schmerzen« und »wurde das Gefäß meines Leibes wie in einem Ofen gekocht«.

Es muß aber während der drei Krankheitsjahre beruhigte Phasen gegeben haben, denn schon im Anfangsjahr 1158 unternahm Hildegard die erste ihrer vier großen Predigtreisen. Es war, wie sie selbst sagt, ein ziemlich geplagter Auftakt, der sie zuerst auf den Disibodenberg führte. »Während ich noch an diesen Schmerzen litt, wurde ich in einer wahrhaftigen Schau ermahnt, zu der Stätte zu gehen, an der ich Gott dargebracht worden war, und die von Gott mir eingegebenen Worte zu sprechen. Das tat ich, kehrte aber mit dem gleichen Schmerz zu meinen Töchtern zurück.« Aber dies konnte, dies durfte nicht alles sein, und fast wie eine eilige, jedem Mißverständnis vorbeugende Korrektur wirkt der ergänzende Satz: »Auch zu anderen Klöstern reiste ich und lehrte dort mit Worten, die Gott mir geboten hatte.«

Als Predigerin war Hildegard in den Jahren 1158 bis 1171 unterwegs, mit kurz- oder langfristigen Unterbrechungen zur Erfüllung ihrer klösterlichen Aufgaben und des ihr selbst durch ihre Visionen Aufgetragenen.

»Vom göttlichen Geist nicht nur angetrieben, sondern genötigt«, so schreibt der Biograph Theoderich, habe Hildegard in »Köln, Trier, Metz, Würzburg und Bamberg ... der Geistlichkeit und dem Volke den Willen Gottes« verkündet. Der geographisch ahnungslose Mönch überliefert ein verwirrendes Durcheinander von Städten und Klöstern. Kommentarlos ergänzt er, nochmals auch in der zeitlichen Abfolge irritierend, die weiteren Predigtorte: »Siegburg, Eberbach, Hirsau, Zwiefalten, Maulbronn, Rothenkirchen, Kitzingen, Krauftal bei Zabern, Hördt, Höningen, Werden (an der Ruhr), Andernach, Marienberg, Klause und Winkel (im Rheingau).« Erst in Verbindung mit Hildegards Briefwechsel konnte die Aufzählung der Ortsnamen geordnet und auf vier getrennte Reiserouten konzentriert werden.

Es waren unendlich mühsame Predigtreisen. Auf dem Weg zu den Rheinklöstern wird Hildegard auf dem Segelboot rheinabwärts gefahren sein. Ob sie über Land zu Fuß ging oder im holprigen Reisewagen fuhr oder ob die in jungen Jahren geübte Reiterin im Sattel saß, ist nicht überliefert. Doch liegt nahe, daß die gesundheitlich labile Äbtissin, die im hohen Alter von dreiundsiebzig Jahren von ihrer letzten Predigtreise zurückkehrte, den Reisewagen nahm.

Die Predigtreisen gehören zu den Merkwürdigkeiten in der Lebensgeschichte Hildegards. Das betrifft weniger das zeitweise Verlassen der Klostergemeinschaft, denn die Glaubensverkündung auch außerhalb der Klostermauern widersprach nicht der Benediktusregel, und der vorgesetzte Erzbischof von Mainz konnte den Wunsch der durch päpstliche Anerkennung bereits als Autorität geltenden Äbtissin schwerlich unerfüllt lassen.

Aber wie war es möglich, daß eine Äbtissin, eine Frau, angesichts der eher restriktiven mittelalterlichen Glaubenswelt öffentlich und in den Kirchen predigte? Am Altar wie auf der Kanzel waren geweihte Männer zum Dienst berufen. Man muß vor Augen haben, wie ungeheuerlich es war, wenn eine Frau in der von ordinierten Männern geleiteten und repräsentierten Kirche nicht nur predigte, sondern eben jene Kleriker belehrte und darüber hinaus deren Mißverhalten mit unerhörter Schärfe anprangerte. Was der keine Schreckensbotschaft scheuenden Predigerin zu ihrer Legitimation verhalf, scheint einer Anerkennung als »Mahnpredigerin in der Traditionsfolge der Propheten« entsprochen zu haben.

Dem Zeitverständnis entspricht, wie der Abt Robertus von Königstal nicht lange nach der Rückkehr von ihrer letzten Predigtreise Hildegard charakterisiert: »Der Apostel (Paulus) erlaubte nicht, daß eine Frau in der Kirche lehrt. Diese Frau aber ist durch den Empfang des Heiligen Geistes von dieser Anweisung befreit, und seine Leitung belehrt sie. Und so läßt sie in ihrer gesunden Lehre, mit der sie viele unterweist, für die Einfachen die Milch des Trostes und für die Stärkeren den Wein der Zurechtweisung wie aus zwei Brüsten reichlich fließen... Dennoch ist sie sich ihres Geschlechts und ihrer besonderen Stellung bewußt, und vor allem des erwähnten Verbotes. Sie gehorcht dem Geist und widersetzt sich so nicht dem Apostel, den der Geist sendet« – ein erstaunlicher Balanceakt, indem der Abt Hildegard der höheren Autorität des Heiligen Geistes anvertraut, um die hochverehrte Äbtissin zu rechtfertigen ohne dem Apostel Paulus zu widersprechen.

Abgesehen von der schon genannten Predigt auf dem Disibodenberg, unternahm Hildegard ihre erste Reise zwischen 1158 und 1161, um in Mainz und den Main aufwärts in Wertheim, Würzburg, Kitzingen, Ebrach und Bamberg zu predigen. Die konkreten Ereignisse sind nicht überliefert, wie überhaupt kaum mehr als die Ortsnamen und die dortigen Auftritte der Äbtissin verbürgt sind.

Um so genauer bezeugt ist eine zweite Predigtreise. Sie führte in entgegengesetzte Richtung, an der Mosel entlang nach

Trier und ins Lothringische bis Metz und zum Benediktinerinnenkloster Krauftal bei Zabern. Überliefert ist der Wortlaut der Trierer Predigt, um deren Zusendung Hildegard gebeten wurde.

Der Bittbrief, im Namen des »gesamten Klerus« von Trier geschrieben, enthält nicht nur das Datum der Predigt, Pfingsten des Jahres 1160, sondern bestätigt die außergewöhnliche Wirkkraft der Predigerin Hildegard und ihre Anerkennung. »Weil der Herr in Euch ist und seine Worte aus Eurem Mund ertönen, flehen wir Eure mütterliche Liebe so inständig wie möglich an, Ihr möchtet uns das, was Ihr damals mündlich mitgeteilt habt, durch den Briefboten schriftlich übersenden.« Und wiederum, wie im Zitat des Abtes von Königstal, die für die Predigt am Pfingsttag naheliegende Berufung auf den Geist: »Wir wissen nämlich, daß der Heilige Geist in Euch wohnt und Euch vieles – den übrigen Menschen Unbekanntes – durch Ihn offenbart wird.«

Mit Trier verband sich für Hildegard eine einzigartige, ihr Leben bestimmende Bedeutung. Das dokumentieren nicht nur ihre zahlreichen Briefe an die Erzbischöfe Hillin und Arnold von Trier, an die Äbte und Mönche von St. Eucharius. Die Trierer Synode von 1147/48 hatte unter der Leitung des Papstes Eugen III. Hildegards erste visionäre Schrift anerkannt. In Trier bestätigte das höchste Gremium der Kirche ihre Sehergabe und wurde die bis zu diesem Zeitpunkt unbekannte Meisterin der kleinen Schwesterngemeinschaft auf dem Disibodenberg aus ihrer Verborgenheit herausgerufen.

Dreizehn Jahre nach ihrer Berufung steht Hildegard selbst im Hohen Dom von Trier, umhüllt von der schwarzen benediktinischen Kutte, gestützt auf ihren Äbtissinnenstab. Sie beginnt demütig: »Ich armseliges Geschöpf besitze weder Gesundheit noch Kraft, weder Stärke noch Gelehrsamkeit, sondern bin den Lehrmeistern unterlegen.« Jedoch schon im zweiten Satz klagt sie mit unerhörter Schärfe jene eben genannten Lehrmeister an, die »Prälaten und Kleriker«, die später erstaunlicherweise um ihre Rede bitten werden. »Die Lehrmeister und Magister wollen nicht die Posaune der Gerechtigkeit Gottes blasen. Deshalb ist die aufgehende Sonne der guten Werke in ihnen erloschen.« Und sie beklagt deren Kälte und die Seelenqual, »wenn jeder von ihnen die Vermehrung seines Besitztums betreibt«.

Wenn die klerikalen Zuhörer ihre Rede, ihre Strafpredigt annehmen, ja darum bitten, so deswegen, weil sie in der Predigerin mehr als die eigenmächtig Redende erkennen. Schon in Mainz »sagten alle, dies komme aus Gott und aus der prophetischen Begnadung, durch die einst die Propheten gesprochen haben«.

Mit überzeugender Radikalität erweist sich die Frau Hildegard in ihrer Trierer Predigt als Sprachrohr Gottes im prophetischen Auftrag. Sie kannte die großen Propheten des Alten Testaments. Ähnlich dem Propheten Jeremias, der seiner Berufung seine Unfähigkeit zum Reden entgegenhält, reagierte Hildegard bereits, als ihr die Niederschrift ihrer ersten Vision aufgetragen wurde. Sie erkennt ihre eigene Schwachheit, ihr Unvermögen, »weil du furchtsam bist zum Reden, in deiner Einfalt die Offenbarung nicht auslegen kannst, und zu ungelehrt bist zum Schreiben«.

Prophetischem Auftrag entspricht das Herausgerufensein, trotz der erkannten Schwachheit, der eigenen Unsicherheit. »Zitternde Furcht« erfülle sie, gesteht Hildegard noch in der Mitte ihrer siebziger Jahre, »denn keine Sicherheit irgendeines Könnens erkenne ich in mir«. Aber die Predigerin im Dom von Trier spricht nicht aus eigener Kraft und nicht nach ihrem Belieben, sondern sie sagt, was »ich sah und hörte«.

Das ist die knappe Formel dessen, was sie ein Jahrzehnt zuvor in der Einleitung zu Scivias bekannt hatte: »Ich sprach und schrieb nicht aus eigener Erfindung oder irgendeines Menschen, sondern wie ich es in himmlischer Eingebung sah und hörte.«

Die Trierer Kleriker und Prälaten konnten sich der so offenkundig prophetisch begnadeten Predigerin nicht entziehen. Um so mehr wird es den Würdenträgern schwergefallen sein, die ihnen zugemuteten bitteren und ihre geistliche Existenz in Frage stellenden Anklagen hören zu müssen. Die Äbtissin warf ihnen vor, ihr geistliches Gesetz mißachtet zu haben und das Gute weder zu lehren noch zu tun. »Die Lehrer und Vorsteher haben die Gerechtigkeit aufgegeben und schlafen. Deshalb hörte ich eine Stimme vom Himmel folgendes sagen: O Tochter

Sion, die Krone wird dir vom Haupt sinken und das Tuch zum Ausbreiten deiner Schätze kleiner werden.«

Das für den unvorbereiteten Leser etwas vage Bild wendete sich für die Zuhörer in Trier sogleich ins Konkrete, denn die Predigerin spielte auf die politisch-kirchlichen Verhältnisse dieser Jahre an. Es ist die Zeit des im voraufgegangenen Jahr, 1159, begonnenen Papstschismas und der Einmischung des Kaisers Friedrich Barbarossa mit kriegerischer Gewalt. Hildegards Voraussage galt der ungewissen Zukunft der rechtgläubigen Kirche. »Du wirst zu einer kleinen Zahl zusammenschrumpfen und von Land zu Land vertrieben werden. Durch mächtige Menschen sollen nämlich viele Städte und Klöster zerstört werden. Und die Fürsten werden sagen: Laßt uns die Botschaft von ihnen entfernen, welche die ganze Welt durch sie auf den Kopf gestellt hat.«

Die Äbtissin nennt den Kaiser nicht bei seinem Namen. Sie spricht von »einem gewissen Tyrannen, von dessen Zeit an alles Böse und alle Ungerechtigkeit und Untreue begann«. Diese über den konkret faßbaren Augenblick hinausweisende Bemerkung kennzeichnet die eigentliche Absicht der Predigerin. Sie verkennt nicht die furchtbare Auswirkung der verhängnisvollen kirchlich-politischen Situation, die zu Kriegshandlungen auch in dem ihr vertrauten Rheingau führte. Aber der Predigerin Hildegard ging es nicht ausschließlich oder primär um die zeitgebundenen Vorgänge, sondern um die heilsgeschichtliche Ortung der Geschehnisse. Dies vor allem mag die Trierer Kleriker veranlaßt haben, über ihren Schatten zu springen und die Äbtissin um die schriftliche Fassung ihrer Predigt zu bitten.

Sehr deutlich spricht Hildegard von der »Zeit des Irrtums an Leib und Seele..., bis Gott sie in Gnade und Erbarmen durch seinen Eifer beendet«. Auch die Verhältnisse in Trier seien von der »Unbeständigkeit schmutziger Sitten und von Überdruß... und vielen anderen Übeln verunreinigt... und der Gottvergessenheit« verfallen.

Die Kleriker unter den Zuhörern werden aufgemerkt haben, als die Predigerin ihnen zurief: »Gerechte und gute Menschen wird es im geistlichen Volk geben, das aber um der Demut willen klein an Zahl bleiben wird. Und sie werden wie Einsiedler zur ersten Morgenröte zurückkehren.« In der »Zeit des Irrtums« werden »mutige Männer aufstehen und prophezeien«, aber es wird »auch viele Märtyrer des Glaubens« geben.

Möglicherweise entspricht Hildegards Trierer Predigt, deren Text sie wahrscheinlich aus ihrer Erinnerung aufzeichnete, in den zentralen Aussagen einem Muster, das sie in geringer Abwandlung auch an anderen Orten ihrer Predigtreisen vortragen konnte. Das betrifft die ja nicht veränderbare heilsgeschichtliche Bestimmtheit und Verfassung des Menschen, wie sie auch anderen Äußerungen Hildegards zugrunde liegen.

Die aktuellen zeitlichen Geschehnisse, auch die so auffallend scharfe Kritik am Verhalten der Kleriker, sind eingebettet in ein theologisch verbindliches Konzept. Es war wohl doch die prophetische Begabung Hildegards, die ihre oft zitierte Selbstbezichtigung als »ungelehrt« in den Schatten stellt, jedenfalls eindeutig sichtbar in ihrer zweiten, ihrer späteren Lebensphase. Hildegards Trierer Predigt vermittelt nicht weniger als ihren sicheren Blick auf die heilsgeschichtliche Grundlegung der Menschheitsgeschichte als einer »Zeit des Irrtums« und der menschlichen Schwachheit, einer Zeit erschreckender Geschehnisse, die allein durch den Eingriff Gottes überwunden wird.

16. Gegen die Katharer

Zu ihrer dritten Predigtreise fuhr die Äbtissin Hildegard zwischen den Jahren 1161 und 1163 rheinabwärts nach Köln, auf dem Hinweg mit Aufenthalten in Boppard, Andernach, Siegburg, von der Domstadt Köln wahrscheinlich weiter nach Werden an der Ruhr. Für die genaue Datierung fehlen historisch abgesicherte Belege. Jedoch zumindest Hildegards Aufenthalt in Köln ist nachweislich verbürgt, zunächst durch einen überlieferten Brief des Kölner Domdekans, aber auch durch die derzeitigen Verhältnisse in Köln, die Hildegard in ihrer Predigt aufgreift und mit der ihr eigenen Leidenschaft geißelt.

Ähnlich wie der Vorsteher der Trierer Kirche richtet der Kölner Domdekan Philipp von Heinsberg, der spätere Erzbischof von Köln, im Namen des Klerus an Hildegard die Bitte: »Wenn Euer Gott anhängender Geist – wie gewohnt – etwas über uns in einer wahren Schau voraussieht, so sorgt für eine briefliche Mitteilung. Wir bitten Euch ebenfalls, das uns früher mündlich Gesagte auch brieflich niederzulegen und uns zu übersenden.«

Die zweigeteilte Bitte des Kölner Domdekans darf nicht unbeachtet bleiben. Kein Zweifel besteht an der Erfüllung der erstgenannten Bitte aufgrund der in Köln gewonnenen Einblicke Hildegards. Das heißt, was die Äbtissin zum Verhalten des Kölner Klerus mitteilt, wird ihre ursprüngliche Rede erweitert oder gar verschärft haben. Noch weniger anzuzweifeln ist Hildegards in den zentralen Aussagen unveränderte briefliche

Wiedergabe des »mündlich Gesagten«, denn eine Abweichung von ihrer in Köln gehaltenen Predigt hätte sich die Äbtissin kaum erlaubt oder erlauben können.

Dennoch bleibt, bezogen auf die Frage nach der Echtheit des Briefes, eine weitergehende Schwierigkeit, nachdem kein Original überliefert ist und Abschriften aus späterer Zeit durch »Einschübe« erweitert wurden. Diese durch kritische Untersuchungen an zwei Stellen aufgedeckten Einschübe halten sich sinngemäß an die Hildegardschen Vorlagen, scheinen aber »ursprünglich an einen anderen Ort (zu) gehören«. Die Zusätze ändern auch nichts an der in den Hauptteilen des Briefes deutlich genug gekennzeichneten Urheberschaft der Verfasserin Hildegard.

Ähnliche Anklagen wie in der zeitlich früheren Trierer Predigt, aber noch verschärft und weiter ausholend, gelten nun dem Verhalten des Kölner Klerus. Die predigende Äbtissin muß von einem außerordentlichen, ihre Zuhörer überzeugenden prophetischen Selbstbewußtsein erfüllt gewesen sein. Wäre nicht ihre prophetische Glaubwürdigkeit von den höheren Klerikern erkannt worden, hätten sie schwerlich um die Zusendung der Predigt gebeten.

Auf die alttestamentlichen Propheten, die »ausharrten« und »die gegenwärtige Bosheit anklagten und dadurch Gott offenbarten«, berief sich die Predigerin Hildegard schon am Anfang. Dann jedoch, ohne verbindlichen Übergang, traf es ihre klerikalen Zuhörer wie ein erster Keulenschlag: »Eure Zungen aber sind stumm angesichts der lauten Stimme der tönenden Trompete des Herrn.« Statt von der »Gerechtigkeit Gottes« zu künden, »unterlaßt ihr das aus euerm leichtfertigen Eigenwillen. Deshalb fehlt es dem Firmament der göttlichen Gerechtigkeit bei eurer Predigt an Leuchten. Ihr seid nämlich Nacht, die Finsternis aushaucht, ... und wie sich eine nackte Schlange in einer Höhle verbirgt, so laßt ihr euch mit Abscheulichkeiten wie gemeines Vieh ein«.

Diese ersten, noch etwas allgemein gehaltenen Vorwürfe lesen sich wie ein Präludium, dem im Verlauf der Predigt konkrete Anklagen folgen. Von einer charismatisch begabten Äbtissin, aber doch von einer Frau mußten sich ordinierte Priester sagen lassen: »Ihr seid kein Halt für die Kirche, sondern flieht in die Höhlen eurer Lust, und wegen eures ekelhaften Reichtums, der Habsucht und der übrigen Nichtigkeiten unterrichtet ihr eure Untergebenen nicht und laßt sie auch nicht bei euch Belehrung suchen, indem ihr sagt: Wir können nicht alles schaffen.« Noch der gedruckte Text vermittelt, mit welcher Leidenschaft die anklagende Äbtissin auftrat und den Klerikern vorwarf: »Durch euer geschwätziges Getue verscheucht ihr nur gelegentlich Sommerfliegen.«

Ein zweifaches, doch zusammengehörendes Versagen warf die unerschrockene Predigerin ihren geistlichen Zuhörern im Dom von Köln vor: moralische Verdorbenheit und Unfähigkeit, ein »Halt für die Kirche« zu sein.

Wer die enragierte Mahnpredigt der Äbtissin hören mußte, wird unwillkürlich eine weitergehende Konkretisierung oder, genauer gesagt, ein Gegenbild erwartet haben. Das lag nahe, denn zur selben Zeit traten in Köln vermehrt jene Leute auf, die sich die »Armen Christi« nannten, die von sich behaupteten, »sie allein, nicht die reichen Prälaten, sind die wahre Kirche«. Sie waren Häretiker, Abweichler von der offiziellen Lehre der Kirche, jedoch ihr »Gleichklang von Leben und Lehre« führte ihnen zahlreiche gläubige Anhänger zu, vor allem Frauen, aber auch Geistliche.

Die Mahnpredigerin Hildegard nennt die Häretiker in Köln noch nicht beim Namen als die *Katharer*, die »Reinen«, sondern spricht von irrenden Menschen, *errantes homines*. Jedoch zweifellos sind sie gemeint, die Besitzlosen und enthaltsam Lebenden, und vor ihnen warnt die Äbtissin: »Der Teufel ist bei diesen Menschen ... Er wird (sie) beeinflussen, daß er ihnen die Keuschheit nicht nimmt und zuläßt, daß sie enthaltsam sind. Und so werden sie sich den Menschen ganz sittenrein zeigen und spöttisch sagen: Die anderen, die vor uns keusch leben wollten, dörrten sich aus wie gebratener Fisch. Uns aber wagt keine Befleckung des Fleisches und der Begierde anzutasten, weil wir heilig sind und vom Heiligen Geist erfüllt.«

Hildegard hatte erkannt, daß der derzeitige Zustand der Kirche, bedingt durch das moralisch und geistlich korrumpierte Verhalten vieler Kleriker, das Auftreten der häretischen Sekte erst möglich gemacht hat. Das erklärt ihre verschärften Vorwürfe. Aber nicht weniger radikal verwirft die Äbtissin die

Lehre der Katharer, spricht sie von deren geheuchelter Frömmigkeit. Sie beschuldigt die Katharer, die Frauen anzulocken, einem »verführerischen Irrtum« auszusetzen. »Und hinterher treiben sie doch insgeheim mit jenen Frauen Wollust. So kommt ihre Verdorbenheit und ihr Sektenwesen offen ans Tageslicht.«

Im südfranzösischen Languedoc und in der Grafschaft Toulouse lagen die Zentren der Katharer, nach einem ihrer Ursprungsorte auch Albigenser genannt. Schon bald nach ihrer Entstehung in der Mitte des 12. Jahrhunderts breiteten sie sich aus, fanden sie ihre Anhänger in Nordfrankreich, Flandern und am Rhein vor allem in Köln. In wenigen Jahrzehnten wuchsen sie zu einer »Gegenkirche mit Massenanhang«, geleitet von eigenen Bischöfen. Jedoch das Priesteramt lehnten sie ab. Die von den Priestern gespendeten Sakramente betrachteten sie als unnötig und wirkungslos.

Mit den Sakramenten verwarfen die Katharer die eheliche Bindung. Aber Frauen nahmen sie gleichberechtigt auf, sogar mit der Befähigung zu Eingeweihten. Sie ließen keinen Unterschied gelten zwischen Dirnen und adligen Damen, zwischen besitzlos herumstreunenden und mit Reichtum wohlversorgten Frauen, wenn sie nur ihrem Bedürfnis nach Teilhabe am religiösen Leben folgten. Ein Grund mehr für den Zudrang der Frauen. So wird verständlich, daß die Predigerin Hildegard die Frauen vor diesem »verführerischen« Angebot als ein Werk des Teufels warnt.

Noch mehr widersprach der Auffassung der Äbtissin Hildegard die zentrale Lehre der Katharer, der ein Dualismus, eine unüberbrückbare Zweiheit von einem guten geistigen Prinzip und einem bösen leiblichen Prinzip zugrundelag. Dementsprechend gehört die menschliche Seele dem guten Prinzip an, während der dem Bösen verfallene leibliche Mensch allein durch rigorose Enthaltsamkeit und Verzicht auf die irdischen Güter zum Heil gelangt.

Nichts hätte Hildegards eigener Vorstellung mehr widersprochen als das Getrenntsein von Leib und Seele und eine von vornherein dem Bösen überlassene Leiblichkeit. Undenkbar wäre ihre theologisch begründete Anthropologie, ihre Menschenkunde, ohne die von ihr auffallend oft hervorgehobene »leiblich-seelisch-geistige Einheit des Menschen«. In *Scivias*, ihrer Schau von Gott und Mensch, schreibt sie unmißverständlich: »Die Seele durchströmt den Körper wie der Saft den Baum. Was bedeutet das? Der Saft läßt den Baum grünen und so bringt er Blüten hervor und trägt dann Frucht.«

Hildegards Brief nach Köln muß bekanntgeworden sein. Denn bald danach erreicht sie auf dem Rupertsberg eine Anfrage der Mainzer Domkapitularen, die von ihrem »Schreiben über die Irrlehren der Katharer«, ihrem *scriptum de errore Catharorum*, gehört haben und um eine Abschrift bitten. In der Anfrage werden zum ersten Mal die von Hildegard zunächst als »Irrende« gekennzeichneten Ketzer ausdrücklich Katharer genannt.

Ihr daraufhin nach Köln gesandter Brief ist insofern wichtig, als sie nun die Katharer nicht direkt anklagt, sondern vielmehr jene, die das »unreine und unheilige Volk« bei sich dulden, »denn sie wollen euch verführen«. Und nochmals fordert die mit den Praktiken der Sektierer nun wohlvertraute Äbtissin, »jenen Menschen keinen Raum« unter euch zu geben. »Denn eure Städte und Dörfer werden zerstört und eure Landgüter wegen dieser verleumderischen Menschen verwüstet werden, wenn sie bei euch bleiben.«

Mit großer Wahrscheinlichkeit hatte Hildegard ihren nach Mainz gesandten Brief wohl 1163, jedoch vor dem 5. August dieses Jahres geschrieben. An diesem Tag, so überliefert die Kölner Königschronik, wurden einige verstockte Ketzer, vier Männer und ein Mädchen, nach ihrem Verhör im Dom zu Köln dem weltlichen Gericht übergeben und »draußen vor dem Judenfriedhof« dem Feuertod ausgeliefert. In der Königschronik heißt es, das Mädchen wäre »durch das Mitleiden des Volkes fast gerettet worden«. Es habe sich jedoch von seinen Rettern losgerissen und selbst in das Feuer gestürzt.

Es ist undenkbar, daß die Äbtissin auf dem Rupertsberg von diesem Urteilsvollzug gewußt hat. Nichts hätte ihrer Grundüberzeugung von der gottgeschaffenen menschlichen Existenz mehr widersprochen als ein Gutheißen des Kölner Feuertodes. Es ist nicht unwichtig, daß Hildegard in ihrem nach dem Kennenlernen der Kölner Verhältnisse den Mainzern zugesandten Brief wohl zur Ausweisung der häretischen Katharer aufruft, jedoch vor allem die Priester warnt, »sie sollen sich vor diesen teuflischen Künsten hüten und nicht unter ihnen Fuß fassen«.

Allzu verständlich war Hildegards radikale Verwerfung der häretischen Lehre. Nicht nur ihr erstes visionäres Werk *Scivias* dokumentiert schon einen grundlegenden Widerspruch, ihr entgegen der Leibfeindlichkeit der dualistischen Lehre der Katharer unbedingtes Beharren auf der Einheit von Leib und Seele. In der Vierten Schau ihres letzten visionären Buches *De operatione Dei*, »Vom Wirken Gottes«, variiert die Seherin noch einmal in wechselnden Entfaltungen die Zusammengehörigkeit von Seele und Leib. In der Seele sieht sie nicht nur die »grüne Lebenskraft« des Menschen, sondern sie schreibt, die Seele besitze »die allumfassende Liebe zu ihrem Leibe, mit dem sie am Werk ist«. Und die Seele »stärkt den Körper, weil das Fleisch wie die Erde gebrechlich ist«.

Einfacher läßt sich der Widerspruch zur katharischen Lehre kaum benennen als mit den Worten der Seherin am Ende ihrer Vierten Schau: »Der Mensch ist ein Wesen mit Leib und Seele, und er existiert als das Werk Gottes mitsamt aller Kreatur.«

In der Auseinandersetzung mit den Katharern kommt die eigene menschlich-religiöse Position Hildegards mit entschiedener Deutlichkeit zum Vorschein. Die Problematik der schon genannten, nach ihrem Tod erfolgten Textverschiebung in ihrem Brief an die Kölner Prälaten spielt keine maßgebliche Rolle, ändert nichts am Sichtbarwerden ihrer ureigenen Auffassung, ihrem Selbstverständnis. Unmittelbar teilt sich die Radikalität ihres Denkens mit, wenn Hildegard von den Katharern schreibt: »Der Teufel ist bei diesen Menschen ...« Hier, zum konkreten Anlaß, dem Auftreten der Katharer und der Verbreitung ihrer die menschliche Leiblichkeit und die Frauen in ihrer Wesenheit verachtenden Weltanschauung, widerspricht Hildegard mit geradezu heiligem Zorn.

Wie wichtig die nun fünfundsechzigjährige Äbtissin Hildegard ihre bekennerische Mitteilung nahm, zeigt der letzte Satz ihres Briefes an die Mainzer Domkapitularen. Sie schreibt, nach ihrer auf die Katharer bezogenen »Schau« lag »ich armselige Frau ... mehrere Tage – von Krankheit heimgesucht – kraftlos darnieder, so daß ich gar nicht auf meinen Füßen stehen konnte, bis ich dies alles einer Schriftrolle anvertraut hatte«.

17. Die Briefschreiberin

Die Briefe der Äbtissin Hildegard ergänzen nicht nur ihre drei visionären Werke, sondern sie bezeugen unmittelbar und ohne Scheu das Temperament ihrer Verfasserin und nicht weniger ihr religiös und menschlich gefestigtes Denken. Man muß nur zur Bestätigung einige Zitate ihren Briefen entnehmen, um den kritischen Mut der Äbtissin zu erkennen, ihre ungeschminkte, in ihrer Ausdrucksschärfe kaum überbietbare Eigenheit, mit der sie ihrer Besorgnis um die Kirche und deren Repräsentanten Ausdruck gibt.

Papst Eugen III., dem die Seherin ihre erste Anerkennung verdankte, gebietet sie: »Laß nicht zu, daß sie (die Seelen) durch die Gewalt der üppig lebenden Prälaten im Pfuhl des Verderbens versinken.« Furchtlos weist sie den weltlichen Herrscher Friedrich Barbarossa in die Schranken: »Noch hast du Zeit, über irdische Dinge zu herrschen. Gib acht, daß der höchste König dich nicht zu Boden streckt wegen der Blindheit deiner Augen, die nicht richtig sehen, wie du das Zepter zum rechten Regieren in deiner Hand halten mußt.«

Zwei Kardinallegaten befiehlt die Äbtissin kurzerhand, gegen einige »von der Bosheit des Teufels« verführte Prälaten streng vorzugehen. »Jagt diese (falschen Prälaten) hinaus aus ihrem Hirtenamt!« Dem Erzbischof von Mainz hält sie vor: »Warum schämst du dich nicht, dich so hoch zu erheben, da du doch wissen solltest, daß du im Sumpf liegst.« Einen anderen Erzbischof ermahnt sie: »Verbirg nicht dein Licht – das

heißt: die Worte der Gerechtigkeit – vor deinen Untergebenen.«
Die Äbtissin eines niederländischen Nonnenklosters bekommt zu hören: »Nimm dich zusammen, damit dein Herz nicht lodere in jener Weichlichkeit, die durch die Unbeständigkeit weltlichen Lebens dir sehr schadet.« Den Kölner Prälaten wird kaum gefallen haben, von der allzu deutlich empörten fünfundsechzigjährigen Seherin zu hören: »Ihr seid Nacht, die Finsternis aushaucht, und wie ein Volk, das nicht arbeitet ... Wie eine nackte Schlange sich in ihre Höhle verkriecht, so begebt ihr euch in den Gestank niedrigen Viehes.«

Solche und ähnliche über mehr als drei Jahrzehnte verteilte nie beiläufige, sondern stets geschärft engagierte briefliche Äußerungen Hildegards bilden eine Einheit. Sie sind thematisch wie in ihrer krassen Bildhaftigkeit Ausdruck einer von ihrem Auftrag unabweisbar überzeugten und von den klerikalen Briefempfängern akzeptierten Persönlichkeit.

Im Briefwechsel Hildegards, der 390 Schreiben umfaßt, bilden die von ihr geschriebenen Briefe die weit überwiegende Mehrzahl. Die ihr zugesandten Schreiben von Erzbischöfen, Bischöfen, Äbten, Äbtissinnen, von Prälaten und Mönchen enthalten vorwiegend Bitten um Trost, geistliche Hilfe, Belehrung, »heilsnotwendige Ermahnung«. »Wir sehnen uns nach Euren aneifernden Worten«, schreibt ihr der Abt Bertulf aus Trier. Oder Kleriker bitten »so inständig wie möglich« um die Zusendung eines Predigttextes der Äbtissin, wie im Falle der Kölner und der Mainzer Domkapitularen.

Von ihren Briefen sind keine von ihrer Hand geschriebenen Originale überliefert, sondern Abschriften, teilweise mehrere und voneinander abweichende Fassungen. Doch diese Verknüpfungen von bittender Anfrage und Antwort können so wenig nachträglich erfunden sein wie die genannten, von einer zum absoluten Gehorsam verpflichteten Nonne unerwartet radikalen und höchst eigenwilligen Briefnotate.

Eine schon genannte, ein Jahrzehnt nach Hildegards Tod entstandene Darstellung zeigt die sitzende Äbtissin, wie sie mit einem Stift auf eine Wachstafel schreibt, während ihr Sekretär, bescheiden abgerückt, seinen Blick auf die Schreibende richtet. Die bildliche Darstellung soll die Authentizität Hildegards als Schreiberin ihrer Texte, auch ihrer Briefe betonen.

Ob es schon bei der ersten Übertragung ihrer Briefe zu »massiven inhaltlichen Umformungen« kam, wie behauptet wurde, läßt sich schwerlich beweisen, wird auch kaum mehr als eine bloße Vermutung sein und hätte dem Willen der Äbtissin gründlich widersprochen.

Das Schreibverfahren scheint eher wie bei den visionären Werken so gewesen sein, wie es der Mönch Theoderich in seiner Hildegard-Vita mit konkreter Deutlichkeit schildert. Was die Äbtissin Hildegard »eigenhändig niederschrieb oder mit eigenem Munde sprach«, wurde von einem einzigen Mann (ihrem Sekretär Volmar bis zu dessen Tod im Jahre 1173) aufgenommen. »Dieser stellte lediglich nach den Regeln der Grammatik, die sie nicht genügend kannte, die Fälle, Zeiten und Genera richtig. Doch nahm er sich nicht heraus, zum Sinn oder zum Verständnis irgend etwas hinzuzufügen oder wegzulassen.« Hildegard selbst spricht noch im Herbst 1175 in einem Brief an ihren letzten Sekretär Wibert von Gembloux von ihren »ungefeilten lateinischen Worten«. Eine Bemerkung, die durchaus auf eine notwendige stilistische Verbesserung hindeutet.

Wenn nach neuester Erkenntnis von »einer bewußten Bearbeitung« der vorhandenen Briefe gesprochen wird, von Umformulierungen, Ergänzungen, Verschiebungen von Textpassagen, so können solche Eingriffe schwerlich die originalen Erstfassungen der Briefe betreffen. Deren auch in den nachträglichen Herausgaben von Briefsammlungen noch erkennbare generelle textliche Authentizität bleibt – wie schon gesagt wurde – weithin gewahrt.

Generell hat die Wahrung des Urheberrechts bei mittelalterlichen Schriftwerken keine oder nur eine geringe Rolle gespielt. Das gilt nicht für die visionären Werke Hildegards, deren Authentizität als Vision keine Veränderung, keine ergänzende Bearbeitung erlaubte. Anders verhielt es sich bei den naturkundlichen und heilkundlichen Schriften, die von unbekannter Hand ergänzt oder bearbeitet wurden, teilweise sogar im Widerspruch zur originalen Auffassung Hildegards.

Bei einzelnen ihrer Briefe scheint es den Überlieferern noch nicht einmal auf die realen Empfänger, sondern allein oder vorzugsweise auf den Inhalt anzukommen. So bei Hildegards Schreiben an die Päpste ihrer Zeit, die teilweise »umadressiert und verändert« oder ergänzt wurden, wie »das Schreiben an Papst Hadrian IV. um einen Passus aus einem Brief an Abt Manegold von Hirsau erweitert« wurde. Bei den Papstbriefen erweist sich die nachträgliche verfälschende Zuweisung als kompliziert und nicht immer auf Anhieb durchschaubar. Aber die Begründung liegt auf der Hand. Der Nachwelt sollte vor Augen geführt werden, daß ein Briefwechsel der Äbtissin Hildegard »mit jedem der seit 1145 herrschenden Päpste (stattfand), wobei die Initiative dem jeweiligen Papst zugewiesen wird«.

Anders gesagt: »Mittelalterliche Briefe sind nicht privater Natur (unterliegen also auch nicht modernen Authentizitätsansprüchen), sondern sind für die Öffentlichkeit bestimmt, die von der Heiligkeit Hildegards zu überzeugen war.«

Nicht nur in der Korrespondenz mit den Päpsten wurden Textstellen ausgetauscht oder Adressaten ausgewechselt. Ein Schreiben an den Erzbischof Arnold von Köln »setzt sich aus drei älteren Briefen, ... ursprünglich an Laien adressiert«, zusammen. Solche veränderten Zuweisungen sollten »den Eindruck erwecken, Hildegard habe mit möglichst vielen und bedeutenden geistlichen und weltlichen Würdenträgern korrespondiert«.

An anderer Stelle, so in der frühen Überlieferung von Hildegards erstem Briefwechsel mit Bernhard von Clairvaux, tritt nicht sie, die noch unbekannte Nonne auf dem Disibodenberg, als Ratsuchende auf, wie es sich realiter verhielt, sondern »Bernhards knappe Antwort wird zur bewundernden Anfrage«. Auch dies eine allzu durchsichtige Manipulation der späteren Briefherausgeber, die Hildegard als bereits vollendete und heiligmäßige Persönlichkeit hervorheben sollte.

In der schon zitierten Auseinandersetzung mit der Meisterin Tengswich des Kanonissenstifts in Andernach wurde der Brief Tengswichs nachträglich zugunsten Hildegards verändert. Hier ging es um eine Abschwächung der ziemlich heftigen Kritik der Andernacher Meisterin. Sie rügte bekanntlich die von der Äbtissin auf dem Rupertsberg eingeführten und bei Liturgiefeiern an Festtagen offen gezeigten Kleider- und Schmucksitten der Nonnen und deren gar nicht klösterliche Haartracht. Es liegt nahe, auch in dieser Abschwächung eines Tadels den

Versuch zu sehen, jegliche Beschädigung Hildegards »im Hinblick auf eine potentielle Heiligsprechung« zu vermeiden.

In jüngeren Forschungsberichten werden Änderungen dieser Art, die das Erscheinungsbild Hildegards positiv berichtigen sollten, teilweise bereits ihrem Sekretär Volmar zugeschrieben. Ob dies der Wahrheit entspricht, ob Hildegard selbst Änderungen ihrer originalen Brieftexte zugestimmt hat, wird für möglich gehalten, kann jedoch nicht schlüssig bewiesen werden. Zudem wäre eine solche, die jeweilige Erstfassung der Briefe betreffende Änderung schwerlich vereinbar mit der zitierten, in der Hildegard-Vita so ausdrücklich auf die grammatikalische und stilistische Korrektur begrenzten Aufgabe Volmars.

Im Briefwechsel Hildegards bleibt genug, um bei den überlieferten Schreiben deren generelle Echtheit nachzuweisen und hervorzuheben, wie die Zitate am Anfang des Kapitels und überhaupt ihre Briefe bei jedem erneuten Lesen zeigen.

Es war ja nicht nur die mit kämpferischem Temperament gegen einen nachlässigen oder korrumpierten Klerus auftretende Briefschreiberin, deren eigene Handschrift unverkennbar blieb. Nicht weniger bezeugt ist die andere Seite Hildegards, ihr auf Trost und Hilfeleistung ausgerichtetes Grundverhalten und ihr nie ermüdender Aufruf zu Barmherzigkeit und Menschlichkeit im alltäglichen Umgang, wobei sie im Briefwechsel mit hohen und höchsten Persönlichkeiten nicht die geringste Scheu zeigte.

In den Briefen Hildegards gewinnt eine auf die angesprochene Person bezogene Konkretheit, was in ihren visionären Schriften grundgelegt ist. So, wenn die Seherin in ihrem Buch der Lebensverdienste, dem *Liber vitae meritorum,* von der Barmherzigkeit schreibt: »Übervoll ist mein Herz, jedwedem Hilfe zu schenken. Mit liebendem Auge berücksichtige ich alle Lebensnöte und fühle mich allem verbunden. Den Gebrochenen helfe ich und führe sie zur Gesundung. Eine Salbe bin ich für jeden Schmerz.« Aus allen Briefen Hildegards spricht die realistische Erkenntnis, daß es für den gläubigen Menschen rechtens ist, beides zu haben, »die Sehnsucht nach dem Himmel und die Sorge um die Notdurft des Fleisches«.

»Denn Gott hat Himmel und Erde in großer Herrlichkeit

erstellt«, schreibt die Äbtissin in einem ihrer beachtenswertesten Briefe an den Abt Helmrich in Bamberg: »Hartes hat Er durch Mildes so gemäßigt, daß es tragbar ist. Ahme auch die Barmherzigkeit nach, die alles so ebnet, daß man es überwinden kann ... und berücksichtige die Körperschwäche deiner Söhne nach dem Worte Gottes, der sprach: Barmherzigkeit will ich und nicht Opfer.«

Dem Erzbischof Philipp von Köln, dem die Äbtissin geraten hatte, er möge sein »Licht« nicht verbergen, gebietet sie nicht weniger eindeutig, er möge seine Untergebenen »nicht mit furchterregenden Worten schrecken und nicht mit Drohworten auf sie einschlagen«. Vielmehr möge er seinen Ermahnungen »Worte der Gerechtigkeit und Barmherzigkeit« mitgeben und die Menschen mit »Gottesfurcht« salben und ihnen sagen, »wie verderblich die Bosheit für ihre Seelen und ihre Glückseligkeit ist«. Dann jedenfalls, so beteuert sie gleich anschließend, würden die ihm Anvertrauten seinen Ermahnungen Glauben schenken: »Ganz bestimmt! Bestimmt, ganz bestimmt!« Wiederum summiert sich in resoluter Bestimmtheit Hildegards Temperament und ihre Spontaneität.

Einen ihrer schönsten poetisch-mystischen Briefe schrieb Hildegard wohl in der zweiten Hälfte ihrer fünfziger Jahre an den Bischof Heinrich von Beauvais. Der französische Kirchenfürst bat die Äbtissin vom Rupertsberg um einen Trost, eine »heilsnotwendige Mahnung« und erhielt zur Antwort: »Ich sah die schöne Gestalt einer Gotteskraft. Es war die ›reine Erkenntnis‹. Ihr Antlitz war sehr hell, ihre Augen wie Hyazinth, ihr Gewand leuchtete wie ein seidener Mantel. Um ihre Schultern trug sie das bischöfliche Pallium, das dem Sardis glich. Sie rief des Königs schönste Freundin, die ›Liebe‹, und sprach: ›Komm mit mir!‹ Und sie gingen, klopften beide an die Tür deines Herzens und sprachen: ›Wir wollen bei dir wohnen. Hüte dich, uns zu widerstehen. Sei vielmehr stark im Widerstand gegen die Laster, gegen weltliche Händel und den Wirbel der Winde ... Das sind die Beunruhigungen des Menschen durch Zorn und ähnliches. Bleibe nicht stumm aus Überdruß. Deine Stimme erschalle vielmehr bei den Feierlichkeiten der Kirche wie eine Posaune.«

Allerdings konnte Hildegard auch anders reagieren, übermäßig gefühlsbetont und verletzbar in eigener Sache. So im Falle der ihr sehr nahestehenden jungen Nonne Richardis von Stade, als sie verzweifelt »in Tränen und Trübsal« alles in Bewegung setzte, um die von ihr entfernte, zur Äbtissin von Bassum ernannte geliebte Freundin zurückzuholen.

Thematisch wie durch ihr unverleugbares Temperament und ihre bildhafte Ausdruckskraft dokumentieren solche Zeugnisse die originäre Handschrift der Briefschreiberin Hildegard. Jedoch käme es einer unstatthaften Verharmlosung gleich, würden wir verschweigen, daß bei etlichen der an die Äbtissin gerichteten Briefe und solchen von ihrer Hand korrigierend eingegriffen und »das vorhandene Material einer bewußten Bearbeitung unterzogen« wurde. Nur werden wir ergänzen müssen, daß diese in Einzelfällen nachgewiesene »Bearbeitung« niemals die originale Intention der Briefschreiberin verletzt hat. Zu deutlich vermittelt Hildegards Briefwechsel den in ihrer Zeit unerhörten Mut einer Frau und deren Anerkennung als moralische Instanz selbst durch die Kirchenfürsten.

Wie in jeder Lebensgeschichte bleibt ein Rest, bleiben jene weißen Stellen, die sich unserer letzten Einsicht und unserem noch so bemühten Erklärungsbedürfnis entziehen. Jedoch die Begrenztheit unseres Erkennens ändert nichts an der in ihren Briefen wie in ihren Werken und durch die Überlieferung bezeugten Größe Hildegards.

18. Die Klostergründerin

Die Äbtissin Hildegard konnte ebenso spontan und enthusiastisch handeln wie gar nicht so selten mit weltkluger Berechnung. Es war ihr ureigenes Geheimnis, wie sie in ihrem klösterlich verpflichteten Leben die nach innen gerichtete Kontemplation mit einer äußerst weltlichen Aktivität verbinden konnte, ohne Beschädigung des einen oder des anderen. So erstaunlich es sein mag, die Inklusin und Seherin Hildegard, die Schauende und Empfangende, bewies nicht weniger ihre Befähigung als Klostergründerin. Schon zur Gründung ihres Klosters auf dem Rupertsberg konnte sie sich erfolgreich mit dem Grundstückserwerb, mit den Fragen der Finanzierung und den Bauplänen auseinandersetzen. Ein zweites Mal, im Jahre 1165, fünfzehn Jahre nach der ersten Klostergründung, wiederholte sich das höchst weltliche Unternehmen zur Gründung eines zweiten Klosters in Eibingen jenseits des Rheins. Der zunehmende Bekanntheitsgrad der verehrten Äbtissin Hildegard hatte Novizinnen in wachsender Zahl angelockt und zu einem Andrang geführt, dem das Kloster auf dem Rupertsberg nicht mehr gewachsen war.

Noch einmal sei der Mönch Wibert von Gembloux zitiert, der späte Augenzeuge der Verhältnisse im Kloster Hildegards, deren Gastfreundschaft er wiederholt genoß. Der aus der Nähe von Namur stammende Benediktiner zählte dreiundfünfzig Jahre, als er im Juni 1177 zum ersten Mal auf dem Rupertsberg weilte. Überglücklich schildert er in einem Brief an seinen Freund Bovo das klösterliche Leben der Nonnen, deren Zahl auf gut fünfzig angewachsen war. »Innerhalb kurzer Zeit, seit siebenundzwanzig Jahren, hat sich das Kloster dem monastischen Geist wie auch dem äußeren Aufbau nach hoch entwickelt, so daß es durch nicht prunkvolle, wohl aber stattliche und geräumige Gebäude – wie sie sich für Nonnen eignen – und in allem wohlbestellt ist. Nicht nur für die vielen Gäste, die dem Hause Gottes niemals fehlen, und die verschiedenen Angestellten, deren es eine ganze Anzahl gibt, sondern auch für die rund fünfzig Schwestern sind alle Ausgaben für Kleidung und Nahrung zu Genüge gedeckt.«

Mit gut fünfzig Nonnen war es ein außergewöhnlich großer Konvent, jedenfalls nach zeitgenössischen Beispielen, wonach in Frauenklöstern in der Regel kaum mehr als zwanzig bis dreißig Nonnen lebten. Zwangsläufig ergab sich die Notwendigkeit, Ausschau zu halten nach einem Zweitkloster unter der Leitung Hildegards. Wiederum, auf der Suche nach einem nicht allzu weit entfernten Ort und passenden Baulichkeiten, bei den unumgänglichen Vorbereitungen, bewährte sich die realistisch planende und fürsorgliche Äbtissin.

In Eibingen (am Stadtrand von Rüdesheim) erwarb Hildegard ein leerstehendes, durch marodierend herumziehende kaiserliche Truppen teilweise zerstörtes Doppelkloster der Augustinerchorherren. Das Kloster war 1148 von der Adligen Marka von Rüdesheim gestiftet worden, jedoch schon nach achtzehn Jahren infolge der anhaltenden Kriegswirren von den Mönchen verlassen worden. Die Äbtissin Hildegard erwies ihr Geschick bei der Klärung der Besitzverhältnisse wie bei der Einleitung der notwendigen Renovierungsarbeiten. Sie ließ die Schäden beheben und die Klosteranlage wieder bewohnbar herrichten, so daß im Jahre 1165 rund dreißig ihrer Benediktinerinnen in das Eibinger Kloster einziehen konnten.

Anders als die noch im ruinösen Zustand gut überschaubaren Klosteranlagen auf dem Disibodenberg, auch anders als die gut dokumentierten Baulichkeiten auf dem Rupertsberg fehlen zur ersten Klosteranlage von Eibingen »künstlerisch hochstehende oder gar architektonisch genaue Bildquellen«. Von der mittelalterlichen Klosteranlage blieb nichts erhalten. Lediglich eine Zeichnung vermittelt ein Bild von der Anlage des späteren, des barocken Eibinger Klosters. Der Zeichnung entsprechend war das Barockkloster eine »Vier-Flügel-Anlage«, die einen großen, mit Bäumen bewachsenen Innenhof umschloß, der den Schwestern zur Rekreation diente. Wer zum Hauptportal ging, sah an der rechten Außenecke den Turm der Klosterkirche, deren Schiff mit den hohen schmalen Seitenfenstern die Hälfte des rechten Seitenflügels einnahm.

In der wechselhaften Geschichte des Eibinger Klosters, nach Verfall oder Zerstörung und Wiederaufbau, nach wiederholten Plünderungen und Brandschatzungen, wurden im 18. und 19. Jahrhundert die Seitenflügel abgetragen. Die Anlage verlor ihre ursprüngliche quadratische Form.

Nach einer zeitweisen Zweckentfremdung der Restbauten im frühen 19. Jahrhundert, wobei der Ostflügel als Zeughaus und die Kirche als Waffenlager Verwendung fanden, konnte das Gotteshaus 1831 zurückgewonnen und als Pfarrkirche von Rüdesheim-Eibingen geweiht werden. Jedoch durch ein Feuer, dessen Ursache ungeklärt blieb, brannten die Kirche und die Anbauten der ehemaligen Klosteranlage in den ersten Septembertagen 1932 nieder. Beim Wiederaufbau der Kirche, wenige Jahre nach der Zerstörung durch den Brand, ebenso bei der Neuerrichtung des Ostflügels, berücksichtigten die Architekten die überlieferten Stilelemente.

Allein die Erinnerung an das einstige von Hildegard gegründete Kloster gibt dem Ort heute eine besondere Bedeutung. Im Vergleich zu der auf der Anhöhe über dem Dorf Eibingen, oberhalb der Weinberge, am Anfang des 20. Jahrhunderts neugegründeten Abtei St. Hildegard blieb die Eibinger Kirche ein wohl von den Wallfahrern auf dem Weg zur Abtei gern besuchter, aber doch eher stiller Ort. Die Abtei mit ihren mehr als sechzig Schwestern, die nach der Regel des Mönchvaters Benedikt leben, bewahrt das geistliche und geistige Erbe Hildegards. Neben diesem hohen und gerechtfertigten Anspruch ist die Eibinger Wallfahrtskirche etwas in den Schatten gerückt. Aber es entspricht ihrer geschichtlichen Herkunft, daß vor ihrem Hauptaltar, in einem neuzeitlich kunstvollen vergoldeten Schrein, entworfen von einem Mönch des Eifelklosters Maria Laach, Reliquien der Gründerin Hildegard aufbewahrt werden.

Nach der Gründung des Eibinger Klosters trug Hildegard die Verantwortung über zwei größere Konvente. Sie selbst lebte im Rupertsberger Kloster, aber sie besuchte noch in ihren siebziger Jahren, wenn eben möglich und nicht durch Krankheit gehindert, zweimal in der Woche ihren Eibinger Konvent. Um dorthin zu gelangen, hinüber zur rechtsrheinischen Seite, mußte sie zwei Flüsse überqueren, die Nahe und den Rhein. Die Überquerung der schmaleren Nahe wird für erfahrene Anwohner problemlos gewesen sein. Schwieriger war die Bootsfahrt über den vor dem Binger Loch nicht ungefährlich strömenden Rhein. Die Strömungsverhältnisse werden die Äbtissin davon abgehalten haben, den Rhein im Bereich der Nahemündung auf dem üblichen Ruderboot zu überqueren. Sie wird am Rheinufer ein Wegstück stromaufwärts gegangen oder gefahren sein, um zu einer für die Überfahrt günstigen Stelle zu gelangen.

Es muß bekanntgeworden sein, an welchen Tagen die nun ältere, als heilkundig und heilig verehrte Äbtissin Hildegard den Rhein überquerte. Bei einer der Überfahrten näherte sich ihrem Boot vor Rüdesheim ein Kahn, in dem eine Frau mit ihrem erblindeten Jungen saß. Die Frau bat »flehentlich unter Tränen, Hildegard möge dem Kind ihre heiligen Hände auflegen«, damit es von seiner Blindheit befreit werde. Der Vita-Schreiber berichtet, Hildegard habe an die im Johannes-Evangelium überlieferte Heilung eines Blinden und das Heilwort Jesu gedacht: »Geh an den Teich Siloe und wasche dich!« Sie habe Wasser aus dem Rheinstrom geschöpft und damit die Augen des Kindes besprengt und um den »Gnadenbeistand Gottes« gebeten. Der Junge erhielt sein Sehvermögen zurück.

Die Heilung des blinden Jungen gilt neben der schon geschilderten Befreiung der Frau Sigewiza von ihrer im achten Jahr bestehenden und nach der Diagnose der Ärzte unheilbaren Geistesgestörtheit als bekanntestes Beispiel einer Wunderheilung Hildegards. Wer von solchen Heilungen erfuhr, konnte nicht anders reagieren als der Abt Gedolph von Brauweiler, der an Hildegard schrieb, »nicht Menschenwerk, sondern Gotteswerk« leuchte aus ihren Handlungen. Ihre gnadenhafte Begabung habe »ihren Ursprung nicht im menschlichen Verstand«, sondern gehe »vielmehr aus dem leuchtenden Quell hervor«.

Hildegard selbst verhielt sich realistischer als man bereit ist, einer erleuchteten Visionärin zuzutrauen. Aber wie anders hätte die Äbtissin die mit der Leitung zweier großer Konvente verbundene Arbeitslast bewältigen können. Auch der eher zur Bewunderung Hildegards, zur Hervorhebung ihrer heilenden Fähigkeiten und ihres prophetischen Geistes berufene Vita-Schreiber Theoderich kann das wirklichkeitsnahe, das konkret notwendige und ordnende Handeln der Äbtissin nicht verschweigen.

Als der Mönch Theoderich von Echternach im zweiten Jahr nach dem Tode Hildegards mit der Niederschrift des zweiten und dritten Buches der Vita begann, lebten noch genug mit der verstorbenen Äbtissin vertraute Augenzeugen, weshalb dem Ausmalen eines allzu stilisierten Heiligenbildes Grenzen gesetzt waren. Zur Charakterisierung Hildegards in ihrem menschlichen Verhalten sind nicht wenige der von Theoderich aufgegriffenen Nuancen bemerkenswert. Der Mönch überliefert, die Äbtissin habe sich »weder durch Tadel verängstigen noch durch Lob verführen lassen«, und ohne Ermüdung zu zeigen habe sie »bald mit milder, bald mit strenger Autorität« ihr Amt verwaltet. Noch deutlicher kennzeichnet Theoderich an anderer Stelle das Verhalten Hildegards: »Die mit ihr im Konvent lebenden Nonnen leitete sie, wenn Groll oder Zwist oder weltliche Trauer, Müßigkeit oder Nachlässigkeit unter ihnen entstanden, mit liebender Zuneigung und mütterlicher Zärtlichkeit.«

Das Gesagte gilt für beide Konvente, für den Rupertsberg wie für Eibingen, und es gehörte zum Reglement der Äbtissin, daß sie ihren Nonnen auch mit »strenger Autorität« gegenübertreten konnte, wenn es die Einhaltung der Ordensregel oder das klösterliche Zusammenleben gebot.

Wahrscheinlich nicht zu Unrecht wurde vermutet, Hildegard habe in ihrem Zweitkloster in Eibingen, anders als auf dem Rupertsberg, auch Töchter aus nichtadligen Familien aufgenommen. Vielleicht gab ein etliche Jahre zuvor von der Meisterin Tengswich brieflich erhobener Vorwurf Anlaß zu dieser Neuerung. Die strenge Meisterin des Andernacher Kanonissenstifts schrieb Hildegard, sie sei »erstarrt und ratlos« und rügte die Rupertsberger Äbtissin, weil sie »nur Frauen aus angesehenem und adligem Geschlecht« aufnehme. »Nichtadligen und weniger Bemittelten verweigert Ihr fast durchweg die Aufnahme in Eure Gemeinschaft.«

Ein solcher Vorwurf kann nicht leichthin vergessen werden. Es mag tatsächlich so gewesen sein, daß Hildegard in Erinnerung an die massive Kritik ihrer Amtskollegin aus Andernach bei der Eibinger Klostergründung ihren Konvent allen Aufnahmewilligen, adligen wie nichtadligen Töchtern öffnete. So wurde sie, wie Wibert von Gembloux von ihr schrieb, wahrhaft »Mutter und Führerin einer großen Heerschar« und »verschwendete sich in Liebe an alle«. »Sie gibt die erbetenen Ratschläge, löst schwierige Fragen, die ihr gestellt werden, schreibt Bücher, unterweist ihre Schwestern, richtet Sünder auf, die zu ihr kommen, und ist dadurch voll und ganz in Anspruch genommen.«

FÜNFTER TEIL
Die vollendete Welt

Die Bewegung der vernünftigen Seele
und das Werk des Körpers mit seinen
fünf Sinnen, aus denen der Mensch insgesamt
besteht, haben ein gleiches Maß, da die
Seele den Körper nicht mehr bewegt,
als jener wirken kann, und der Leib
nicht mehr ausführt als von der Seele
in Bewegung gesetzt wird.

LIBER DIVINORUM OPERUM X,20

19. Welt und Mensch

Nach ihren eigenen Worten begann Hildegard mit der Niederschrift ihres dritten visionären Werkes, dessen älteste Handschrift den Titel *De operatione dei*, Vom Wirken Gottes, trägt, im Jahre 1163, zwei Jahre vor der Gründung ihres Zweitklosters in Eibingen. Es gab keine Schonfrist in ihrem Leben. Keines ihrer Werke entstand im abgeschirmten Bezirk, und sie selbst scheint über Krankheitsphasen hinweg von einer alterslosen Energie angetrieben worden zu sein. Als sie nach elf Jahren ihre letzte Zeile mit dem Griffel auf ihre Wachstafel schrieb, war sie sechsundsiebzigjährig.

Am Ende, im Epilog, gesteht sie, während der Niederschrift dieser, ihrer tiefgründigsten und umfassendsten Schau oft »unter großer Erschöpfung« und »schmerzenden Krankheiten« gelitten zu haben und überhaupt keine körperliche Sicherheit zu besitzen. Aber anders könne »die Inspiration des Heiligen Geistes« nicht in ihr wohnen, und Gott habe es gefallen, diese Schrift »wunderbar durch eine einfältige und ungebildete Frau« herauszugeben.

Zuletzt mußte Hildegard ohne ihren vertrauten und klugen Helfer Volmar auskommen. Der Disibodenberger Mönch und Propst des Rupertsberger Klosters war 1173 gestorben, ein Jahr vor dem Abschluß ihres Buches »Vom Wirken Gottes«. Es ist nicht unwichtig, noch einmal auf Volmar hinzuweisen, weil Hildegard selbst ihrem seit 1141 ihr dienenden Sekretär ein Gedenken widmet, das in ergreifender Weise ihre Trauer um den Verlust und zugleich die einzigartige Bedeutung Volmars für ihr Werk hervorhebt. Im Nachwort einer zweiten Handschrift ihres Buches *De operatione dei*, überliefert unter dem abgewandelten Titel *Liber divinorum operum*, Buch der göttlichen Werke, schreibt Hildegard:

»In jener Zeit hatte ich in der wahren Schau an der Niederschrift des Buches unter Mithilfe eines gottesfürchtigen Mönches (Volmar), der nach der Regel des heiligen Benedikt lebte, gearbeitet. Da durchbohrte Traurigkeit mir Seele und Leib, weil ich, dieses Mannes beraubt, eine Waise war auf dieser Welt. Denn im Dienste für Gott hatte er alle Worte dieser Schau mit großer Sorgfalt in ununterbrochener Mühe aufgenommen und sie korrigierend durchgesehen. Und immer hatte er mich ermahnt, sie nicht wegen irgendwelcher Schwäche meines Körpers aufzugeben, sondern Tag und Nacht an dem, was mir in dieser Schau gezeigt wurde, zu schreiben und zu arbeiten. So hatte er mich gedrängt bis zu seinem Tode.«

Über zweiunddreißig Jahre hatte Volmar die Entstehung der drei visionären Werke Hildegards begleitet, stilistisch korrigierend, jedoch in keiner Weise die Substanz der Visionen beeinflussend oder verändernd, wie Hildegard selbst wiederholt betont.

Wurde Hildegards erstes visionäres Werk *Scivias* eine »Glaubenskunde« genannt und ihr *Liber vitae meritorum* eine »Lebenskunde«, so gilt die dritte große Visionsschrift *De operatione dei* als eine »Welt- und Menschenkunde«. Dieser Thematik entspricht der Buchtitel der deutschen Übersetzung »Welt und Mensch«. Allerdings muß der Leser das im lateinischen Titel Vorgegebene hinzudenken, um dem von Hildegard Gemeinten, wie im Textteil genannt, näherzukommen: »Vom Wirken Gottes in Welt und Mensch«.

Gott ist der Wirkende, der die Welt, das Universum und den Menschen Umfassende, wie es eine der Bildtafeln einer im 13. Jahrhundert entstandenen und in Lucca aufbewahrten Handschrift des *Liber divinorum operum* überaus expressiv vermittelt. Inmitten einer weißen Kreisfläche, von kosmischen Bewegungen umkreist und im äußeren Ring von den feuerroten Armen der göttlichen Liebe umfangen, steht der Mensch. Sein Kopf berührt den oberen, seine Füße berühren den unteren

Kreisrand. Die ausgebreiteten Arme reichen bis zum linken und rechten Seitenrand. Das Bild, beschrieben in der Zweiten Schau der Seherin, macht ihre zentrale Thematik anschaulich und will sagen: »Mitten im Weltenbau steht der Mensch. Denn er ist bedeutender als alle übrigen Geschöpfe.«

Wie anders als *theozentrisch* hätte die Sichtweise der Nonne Hildegard in ihrer Zeit des 12. Jahrhunderts sein können, und im Bereich der von Gott geschaffenen, geordneten und mit Leben in unendlich vielfältiger Art erfüllten Welt: *anthropozentrisch*, auf den Menschen bezogen.

In der Weltsicht Hildegards steht der Mensch im Mittelpunkt der Schöpfung als das vollendete Werk Gottes und Abbild der Liebe Gottes, wie sie in »Welt und Mensch« von ihrer Ersten Schau an geradezu leitmotivisch wiederholt. »Denn der Mensch ist das volle Werk Gottes. Gott wird vom Menschen erkannt, und um des Menschen willen hat Gott alle Geschöpfe erschaffen. Ihm hat Er gestattet, im Kuß der wahren Liebe durch seine Geistigkeit Gott zu preisen und zu loben.«

Der Mensch bildet das Zentrum eines dynamisch bewegten und von den Naturkräften durchpulsten Kosmos. In ihrer Vision beschreibt Hildegard, wie Gott den Menschen in seiner Körperlichkeit und mit allen seinen Fähigkeiten in Analogie zum gesamten Kosmos erschaffen hat. Auch wenn diese enge Verknüpfung, dieser dem mittelalterlichen Denken gemäße Analogieschluß heutiger Erkenntnistheorie widerstrebt, so bleibt doch die Kühnheit und Eindringlichkeit der Hildegardschen Vision bewundernswert.

So richtet die Seherin in ihrer Vierten Schau ihren Blick auf den Menschen »in seinem Weltenmaß«, entsprechend seiner Vorbestimmung. Denn »Gott hat die Gestalt des Menschen nach dem Bauwerk des Weltgefüges, nach dem ganzen Kosmos gebildet, so wie ein Künstler seine Formen hat, nach denen er seine Gefäße macht. Und wie Gott das riesige Instrument des Weltalls nach ausgewogenen Maßen gemessen hat, so hat er dementsprechend den Menschen in seiner kleinen, kurzen Gestalt abgemessen... Gott schuf ihn so, daß Glied an Glied gefügt, keines das rechte Maß, das richtige Gewicht überschreite, außer nach Gottes Bestimmung.«

Die Vierte Schau gehört noch zum ersten Teil, in dem die

Seherin die diesseitige Welt und das Eingebundensein des Menschen in den Kosmos beschreibt. Im zweiten Teil richtet sie den Blick auf die Orte des Jenseits, die Stätten der Läuterung. Aber nicht weniger schildert Hildegard in einer für sie typischen Weise den im Schöpfungswerk der sieben Tage sichtbar gewordenen Heilsplan Gottes, der sich vollendet durch die Menschwerdung des Gottessohnes und im Wirken des Heiligen Geistes. »Daher jubelt die ganze himmlische Harmonie zu Gott auf und gerät in Entzücken, daß der irdische Mensch, der doch der Erde entstammt, in jene Höhe, wo Gott weilt, aufblicken konnte; alles Lob mit jeder Art von Musik erklingt über die Himmel um der Wundertaten willen, die Gott im Menschen wirkt.« Solche jubilierenden Worte machen die enthusiasmierte innerste Anteilnahme der Verfasserin eindrucksvoll und überzeugend sichtbar.

Der dritte und letzte Teil mit seinen fünf Visionen ist dem Mysterium der Heilsgeschichte gewidmet. Die Seherin beruft sich auf die vorausschauende Macht des Schöpfers, Gottvaters, auf die Ordnung der Engel, auf das Reifwerden der Geschichte für das Erscheinen des Gottessohnes. Das sind in der Glaubensgeschichte bekannte Motive, wozu auch die Empörung und der Sturz der Engel und zuletzt der Triumph Gottes gehört.

Die Seherin entfaltet ein in ihrer zeitgenössischen Glaubenswelt wohlbekanntes Panorama, auch im Blick auf den diesseitigen geschichtlichen Prozeß, dem Zerfall des römisch geprägten Europas und dem Kommen des Antichrist. Apokalyptische Endzeit-Vorstellungen, wie sie bis hin zum kalabresischen Mystiker-Abt Joachim von Fiore in der Lebenszeit Hildegards weitverbreitet waren.

Neben solchen zeitgemäßen oder übernommenen Vorstellungen bleibt genug, um die originäre Handschrift der Seherin hervorzuheben. So wenn Hildegard in poetisch einfallsreicher Allegorie vom Wirken der Liebe spricht, in der sich »alles Sein spiegelt«. Sie personifiziert die Liebe, ebenso deren Gehilfinnen Demut und Frieden, die ihr Leben haben aus einem »lebendigen Brunnen«, den Hildegard als den Geist Gottes kennzeichnet.

In ihrer Zehnten, der abschließenden Schau ihres letzten

Buches spricht Hildegard von der »kommenden Friedenszeit«, in der die Gerechtigkeit triumphiert und das von den Propheten vorausverkündete Gute und Beständige des Friedens. Ein Urtraum der Menschheit, der nichts von seiner Aktualität eingebüßt hat, und von dem es heißt: »Die Fürsten und das ganze übrige Volk werden Gottes Satzungen richtig ordnen. Alle Waffen, die zum Morden der Menschen angefertigt wurden, werden sie verbieten und nur solche Eisengeräte zulassen, die zur Kultur des Ackers gebraucht werden und überhaupt für den Nutzen des Menschen Verwendung finden.« Nichts anderes erwartet die über siebzigjährige Nonne Hildegard zu ihrer Zeit als die nach ihrer Vorstellung gottgewollte Ordnung der Welt, in der die Eisenwaffen zu Pflugscharen werden.

So wechseln Aussagen, deren Aktualität bis in unsere Gegenwart anhält, mit zeitgenössisch konservativen Passagen in dieser Altersschrift Hildegards, ihrem tiefgründigsten und gewiß auch sperrigsten Werk.

Eine auffallende Schwierigkeit, zumal in diesem letzten Werk, bereitet allerdings der Verzicht auf eine überschaubare generelle Systematik, abgesehen von der zitierten Grundeinteilung, (die aber auch in vielen Textpartien durchbrochen wird). Ganz anders als bei den nach rationaler und begrifflicher Eindeutigkeit strebenden zeitgenössischen Scholastikern muß der Leser auf befremdende Abschweifungen gefaßt sein oder auf ein Übergewicht von Bildern, deren Zusammengehörigkeit nicht selten der Logik zu entbehren scheint.

Im Hinblick auf die »theologische Weltsicht« der Äbtissin Hildegard wurde dem »ersten Eindruck« eine gewisse Einschränkung zugeschrieben. Demnach sieht einer der kundigsten neuzeitlichen Interpreten der Hildegardschen Weltsicht diese »nirgendwo dogmatisch fundiert oder moralisch orientiert; sie ist eher musisch gestimmt und erotisch stimuliert sowie von einer mystischen Spiritualität gehalten«.

Selbst wer dazu neigt, diesen »ersten Eindruck« zu relativieren, muß doch in der undogmatischen Verfahrensweise der Hildegardschen Zusammenschau eine höchst eigenwillige Logik und eine nach heutigem Begriff schwerlich nachvollziehbare Denkart erkennen. Das hat auch damit zu tun, daß das »mittelalterliche Erkenntnisinteresse« weniger auf die

»naturwissenschaftlich exakte Beschreibung des jeweiligen Gegenstandes« zielt, sondern eher auf »übertragene religiöse Sinngebungen«. Aber es ist nicht allein diese zeitgebundene Erkenntnis- und Mitteilungsweise, die dem heutigen Leser den Zugang erschwert. Schon im Jahr 1220 bemerkte der Zisterzienserprior Gebeno von Eberbach, daß »die meisten Menschen Hildegards Bücher nicht mögen und vor dem Lesen zurückschrecken«, weil sie »rätselhaft und in ungewöhnlichem Stil« geschrieben seien.

Rätselhaft und ungewöhnlich mußte allerdings schon den Zeitgenossen eine Wiedergabe von Visionen und Einfällen erscheinen, deren überquellende Bilderflut anderen Gesetzen als den gewöhnlichen zu gehorchen scheint. Selbst der Gebrauch einzelner Bilder wechselt und enthüllt eine ganze Bedeutungsskala. So besagt ein Zentralwort Hildegards, die Grünkraft oder das Grünen, nicht nur die naturhafte Lebensfrische, wie in der Ersten Schau beschrieben: »Die Luft lebt im Grünen und Blühen.« Darüber hinaus erweist die Wirkkraft des Grünen ihre unverzichtbare Stärke bei der Zeugung, oder sie existiert als »Gottes Wort«, oder »die Seele ist die grüne Lebenskraft« der menschlichen Leiblichkeit.

Der genannte Prior Gebeno von Eberbach ergänzt seinen Bericht, indem er schreibt, die Menschen begreifen nicht, daß die rätselhafte Schreibweise Hildegards »ein Beweis wahrer Prophetie ist«. Jedoch eine solche Deutung trifft nur begrenzt zu, denn auch in ihren Visionen will Hildegard die Menschen erreichen und selbstverständlich kann dies nur geschehen, wenn die Sprache in ihrer Bildhaftigkeit den Wortsinn nicht ganz überdeckt, sondern wenn ein noch so schmaler Zugang zum Verständnis offen bleibt.

Sie selbst, die Verfasserin, betont im Vorspruch zu ihrer dritten Visionsschrift, nichts in dem von ihr Mitgeteilten sei von ihr erfunden. Wohl habe sie alles Geschaute »ganz wachen Leibes und bei Sinnen« aufgenommen. »Ich schaute es mit dem inneren Auge meines Geistes, und ich vernahm es mit inneren Ohren. Niemals war ich dabei in einem schlafähnlichen Zustand, nie in einer geistlichen Entrücktheit, wie ich schon bei meinen früheren Schauungen betont habe. Auch trug ich nichts vor, was ich zum Zeugnis der Wahrheit einer menschlichen Empfindungwelt entnommen hätte, vielmehr lediglich das, was ich aus den himmlischen Geheimnissen empfing.«

Offensichtlich war es der Seherin wichtig, diese Eigenart ihrer Visionen zu kennzeichnen, denn sie wiederholt das Gemeinte zu verschiedenen Zeiten, bei verschiedenen Gelegenheiten. Aber es sind doch ihre vermittelnden Worte, in ihrer Zeit gesprochen, die in den zentralen Partien ihrer letzten Visionsschrift *De operatione dei,* Vom Wirken Gottes, nicht weniger die Realistin Hildegard erkennen lassen. Wie anders als in der ihr selbst und dem Verständnis ihrer Mitmenschen gemäßen Sprache hätte sie sich mitteilen können. Es bedarf auch keiner allzu großen Interpretationshilfe, um den Blick auf Hildegards eigenwillig und realistisch der menschlichen Befindlichkeit zugewandten Grundvorstellung zu lenken.

Zumal in diesem ihre visionäre Trilogie abschließenden Werk findet Hildegard wiederholt Verhaltensmuster, die ihre den Menschen kennzeichnende Grundvorstellung in der Zusammengehörigkeit von Leib und Seele beschreiben. In der Hervorhebung dieser Zusammengehörigkeit, dieser Symbiose, zeigt sich eine in der religiös verankerten Menschheitsgeschichte jederzeit gültige Erkenntnis. Aus solchem Verständnis drängt Hildegard geradezu mit den ihr eigenen Worten zur Überwindung eines Befangenseins in einer welt- und menschenfernen Spiritualität.

Was sie meint, sagt Hildegard in ihrer Vierten Schau mit knapper Bestimmtheit: »Solcherart ist des Menschen Gestalt: der Mensch ist ein Wesen mit Leib und Seele, und er existiert als das Werk Gottes mitsamt aller Kreatur (*opus Dei cum omni creatura*).«

Und erläuternd weist die Seherin Hildegard an anderer Stelle der Seele, »die den ganzen Menschen in ihre Bewegtheit versetzt und lebendig macht«, ihre Aufgabe zu: »Die Seele bewohnt ihren Leib mit großer Sorgfalt, wie ein Familienvater in seinem Hause wohnt. Hat sie doch immerfort diese Sorge, daß der Mensch ... die heilige Sehnsucht, die durch sie lebendig bleibt, verlieren könnte«. Aber »so ist der Mensch von der ersten Bestimmung an zusammengesetzt; oben wie unten, außen wie innen, allüberall existiert er als Leiblichkeit. Und das ist das Wesen des Menschen«.

20. Die Unbekannte Sprache

Eine Kuriosität ist nachzutragen, eine Merkwürdigkeit: Hildegards Erfindung einer Unbekannten Sprache, ihrer *Lingua ignota*. Aber was war das, ihre in biographischen Abhandlungen nicht selten verschwiegene Geheimsprache? War sie eine der Normalität entzogene Abweichung, vielleicht ein Spiel, wie es Kinder manchmal versuchen, um sich von den Erwachsenen abzugrenzen? Widersprach die Erfindung dem von der Äbtissin und Seherin auf dem Rupertsberg Erwarteten? Oder verbirgt sich in der Anwendung der *Lingua ignota* ein geheimer Sinn, der allerdings nicht leicht zu entschlüsseln ist.

Aber es gab doch im Konvent Hildegards manche von der klösterlichen Norm abweichende Verhaltensweise, spielerisch, den von der Ordensregel vorgegebenen Rahmen sprengend wie bei der persönlichen Ausschmückung anläßlich hoher Festtage. Bei der Liturgiefeier, wie durch den schon zitierten kritisch besorgten Brief der Andernacher Meisterin Tengswich überliefert, verzichteten Hildegards Nonnen auf ihre schwarze Haube, den dunklen Habit, und sie standen mit gelöstem, herabwallendem Haar im Chor, umhüllt von weißen Seidenschleiern, geschmückt mit goldenen Ringen. Ein Regelverstoß, der zum heftigsten Vorwurf der Andernacher Meisterin führte und Hildegard zu einer ausführlichen Rechtfertigung nötigte.

Anders als bei dieser durch den Briefwechsel zuverlässig dokumentierten, jedoch nicht weniger eigensinnigen Erfindung der Äbtissin Hildegard erweist sich die Frage nach ihrer Unbekannten Sprache als ziemlich kompliziert. So wurde in einer 1955 erschienenen Dissertation die Urheberschaft Hildegards angezweifelt. Demnach handele es sich bei der Unbekannten Sprache um eine »Unterschiebung«, denn es gebe »keinen Beweis für die Echtheit einer Schrift..., die in ihrer Sinnlosigkeit Grund zum Zweifeln bietet«. Andererseits hält sich die maßgebende Hildegard-Forschung an triftigere Gründe, die für die Echtheit der Unbekannten Sprache sprechen, »wenngleich die Lingua ignota philologisch bis jetzt ungeklärt ist«.

Wichtiger als eine philologisch exakte Klärung der erfundenen Sprache ist die Frage nach der Urheberschaft, der Zugehörigkeit zu den Schriften Hildegards. Sie selbst zählt die Lingua ignota in der Einführung ihres sechzigjährig begonnenen *Liber vitae meritorum*, ihres »Buches der Lebensverdienste«, zu ihren eigenen Schriften. Ob diese Anzeige manipuliert ist, das heißt später von den »Förderern des Hildegard-Kultes« hinzugefügt wurde, wie auch gesagt wurde, bleibt den Beweis schuldig. Zudem verliert eine solche Vermutung schon deshalb ihre Glaubwürdigkeit, weil Hildegard selbst nicht nur in der genannten Einführung, sondern zu verschiedenen Zeiten und in verschiedenen Schriften oder Briefen unabhängig voneinander ihre Unbekannte Sprache erwähnt.

In einem Brief an Papst Anastasius IV., 1153 oder 1154 geschrieben, spricht Hildegard in dem ihr eigenen symbolhaften Selbstbezug davon, daß der Herr ihr »kleines Zelt berührt« habe, »damit es Wunder schaue, unbekannte Buchstaben bilde und eine unbekannte Sprache erklingen läßt«. Wohl ein knappes Jahrzehnt danach beschreibt die Verfasserin des »Buches der Lebensverdienste« im letzten, dem sechsten Teil die »Himmelsfreuden der Jungfrauen«. Sie waren festlich gekleidet, trugen in ihren Händen Zithern zum Musizieren, und sie verstanden und sprachen »eine völlig neue Sprache, die kein anderer kennen noch aussprechen könnte«.

Das älteste, bemerkenswerteste und zugleich schönste Zeugnis der Unbekannten Sprache verdanken wir einem der geistlichen Gedichte Hildegards, überliefert durch einen Kodex des 12. Jahrhunderts, noch zu Lebzeiten Hildegards entstanden. In einer achtzeiligen Antiphon »Zur Kirchweihe« erscheinen fünf Wörter der Geheimsprache, nicht ohne Reiz für die klangliche, die poetische Struktur der Verszeilen. Glücklicherweise wurde den fremden Wörtern in der überlieferten Fassung von gleicher Hand die lateinische Bedeutung mitgegeben, und so lautet die Antiphon (mit dem jeweils in Klammern zugefügten lateinischen Wort):

O orzchis (immensa) Ecclesia,
armis divinis praecincta,
et hyazintho ornata,
tu es caldemia (aroma)
stigmatum loifolum (populorum)
et urbs scientiarum.
O, o, tu es etiam crizanta (uncta)
in alto sono et es chorzta (corusca) gemma.

In der deutschen Übersetzung aus dem Buch der »Lieder«:

O unermeßlich weite Kirche,
umgürtet mit göttlichen Waffen,
mit Hyazinth geschmückt.
O Wohlduft,
entströmend den Wunden der Völker,
du Stadt der Erkenntnis!
Oh, oh, auch du bist gesalbt
bei starkem Klang, du funkelnde Gemme.

Ungeklärt blieb, woher die Verfasserin ihre fremden Wörter oder die Anregung zu den Wörtern nahm: *orzchis* für unermeßlich; *caldemia* für Wohlduft; *loifolum* für Völker; *crizanta* für gesalbt; *chorzta* für glänzend, funkelnd.

Schon diese wenigen Wörter vermitteln den Eindruck einer phantasievollen, geheimnisvoll klingenden, aber doch auch poetisch griffigen Wortfindung. In einer 1979 veröffentlichten Untersuchung der Hildegardschen Geheimsprache wurde gesagt, die »ursprünglich gegebene (deutsche oder lateinische) Sprachsubstanz (sei) nicht verändert, sondern zumindest teilweise durch eine andere ersetzt« worden. Und es wurde hinzugefügt, daß die Wörter als Empfindungsträger »dem Lateinischen, Griechischen und Hebräischen nachempfunden zu sein schienen, aber auch gewisse Anklänge an das Rotwelsche nicht verleugnen können«. Wohin immer die Deutung zielen mag, kein Zweifel besteht an der durch die Koppelung von Latein und Geheimsprache verstärkten dichterischen Ausdruckskraft.

Leider sind keine weiteren Texte mit Beispielen der Unbekannten Sprache überliefert. Das mag zusammenhängen mit der Auswahl oder Aussonderung der mittelalterlichen Überlieferer, die ja auch bei ihrer »bewußt komponierten«, teilweise veränderten und umformulierten Briefsammlung darauf bedacht waren, allein »Hildegards Stellung als Heilige, Theologin, Künderin und Mahnerin« zu sichern und jede Abweichung auszusondern.

Überliefert sind lediglich Wörterverzeichnisse der Unbekannten Sprache in drei Handschriften aus dem 12. und dem 13./14. Jahrhundert. Sie versammeln etwas mehr als tausend der geheimen Wörter, in den Handschriften nur geringfügig voneinander abweichend. So in der thematischen Aufgliederung, einmal in achtzehn verschiedene Sachbereiche aufgeteilt, hingegen im sogenannten Riesenkodex in sechs Themengruppen. Jedoch enthalten die unterschiedlich gruppierten Verzeichnisse keine geschriebenen Sätze oder lesbaren Zeilen wie im zitierten Vers »Zur Kirchweihe«. Das Entschlüsseln der Geheimsprache wäre allerdings undenkbar ohne eine jedem Wort mitgegebene lateinische und mitunter auch mittelhochdeutsche Übersetzung, die »nachträglich, aber von gleicher Hand geschrieben zu sein« scheint.

Rätselhaft, jedenfalls bisher ungeklärt blieb, weshalb von der überlieferten Geheimsprache Hildegards keine Tätigkeits- und Eigenschaftswörter überliefert sind. Die Verzeichnisse enthalten ausschließlich Substantive, die vereinzelt auch zur Kennzeichnung von Eigenschaften dienen können.

Wie es dem klösterlich-geistlichen Leben angemessen ist, beginnt das Verzeichnis mit den Wörtern für Gott = *Aigonz*; Engel = *Aieganz*; Heiliger = *Zuuenz*; Heiland = *Liuionz*; Teufel = *Diueliz*. Schon hier wie generell fällt eine Eigenart der neuen Wortbildung auf: der vermehrte Gebrauch des Konsonanten z, freilich ohne einer Erklärung näherzukommen. Das u vor Vokalen wird wie v gesprochen, so daß in der Aussprache das Wort für Heiland zu Livionz, für den Teufel zu Diveliz wird.

Entsprechend dem meist zitierten Wiesbadener Kodex, wohl in den Jahren 1180 bis 1190 im Rupertsberger Kloster niedergeschrieben, wird die Geheimsprache auf sechs jeweils durch eine rote Initiale gekennzeichneten Sachgruppen verteilt. Im schon anfänglich zitierten ersten Themenkreis werden zusätzlich Wörter für Mensch und Sippe genannt, und die zweite Gruppe ist ganz dem Menschen, seinen Körperteilen, einigen seiner Krankheiten vorbehalten. Es folgen die Bezeichnungen für geistliche Personen, kirchlich genutzte Geräte, Kleidung, weltliche Würdenträger und Stände. Danach werden Tages- und Jahreszeiten benannt, und in der nächsten Gruppe folgt eine Liste von Kleidungsstücken. Die letzte, die umfangreichste Sachgruppe versammelt Hausgegenstände, Arbeitsräume mit den jeweils benötigten Geräten, und sie endet schließlich mit einer Serie von Namen für Bäume, Pflanzen, Gewürze und Tiere.

Auf der Suche nach einer Zweckbestimmung der Unbekannten Sprache wurden versuchsweise einige Möglichkeiten herausgestellt. Ob die Verfasserin durch ihre Geheimsprache »bestimmte, in der Umgangssprache vielleicht obszön klingende Wörter« vermeiden wollte? Aber andererseits zeigt Hildegard in ihrer Heilkunde nicht die geringste Scheu vor der unbefangenen Nennung von Geschlechtsteilen oder der geschlechtlichen Vereinigung von Mann und Frau. Auch ein anderer Erklärungsversuch, wobei die Geheimsprache sozusagen »als Sprachbarriere zwischen Nonnen und niederen Dienstmägden« erfunden wurde, bleibt ohne einen überzeugenden Beweis.

Ein möglicher Ansatz zu einer Deutung könnte abgeleitet werden aus dem Fehlen einiger Sachbereiche, während andere in bemerkenswerter Vielzahl vertreten sind. Wenn in der Unbekannten Sprache »182 Bäume und Sträucher, Zier- und Gemüsepflanzen, Gewürz- und Heilkräuter und zuletzt noch 78 verschiedene Vogelarten« genannt werden, dann spricht dies für eine Vorliebe der Verfasserin für eben diese natürlichen Bereiche.

Es liegt nahe, an eine Verbindung zu Hildegards *Physica* zu denken, in der nicht weniger als 230 Pflanzen und Naturprodukte wie Honig, Zucker oder Milch genannt und deren Heilkraft oder Schädlichkeit für den Menschen beschrieben wird. Dabei fällt auf, daß im Verzeichnis der Unbekannten Sprache beispielsweise ein Wort für Alraune fehlt. Wahrscheinlich deswegen, weil die Beschreibung der angeblich magisch-wirksamen Alraune in der Physica zu den späteren Zufügungen nach Hildegards Tod gehört. Die große Mystikerin »verabscheute aber die Magie« und wird schwerlich den mit der Alraune verbundenen Aberglauben verbreitet haben.

Im Wörterverzeichnis der Unbekannten Sprache wie in der *Physica* zeigt sich sehr konkret die Vorliebe Hildegards durch ein Übergewicht des »anatomisch-medizinischen und botanisch-pharmakologischen Sachbereichs«, dem fast ein Drittel des gesamten Vokabulars der Geheimsprache vorbehalten ist. Das kommt durchaus der Bemühung der Äbtissin Hildegard um die Heilkunde und die therapeutische Praxis nahe. Vielleicht war es wirklich ihre Absicht, »heilkundliche Rezepturen... auf der Grundlage eines ausgedehnten Vokabulars für die erkrankten Organe und Körperteile einerseits und für die anzuwendenden Heilkräuter andererseits für Dritte unlesbar aufzuzeichnen«.

Nach einer anderen genannten Verwendungsmöglichkeit hätte die Unbekannte Sprache der Vermittlung von »geheimen Nachrichten an das benachbarte Kloster« dienen können, wobei möglicherweise, um jede Aufdeckung auszuschließen, der Überbringer einer solchen Botschaft deren Sprache nicht verstand. In einer ungesichertern Kriegszeit, in der plündernde Truppen durch den Rheingau zogen, wäre eine solche Verwendung denkbar gewesen.

Wohin immer die Erklärungsversuche zielen, es bleibt für die Zweckbestimmung der Unbekannten Sprache eine letzte bisher nicht geklärte Ungewißheit. Nur genügt das Fehlen eines Beweises für die eine oder andere mögliche Verwendung nicht, um die Hildegardsche Geheimsprache von vornherein der Sinnlosigkeit zu bezichtigen. Sicherlich war die Unbekannte Sprache mehr als eine bloße spielerische Erfindung. Wahrscheinlich diente sie als ein »Mittel zur Kommunikation«, auch wenn es fraglich ist, ob sie dem klösterlichen Bereich vorbehalten blieb oder zur geheimen Verständigung mit kirchlichen oder weltlichen Autoritäten genutzt wurde. Auf jeden Fall hätten die Empfänger einen Schlüssel zum Lesen der Geheimschrift besitzen müssen.

Keinen zusätzlichen Beweis, wohl aber eine beachtenswerte Annäherung vermittelt eine Äußerung des Dichters Stefan George, der in Bingen beheimatet war. Von George, dem Erfinder einer formstrengen lyrischen Kunstsprache, wird überliefert, Hildegard habe ihn »aufs äußerste gefesselt«. Sie habe »auch eine eigene Sprache geträumt und niedergeschrieben ... mit griechischen und lateinischen Elementen«, so ähnlich klingend wie eine seiner eigenen Dichtungen. Und noch einmal soll Stefan George über Hildegards Erfindung einer eigenen, ihrer Unbekannten Sprache bemerkt haben: »Das ist bei uns so in Bingen. Da ist ein unterirdischer Herd. Sie wäre zu anderen Zeiten eine Dichterin geworden.«

21. Volmars Nachfolger

Hildegards Lebenswerk war fast vollendet, als ihr getreuer und tüchtiger Mitarbeiter Volmar, ihr *Symmysta*, der »Mitwisser ihrer Geheimnisse«, starb. Die wenigen letzten Abschnitte ihrer dritten Visionsschrift konnten im Rupertsberger Scriptorium korrigiert und auf Pergament geschrieben werden. Aber notwendigerweise erwartete die sechsundsiebzigjährige Äbtissin von den Disibodenberger Mönchen die Überlassung eines geistlichen Nachfolgers, der ihr als Sekretär und ihr und ihrem Konvent als Seelsorger dienen könnte. So war es nach der Gründung der Abtei auf dem Rupertsberg mit den Mönchen vereinbart. Die Äbtissin und ihrer Nonnen Wahl fiel auf den schön älteren Disibodenberger Mönch Gottfried.

Das Verhältnis zwischen den Konventen schien zu diesem Zeitpunkt ungetrübt gewesen zu sein. Jedenfalls gab es keinen erkennbaren Hinderungsgrund, um den Wunsch der Nonnen unerfüllt zu lassen. Drei Jahre zuvor hatte Abt Helenger vom Disibodenberg, der Nachfolger des Abtes Kuno, Hildegard um die Niederschrift der Lebensgeschichte des heiligen Disibod gebeten. Abt Helenger schrieb der Rupertsberger Äbtissin ganz und gar versöhnlich, ja in tiefempfundener Verehrung, und er betonte, daß »wir allen Zunder des Hasses und der alten Feindschaft, der sich schon durch die Jahre hindurch festgesetzt hatte, einmütigen Sinnes abgeschüttelt und uns in aufrichtiger Liebe zu voller Einheit zusammengefunden haben gleichwie zu einer Einheit von Leib und Seele«.

Hildegard hat die erbetene Vita Disibods, des Schutzpatrons der Mönche, verfaßt. Aber dann verweigerten die Mönche aus unerklärlichen Gründen den Dienst ihres Mitbruders Gottfried. Und diesmal verhinderte wohl Hildegards Altersschwäche eine Wiederholung dessen, was sie schon einmal gewagt hatte, als sie sich aufs Pferd heben ließ, zum Disibodenberg ritt und von den Mönchen die Freigabe des Propstes Volmar erzwang.

Die Äbtissin war bekannt und couragiert genug, um sich an Papst Alexander III., die höchste kirchliche Instanz, zu wenden. »Denn wir sind jetzt in großer Trauer, weil der Abt vom Disibodenberg und seine Brüder den Privilegien zuwider, gegen unsere Wahl, die uns immer zustand, Einspruch erheben. In Bezug auf dieses Recht müssen wir aber stets sorgsam auf der Hut sein, daß es uns nicht irgendwie genommen wird. Denn wenn man uns die gottesfürchtigen und frommen Männer, wie wir sie fordern, nicht zugesteht, wird das klösterliche Leben unter uns gänzlich zerrüttet.«

Durch Vermittlung von Propst Wezelin von St. Andreas in Köln, einem Neffen Hildegards, gelang der Bittbrief nach Rom, und Wezelin, nicht die Äbtissin Hildegard. erhält das päpstliche Antwortschreiben. Alexander III. gebietet dem Kölner Propst, mit »abwägender Klugheit« zu handeln und, »wenn du darum ersucht wirst«, beide Parteien anzuhören und zu entscheiden, »wie es der Gerechtigkeit entspricht«. Sollte es zu keiner Einigung kommen, möge Wezelin dafür sorgen, daß die Rupertsberger Schwestern einen geeigneten Propst aus einem anderen Kloster erhalten. Eine diplomatische Entscheidung Roms, die zeigt, wie solche innerkirchlichen Konflikte geregelt wurden.

Propst Wezelin nutzte seine von höchster Stelle ausgesprochene Legitimierung. Sein kluges und umsichtiges Verhandeln endete erfolgreich. Der zunächst renitente Abt Helenger überließ Hildegard und ihren Nonnen 1174 den gewünschten Mönch Gottfried.

Auf dem Rupertsberg erwarteten Gottfried als Sekretär keine allzu mühsamen Aufgaben, denn die Schriften Hildegards waren abgeschlossen. Aber er verfaßte das erste Buch der Lebensgeschichte Hildegards. Ihm kommt deswegen eine erhöhte Bedeutung zu, weil er als einziger noch zu Lebzeiten der Äbtissin deren Vita zu schreiben begann. Von ihr selbst konnte er Einzelheiten aus ihrer Kindheit erfahren.

Die ausführliche Schilderung der ersten Anerkennung Hildegards durch Papst Eugen III. während der Trierer Synode und konkrete Einzelheiten der schwierigen Neugründung der Abtei auf dem Rupertsberg verdanken wir Gottfried. Der alte Mönch bewunderte seine Äbtissin und schrieb mit Bedacht, was ihm der Überlieferung wert erschien. Das würdigte sogar anerkennend sein eher forscher und schreibgewandter Nachfolger als Vitaschreiber, der Mönch und Magister Theoderich von Echternach.

Gottfried starb nach etwas mehr als zwei Jahren im Dienste Hildegards und ihrer Nonnen. Jedoch erst in den Jahren 1181 bis 1187 konnte der von den Äbten Ludwig und Gottfried II. von Echternach berufene Theoderich die Hildegard-Vita vollenden.

In seinem Vorwort lobt Theoderich den »hervorragenden Geist« und »glänzenden Stil« seines Vorgängers. Im Hinblick auf sein eigenes Schreiben gesteht er, »Liebe« sollte »an meinen Kräften ersetzen..., was die Unwissenheit ihnen versagt«. Hildegard selbst konnte der Vollender ihrer Vita und Autor der beiden letzten Teile nicht mehr befragen. Auch sie lebte nicht mehr, als Theoderich 1181 mit seinem Schreiben begann. Allerdings konnte Theoderich aus dem noch ganz gegenwärtigen Erinnerungsschatz schöpfen, und er betont, er sei dem vorangestellten Lebensbericht Gottfrieds so gefolgt, daß dessen »Darstellung in keiner Weise Einbuße erlitt«.

Aber das führt schon über den Tod Hildegards hinaus. Zunächst ging es nicht um das Schreiben der Vita, sondern um einen Nachfolger Gottfrieds, dem auf dem Rupertsberg die seelsorglichen Aufgaben anvertraut werden könnten, der aber auch fähig genug wäre, der Äbtissin als Sekretär zur Seite zu stehen.

Von den Mönchen auf dem Disibodenberg schien die nun schon über die Landesgrenzen hinaus berühmte und verehrte Äbtissin keine Lösung der Nachfolgefrage zu erwarten. Wahrscheinlich entsprach es den zeitlichen Verhältnissen, den »ersten Zeichen für den Niedergang des Männerklosters zwischen Nahe und Glan«, daß dort kein Mönch mehr lebte, den Hildegard als würdigen Nachfolger Volmars und Gottfrieds hätte wählen können. Warum sonst wich die Äbtissin von der bisher als selbstverständlich beanspruchten Pflichtbindung an den Disibodenberg ab?

Die zunächst erfolgte Wahl eines Seelsorgers hatte ganz und gar vorläufigen Charakter. Alles deutet auf eine Verlegenheits- oder Übergangslösung hin, als Hildegard ihren älteren, das heißt über achtzigjährigen Bruder Hugo berief, der in Mainz als Domkantor wirkte. Ihm und seinem unmittelbaren Nachfolger, einem Kanonikus von St. Stephan in Mainz, blieb nur noch eine kurze Lebenszeit, nur wenig mehr als ein Jahr im geistlichen Dienst auf dem Rupertsberg. Aber dann gab es jenen Glücksfall, der nicht hoch genug eingeschätzt werden kann und der einem letzten Gottesgeschenk im Leben der altgewordenen Äbtissin Hildegard gleichkam: die Berufung des schon zitierten Benediktinermönchs Wibert von Gembloux und seine im Juni 1177 beginnende Tätigkeit als Sekretär der Äbtissin.

Zwei Jahre zuvor, noch zu Lebzeiten Gottfrieds, hatte Wibert von Gembloux der bewunderten *Prophetissa teutonica* erstmals einen ziemlich aufdringlichen Fragebrief geschrieben. Der etwa fünfzigjährige Wallone Wibert lebte in der Abtei Gembloux in der Nähe von Namur. Er beherrschte kein Deutsch, sondern schrieb und sprach lateinisch. Er wurde ungeduldig, weil die Äbtissin nicht so bald antwortete, und er sandte einen zweiten Brief.

Vielleicht war es die Direktheit seiner Neugier, die Hildegards Zögern erklärt, denn der Mönch wollte wissen, »ob es wahr ist, was bei uns das Gerücht über dich verbreitet: daß deine Visionen, nachdem sie auf dein Geheiß und nach deiner Weisung von den Notaren schriftlich aufgenommen wurden, deinem Gedächtnis entfallen, so daß du dich gar nicht mehr des Gesagten erinnerst. Auch möchten wir wissen, ob du diese Visionen in lateinischer Sprache diktierst oder sie in deutscher Sprache vorbringst und ein anderer sie ins Lateinische überträgt.

Auch das möchten wir nicht weniger gern wissen, ob du der Heiligen Schrift durch eifriges Lesen – oder einzig unter der

Führung der göttlichen Salbung, die ihre Erwählten über alles belehrt – innegeworden bist«.

Was sollte sie antworten auf diese Wißbegier eines ihr fremden Ordensmannes, den sie nie gesehen, von dem sie nie gehört hatte? Hildegard schrieb ihrem doch etwas aufdringlichen Bewunderer erst in der Augustmitte 1175. Ihr Schreiben brachte der in Wiberts Nachbarschaft lebende und mit ihm befreundete Ritter Siger von einem Besuch auf dem Rupertsberg mit, und vielleicht hatte der Ritter die Äbtissin bedrängt und um die Antwort gebeten. Erstaunlich ist Hildegards Schreiben an den unbekannten Verehrer deswegen, weil es die eindringlichste, klarste und zugleich schönste Selbstdarstellung der Seherin enthält. Um so mitteilenswerter ist die kleine Geschichte wie Wibert den Brief aufnahm, von ihm selbst in einem Brief an Hildegard im Herbst 1175 ausführlich geschildert.

In Abwesenheit seines Freundes Siger hatte dessen Gattin dem herbeigerufenen Wibert das ersehnte Schreiben übergeben. Der Mönch suchte eine nahegelegene Kirche auf, legte Hildegards Brief auf den Altartisch, las dann das Geschriebene mehrmals und geriet »wie verzückt vor Bewunderung... fast in Ekstase«.

Am nächsten Tag trafen sich im Hause Sigers geistliche und weltliche Herren, eine gemischte Gesellschaft, der Wibert den Brief vorlegte. Man hatte ihn gebeten, den lateinisch geschriebenen Brief ins Französische zu übersetzen. Unter den Gästen befand sich der gelehrte Herr Robertus, ehemals Abt von Königstal, der schweigend zuhörte, wohl hin und wieder mit dem Kopf nickt und am Ende enthusiasmiert ausruft, er habe nichts anderes als »Worte des Heiligen Geistes« gehört. »Ich glaube nicht, sagte er, daß die Kraft und Erhabenheit einiger Worte dieses Briefes den größten derzeitigen Lehrern Frankreichs vergleichbar wären..., es sei denn, derselbe Geist, aus dem sie gesprochen sind, würde es offenbaren.«

Abgesehen von solchen präzisen Notierungen holt Wibert in seinem Dankbrief weit aus. Sein Feuereifer verliert sich in abschweifenden Details, mühsam zu lesen, sicherlich auch für die Briefempfängerin. Aber dieser intelligente Mönch Wibert war kein Phantast. Was er später von seinem ersten Besuch auf dem Rupertsberg, dann in den beiden Jahren als Sekretär der

Äbtissin, von Juni 1177 bis September 1179, zu berichten weiß, gewährt einen (teilweise schon zitierten) anschaulichen und stimmigen Einblick in die klösterlichen Verhältnisse auf dem Rupertsberg, wie er besser nicht hätte sein können.

Hildegard scheint geahnt zu haben, daß der eifernde Mönch aus Gembloux in besonderer Weise ihrer Aufmerksamkeit, ja auch ihres Vertrauens wert war. Nicht anders wäre verständlich, daß schon ihr erster Brief an Wibert geradezu ein Resümee ihres Selbstverständnisses als Seherin enthält, bewundernswert auch in ihrer eben nicht ausschweifenden, sondern konkret gefaßten Schreibweise, die jedem ihrer Worte Glaubwürdigkeit verleiht.

Wie niemandem sonst offenbart die siebenundsiebzigjährige Hildegard ihre seelischen und körperlichen Belastungen, das nahezu tägliche Befallensein von »zitternder Furcht«, von einem Gefühl mangelnder Sicherheit und ihrem Gehemmtsein durch schmerzhafte Krankheiten. Ihm, dem unbekannten und fernlebenden Mönch, schildert sie genau den Vorgang ihrer Visionen:

»Von meiner Kindheit an, als meine Gebeine, Nerven und Adern noch nicht erstarkt waren, erfreue ich mich der Gabe dieser Schau in meiner Seele bis zur gegenwärtigen Stunde, da ich doch schon mehr als siebzig Jahre alt bin. Und meine Seele steigt – wie Gott will – in dieser Schau empor bis in die Höhe des Firmaments... Das Licht, das ich schaue, ist nicht an den Raum gebunden. Es ist viel, viel lichter als eine Wolke, die die Sonne in sich trägt. Weder Höhe noch Länge noch Breite vermag ich an ihm zu erkennen. Es wird mir als der ›Schatten des lebendigen Lichtes‹ bezeichnet. Und wie Sonne, Mond und Sterne in Wassern sich spiegeln, so leuchten mir Schriften, Reden, Kräfte und gewisse Werke der Menschen in ihm auf... Wann und wie ich es schaue, kann ich nicht sagen. Aber solange ich es schaue, wird alle Traurigkeit und alle Angst von mir genommen, so daß ich mich wie ein einfaches junges Mädchen fühle und nicht wie eine alte Frau...«

Einem ersten Besuch Wiberts auf dem Rupertsberg folgte seine Übermittlung der sogenannten Achtunddreißig Fragen der mit ihm befreundeten Zisterziensermönche von Villers in Brabant. Es sind mitunter spitzfindige theologische Fragen, bemerkenswert deswegen, weil sie zeigen, was die sicherlich nicht unklugen Mönche von Hildegard erwarteten. So wollen sie wissen, was für einen Leib die Engel hatten, denen Abraham Brot und Fleisch vorsetzte; ob Moses wirkliches Feuer sah im Dornbusch, der nicht verbrannte; ob der erste Mensch Gott mit seinen leiblichen Augen sah; ob das Feuer der Hölle wirklich brennt oder nur unkörperlich sei und anderes mehr.

Für die mittelalterliche Glaubenswelt sind es durchaus typische Fragen. Vergleichbare, die Grenzen biederer Gläubigkeit durchstoßende Fragen, die sogenannten »Sizilianischen Fragen«, richtete der ein halbes Jahrhundert später nach Wissen verlangende Kaiser Friedrich II. an die in Nordafrika lebenden gelehrten Sufis.

Aber die Äbtissin Hildegard hatte stets darauf bestanden, keine theologische Gelehrte zu sein, sondern Seherin, die das Geschaute ihrem Schreiber diktierte. Den wißbegierigen Mönchen sandte sie ihre zweite Visionsschrift, den *Liber vitae meritorum,* ihr Buch der Lebensverdienste. An Wibert schreibt Hildegard, sie arbeite an der Beantwortung der vielen Fragen. Aber Krankheit und Schwäche ihres Körpers verhinderten die baldige Antwort. Zudem könne sie ihre »Tränen noch nicht zurückhalten«, weil sie ihren Sekretär und Seelsorger Gottfried, den »Stab meines Trostes«, verloren habe.

Die Mönche von Villers danken für die Zusendung der Visionsschrift, die sie nun abschnittsweise bei der Tischlesung im Refektorium hören. Aber noch zweimal drängen sie brieflich zur Erfüllung ihrer Fragewünsche, und es ist ungewiß, ob noch zu Lebzeiten Hildegards ihre Antworten zur Abtei von Villers gelangten. So wissen wir nicht, wie die Mönche auf manche kühne, geradezu aufklärerische Interpretation der Äbtissin reagierten. Beispielsweise erklärt sie zur Frage nach der Realität des Höllenfeuers, es gehöre nicht zu den »irdischen Elementen«, sondern sei »unsichtbar«, eine Art »geistiges Feuer«, das aber sehr wohl Leib und Seele peinige.

Wibert reagiert erschüttert, als er gegen Jahresende 1176 hört, die Äbtissin Hildegard sei nach schwerer Krankheit gestorben. Obwohl selbst in Klausur lebend, unternimmt er alles, um Näheres zu erfahren. Einen Brief an den Konvent Hildegards kann er einer zur Abtei auf dem Rupertsberg pilgernden Nonne mitgeben. Nach deren Rückkehr, nach gut zwei Monaten, erfährt er von der besorgniserregenden Krankheit Hildegards. Aber sie sei genesen und lebe. Alsbald schreibt die nun wieder tätige Äbtissin ihm und den Villarenser Mönchen, die Beantwortung des ihr zugesandten Fragenkatalogs habe sie nicht vergessen und schon vierzehn Antworten aufgeschrieben.

Man muß diese kleinen schrittweisen Vorgänge vor Augen haben, das heißt, auch deren Gebundensein an die mittelalterlichen Zeit- und Glaubensverhältnisse, um sie in ihrer Eigenheit auch nur annähernd zu begreifen oder nachempfinden zu können. Mit Gewißheit war der Mönch Wibert von Gembloux ein Enthusiast, den nun nichts mehr davon abhalten konnte, seinen ganzen Eifer dem Dienst des Lebens in der Nähe Hildegards zu widmen. Schon jetzt, im Januar 1177, gesteht er Hildegard in einem Brief, er wolle »alles (deine Briefe an mich und meine an dich) in einer Schrift sammeln – zu meinem Trost und dem jener, die sie vielleicht lesen wollen«.

Im frühen Sommer 1177 erlaubt ihm sein Abt, zum Rupertsberg zu reisen, angeblich »durch Briefe der ehrwürdigen Herrin und Mutter Hildegard herbeigerufen«, wie Wibert seinem Freund Bovo schreibt. Doch es gibt keinen einzigen derartigen Briefwunsch der Äbtissin, und möglicherweise überwältigte Wibert sein eigenes Wunschdenken. Nur spielt schon bald keine Rolle mehr, wie es sich realiter verhielt, denn um diese Zeit starben die beiden aushilfsweise berufenen Seelsorger auf dem Rupertsberg. Nicht nur Wibert selbst, sondern die Äbtissin und ihre Nonnen sahen in der Anwesenheit des wallonischen Mönchs Wibert eine Fügung Gottes.

Für den bald zum Sekretär der Äbtissin berufenen Wibert gab es eine kleine, doch überbrückbare Verständigungsschwierigkeit. Er sprach französisch, konnte jedoch die in kirchlichen Kreisen übliche lateinische Sprache nutzen. Wiberts Fremdsein als ausländischer Sekretär scheint auch seiner Beliebtheit in keiner Weise geschadet zu haben. Als im September 1177 sein Abt erschien, um ihn nach Gembloux zurückzuholen, befiel die Nonnen vor Gram ein Erschrecken, sie fröstelten (heißt es in einem Brief Wiberts), und »alle ihre Herzen waren von Trauer erfüllt«. Erst ihr hartnäckiges Bitten, unterstützt durch den Bischof von Lüttich und den Erzbischof Philipp von Köln, stimmte den Abt um und sicherte Wiberts Bleiben auf dem Rupertsberg.

Wibert war überglücklich. In seinem schon teilweise zitierten Brief an seinen Freund Bovo schildert er die Lebensverhältnisse in der Abtei Hildegards. »Nun weile ich bei ihr in der schönen Atmosphäre des Friedens und aller Freude und Wonne. Durch ihre Ratschläge werde ich geleitet, durch ihre Gebete gestärkt, durch ihre Verdienste gestützt, ihr Wohlwollen getragen und täglich erquickt durch ihre Gespräche«. Und weiter bekennt Wibert, nichts sähe er lieber, als »alle Tage meines Lebens hier zu verweilen. Ich soll nämlich die Äbtissin und ihre Töchter geistlich betreuen und die Sorge um die hochwertigen Bücher übernehmen, die sie geschrieben hat«.

Der intelligente Wallone setzte in der Tat neben der ihn verpflichtenden Seelsorge alles daran, das Lebenswerk seiner verehrten Äbtissin der Nachwelt zu erhalten und ihre Verlautbarungen ins rechte Licht zu rücken, damit nur ja kein Makel die Heiligkeit Hildegards beeinträchtige. Selbstverständlich hätte Wibert nie gewagt, auch nur ein Jota in den visionären Schriften zu ändern. Aber dem eifernden Mönch Wibert blieben noch genug andere Möglichkeiten im Rahmen des ihm offensichtlich Erlaubten.

Wibert verfaßte eine Lebensbeschreibung Hildegards, die jedoch unvollendet blieb und lediglich ihre Kindheit und die frühe Zeit auf dem Disibodenberg schildert. Als wichtiger und folgenschwerer erweist sich seine Bearbeitung der Hildegard zugesandten und ihrer eigenen Briefe. Was bereits Volmar in eher begrenztem und von seiner Äbtissin überwachtem Rahmen begonnen hatte, setzt Wibert nun gesteigert fort. Seine Tätigkeit beschränkt sich nicht auf bloße stilistische Verbesserungen, sondern führt vermehrt zu eigenwilligen Änderungen der gesammelt vorliegenden Brieftexte.

Wenn von einer »bewußten Bearbeitung« zumal der an Hildegard gerichteten Briefe gesprochen wird, so betrifft dies vor allem die redaktionellen Eingriffe Wiberts. Er überprüft die gesammelten Briefe und ordnet sie neu, darauf bedacht, daß vorwiegend hochrangige Korrespondenten zu Wort kommen. Wibert war es, der Brieftexte partienweise austauschte, in einer Reihe nachgewiesener Fälle anderen wichtigeren geistlichen

Würdenträgern zuweist, »um den Eindruck eines möglichst breitgefächerten Korrespondentenkreises zu erwecken«.

Wibert war es auch, der den schon genannten kritischen Brief der Meisterin Tengswich von Andernach entschärft hat. Und in einem früheren Brief des Erzbischofs Philipp von Köln, der sich nun für Wiberts Bleiben auf dem Rupertsberg einsetzte, streicht er eine Bemerkung, derzufolge Philipp als Domdekan von Köln während des Schismas an der Seite des Kaisers Friedrich Barbarossa stand und damals der schärfsten Kritik Hildegards ausgesetzt war. Offensichtlich scheute Wibert davor zurück, eine solche für seinen erzbischöflichen Gönner negative Erinnerung zu überliefern.

Vor allem durch Wiberts Eingriffe gewinnt Konkretheit, was schon im Kapitel »Die Briefschreiberin« geschildert wurde. Der Mönch hielt sich bei der Bearbeitung der Briefe seiner Äbtissin an das übliche zeitgenössische Verfahren. Es trifft zu, was die Verfasserin eines 1998 erschienenen Portraits Hildegards mit knapper Deutlichkeit hervorhebt: »Mittelalterliche Briefe sind nicht privater Natur (unterliegen also auch nicht modernen Authentizitätsansprüchen), sondern sie sind für die Öffentlichkeit bestimmt, die von der Heiligkeit Hildegards zu überzeugen war.«

Nur muß man ergänzen, daß in der erhaltenen Briefsammlung wohl damals verfügbare Brieftexte Hildegards gekürzt, verschönt, umgestellt oder teilweise anderen Briefschreibern zugeschrieben wurden, jedoch nichts aus fremder Anschauung hinzugefügt oder sinnentstellend geändert wurde.

Ob Hildegard »möglicherweise selbst an der Umarbeitung (ihrer Briefe) beteiligt war, zumindest davon Kenntnis hatte«, wird vermutet, bleibt aber unbewiesen. Ob sie ihren Sekretär Wibert bei dessen redaktioneller Tätigkeit mit der gleichen strengen Intensität wie vordem Volmar beaufsichtigt hat, mag fraglich sein. Andererseits hätte es Wiberts Verehrung seiner Äbtissin widersprochen, wenn er belangvolle Änderungen oder Umstellungen von Brieftexten ohne Hildegards Erlaubnis vorgenommen hätte.

In vieler Hinsicht scheint Hildegard in ihren beiden letzten Lebensjahren ihrem Sekretär Wibert zu vertrauen. Sie ist alt geworden, sie hat ihr achtes Lebensjahrzehnt überschritten. Sie blickt zurück auf eine in ihrem Jahrhundert ungewöhnlich lange, zudem von nicht wenigen schweren Erkrankungen durchsetzte Lebenszeit.

Ganz am Ende, zumal im Hinblick auf die übereifrige Tätigkeit Wiberts, mehren sich die Fragen, die doch großenteils kaum mehr als vermutete Antworten erhalten. Wußte Hildegard wirklich von jeder Änderung ihrer Brieftexte, in aller Deutlichkeit von nicht wenigen »Schönungen, die ihren Ruhm vermehren sollen«? War die Äbtissin Hildegard nach einem außerordentlich arbeitsreichen Leben vielleicht doch altersmüde, und ließ sie deswegen ihren Sekretär allzu freizügig handeln? Aber dagegen spricht wiederum, daß die über achtzigjährige Äbtissin noch einmal hellwach und mit ungebrochener energischer Schärfe in einem Streitfall gegenüber der kirchlichen Behörde ihre und ihres Konvents Rechte verteidigt und am Ende gewinnt.

22. Das Interdikt

Wibert von Gembloux wurde Zeuge der schwersten Prüfung, der seine Äbtissin ausgesetzt war, des 1178 von der Mainzer Kirchenbehörde über das Rupertsberger Kloster verhängten Interdikts. Jedoch zu den Merkwürdigkeiten seines sonst so beflissenen Mitteilungseifers gehört sein Verschweigen dieses für die achtzig-, einundachtzigjährige Hildegard und ihre Nonnen schmerzhaftesten Einschnitts in ihr klösterliches Leben. Vielleicht sollte wiederum das nach dem Verständnis Wiberts gezeichnete und nach seinem Willen zu überliefernde Bild seiner verehrten Äbtissin ohne jegliche Beschädigung bleiben. Wahrscheinlich deswegen verschwieg er diesen den Nonnenkonvent außerhalb der kirchlichen Gemeinschaft stellenden Strafvollzug.

Die Äbtissin Hildegard nimmt den Kampf gegen das ihr vorgesetzte erzbischöfliche Ordinariat von Mainz auf. Mit welcher Energie und theologisch gefestiger Beweiskraft Hildegard den ja auch durch das Interdikt ihr und ihren Nonnen verbotenen kirchlichen Gesang und den Lobpreis Gottes durch Musik verteidigt, wurde am Ende des Kapitels »Eine himmlische Symphonie« zitiert. Aber man muß den gesamten Vorgang vor Augen haben, um zu ermessen, was der Kirchenbann für den Rupertsberger Konvent bedeutete und wie die Greisin Hildegard mit ungebrochener Kraft und schlüssiger Argumentation den Anschuldigungen widersteht.

Nach der Bestattung eines jüngeren vordem exkommunizierten Edelmannes auf dem Rupertsberger Klosterfriedhof hatten die Mainzer Domherren von der Äbtissin die Exhumierung der Leiche und die Grablegung in ungeweihter Erde gefordert. Hildegard bestand darauf, daß der Edelmann, ein Freund und Wohltäter ihres Klosters, nach Reue und Buße und dem Empfang der Sakramente gestorben sei. »Deshalb maßen wir uns nicht an, den Leib des Verstorbenen herauszuholen.« Sie verweigert die Erfüllung des ihr Befohlenen.

Die Mainzer Domherren ließen die lediglich durch einen Priester vorgenommene Lossprechung, aber nicht offiziell beglaubigte Rückkehr des Verstorbenen in die Glaubensgemeinschaft der Kirche nicht gelten. Ihr angekündetes Interdikt wurde samt der damit verbundenen Maßnahmen wirksam. Die Rupertsberger Kirchentüren blieben verschlossen. Die Äbtissin und ihre Nonnen mußten auf die öffentliche Meßfeier verzichten, ebenso auf ihren gewohnten Gesang und das Läuten der Glocken. Nur mit gedämpften Stimmen konnten sie ihre Stundengebete verrichten.

Hildegards folgenschwerem Widerstand lag alles andere als störrischer Ehrgeiz zugrunde oder gar rechthaberisches Kräftemessen mit den auf ihre papierenen Gesetze pochenden Mainzer Prälaten. Was die Äbtissin, gewiß mit der Zustimmung ihrer Schwestern, auf sich nahm, gewinnt besonderes Gewicht, weil es noch einmal und nur kurze Zeit vor ihrem Tode ihren unbeirrbaren Charakter kennzeichnet. Bei diesem gravierenden Vorgang geht es nicht um theologische Fragen im formalen, wissenschaftlich orientierten Sinne, es geht auch nicht primär um die Kundgabe und Anerkennung visionärer Eingebungen. Als exemplarisch erweist sich das Verhalten der Äbtissin Hildegard, weil sie die menschliche Würde des auf dem klösterlichen Gottesacker bestatteten Edelmannes gewahrt wissen will und deren Verletzung durch die verlangte Ausgrabung nicht duldet.

Hildegard zeichnet mit ihrem Äbtissinnenstab ein Kreuz über das Grab des Edelmannes. Sie macht die Umrisse des Grabes unkenntlich, um jeden Versuch einer Störung der Grabesruhe auszuschließen. Aber die Auseinandersetzung mit der kirchlichen Behörde eskaliert, auch deswegen, weil sich Erzbischof Christian von Mainz zur Teilnahme am dritten Laterankonzil in Rom aufhielt und einer seiner Prälaten ihm nachreiste, um ihn entsprechend zu beeinflussen. In einer nahezu aussichtslosen, durch wiederholte Interventionen bezeugten Situation »standen sich die kirchliche Behörde als Institution und das geistliche Charisma Hildegards schroff und scheinbar unversöhnlich gegenüber«.

Das nun folgende schrittweise Vorgehen Hildegards, die Eindringlichkeit ihres Argumentierens zeigt noch einmal, mit welcher überzeugenden Bewußtheit die Seherin noch im Greisenalter fähig war, sich gegenüber den gelehrten Kirchenrechtlern zu behaupten. Aber es geht ihr um weit mehr als um den Triumph über eine kirchenrechtliche Maßnahme. Es ehrt die Äbtissin Hildegard in besonderer Weise, daß sie in ihrem schon dem Ende zugeneigten Leben mit ungemeiner Absolutheit und im vollen Bewußtsein ihres Handelns nichts anderes als einen Akt reiner Menschlichkeit vollzieht.

Schon in ihrem ersten langen Brief an die Mainzer Kirchenbehörde spricht die Äbtissin eine deutliche Sprache. Sie fordert die Prälaten auf zu »größter Behutsamkeit« und zum Achtgeben, damit sie nicht den »bösen Einflüsterungen« des Teufels verfallen, der »wo immer er kann, durch Zwietracht, Ärgernisse oder ungerechte Unterdrückungen« auch in der Kirche »Disharmonie« verbreitet.

»Ehe ihr den Mund derer, die das Lob Gottes singen, durch Urteilsspruch schließt und ihnen den Vollzug und Empfang der Sakramente untersagt, müßt ihr die Gründe für diese Maßnahme aufs sorgfältigste prüfen und untersuchen. Ihr müßt darauf bedacht sein, euch dabei einzig vom Eifer der Gerechtigkeit Gottes, nicht aber von Entrüstung und ungerechter Geisteserregung oder von Rachsucht lenken zu lassen. Auch müßt ihr beim Fällen des Urteils euch ständig in acht nehmen, daß der Satan, der den Menschen der himmlischen Harmonie und den Wonnen des Paradieses entriß, euch nicht umzingelt.«

Ein Vorgang von ungeheuerlicher Brisanz. Eine theologisch ungelehrte Frau, wenn auch Äbtissin, belehrt und warnt die Herren Prälaten. Und Hildegard verstärkt ihre Drohung: »Die also den Schlüssel des Himmels besitzen, sollen sich entschieden hüten zu öffnen, was zu schließen, und zu schließen, was zu öffnen ist. Denn das härteste Gericht wird über die Prälaten ergehen, wenn sie nicht, wie der Apostel sagt, ihr Vorsteheramt mit Sorgfalt führen.«

Die achtzigjährige Äbtissin, obwohl von schwerer Krankheit geplagt, reist nach Mainz. Sie legt den versammelten Prälaten »ein Schriftstück vor, damit sie daraus den Willen Gottes in diesem Rechtsfall erkennen«. Längst ist die Verteidigung der Grabesruhe des als Christ reumütig und gläubig gestorbenen Edelmannes zu ihrer eigenen und nicht mehr von ihr abtrennbaren Angelegenheit geworden. Unter Tränen bittet sie die geistlichen Herren um Vergebung und fleht sie um deren Erbarmen.

»Da aber ihre Augen so verfinstert waren, daß sie auch nicht einen Blick des Erbarmens für mich hatten, ging ich unter vielen Tränen wieder von ihnen weg.«

Dies schreibt die Äbtissin in einem folgenden, einem zweiten Schritt an den in Rom weilenden Erzbischof Christian von Mainz, ihrem und ihres Klosters zuständigen Kirchenoberen. Eben dieser Brief gewinnt seine außerordentliche Bedeutung aus einer die innerste Verfassung Hildegards kennzeichnenden Mischung von argumentativ zupackender Bewußtheit und ihrem Aufschauen »zum wahren Licht«, das heißt, ihrer Berufung auf einen visionär erkannten Auftrag. Sie berichtet ihrem Erzbischof nach Rom von der Strafmaßnahme seiner Prälaten und fährt fort:

»Daraufhin habe ich – wie immer – zum wahren Licht aufgeschaut. In ihm hat Gott mir befohlen: die Leiche dürfe niemals mit meiner willentlichen Zustimmung entfernt werden; denn Er selbst habe diesen Mann aus dem Schoß der Kirche als einen, der für die Herrlichkeit der Erlösten bestimmt sei, aufgenommen. Das Gegenteil würde für uns die Finsternis einer großen Gefahr heraufbeschwören, weil es dem Willen der Wahrheit zuwider sei. Hätte die Furcht vor dem allmächtigen Gott mich nicht daran gehindert, so hätte ich den Oberen (den Prälaten von Mainz) demütig gehorcht. Ja, ich hätte allen, die in deinem (des Erzbischofs Christian) Namen – der du doch unser Herr und Beschützer bist – die Ausgrabung des Toten befohlen hatten, bereitwillig zugestimmt, um das Recht der Kirche zu wahren, wenn er noch exkommuniziert gewesen wäre.«

Hildegards Beziehung zu Erzbischof Christian von Mainz hat eine eigentümliche, nicht von vornherein positive und zu ihrem unbedingten Vertrauen geeignete Vorgeschichte. Insofern weiß der Außenstehende nicht, mit welchem Gefühl, welcher Erwartung die Äbtissin ihrem Kirchenoberen schreibt.

Im Gegensatz zur Äbtissin Hildegard stand Christian von Buch bereits 1160, in der beginnenden Zeit des Schismas, als Kaiser Friedrich Barbarossa gegen den gewählten Papst Alexander III. einen Papst seiner Wahl favorisierte, auf der Seite dieses Gegenpapstes. Die Äbtissin verteidigte, ja ermutigte den ihrem Kloster verbundenen papsttreuen Mainzer Erzbischof Konrad von Wittelsbach. Wie zu erwarten war, verfügte der Kaiser 1165 die Absetzung des im Sinne der Reichsinteressen widerständigen Erzbischofs Konrad, und fortan nahm der hochrangige kaiserliche Gefolgsmann Christian von Buch den Mainzer erzbischöflichen Stuhl in Besitz.

Der Erzbischof Christian bewährte sich hervorragend in seinen weltlichen Ämtern, als machtbewußter Erzkanzler Friedrich Barbarossas, als siegreicher Feldherr und kaiserlicher Diplomat in England, Frankreich und Griechenland. Christian von Buch verkörpert geradezu die zu seiner Zeit nicht unübliche, aber darum nicht weniger ungute »Verklammerung von Geistlichem und Weltlichem, von Kirche und Reich«.

Andererseits hatte der Erzkanzler und Kirchenfürst den größten und maßgeblichen Anteil an der im Frieden von Venedig 1177 zustandegekommenen Aussöhnung zwischen Kaiser Friedrich Barbarossa und dem nun wieder als rechtmäßig anerkannten Papst Alexander III. Der Frieden von Venedig beendete das unheilvolle, über achtzehn Jahre die Christenheit spaltende Schisma. Wahrscheinlich war es dieser friedenstiftende Vermittlerdienst, der dem Erzbischof Christian die Verehrung der Gläubigen eintrug und der auch der Äbtissin Hildegard Anlaß zu Hoffnung gab. »Gütigster Herr« und »Milder Vater« redete sie in ihrem Brief den Mainzer Erzbischof an.

Jedoch die erste Reaktion des Kirchenfürsten war keineswegs mit der von Hildegard erwarteten Güte und Milde verbunden. Offensichtlich fühlte sich Erzbischof Christian in seiner geistlich-rechtlichen Autorität in unerlaubter Weise bedrängt. Den Einspruch der Rupertsberger Äbtissin empfand er eher als Störung seiner und seiner Prälaten rechtsverbindlichen Zuständigkeit. Oder trieb ihn die Erinnerung an das frühere Verhalten der Äbtissin bei der Ablösung seines erzbischöflichen Vorgängers und seiner Ernennung zum Nachfolger in Mainz zur Härte? Der Erzbischof erneuerte das über Hildegards Kloster verhängte Interdikt.

Dann jedoch kam es wider Erwarten durch die Intervention eines »treuen Freundes«, wie Hildegard den Erzbischof Philipp von Köln nennt, zu einer Wendung zugunsten der Äbtissin und ihrer Schwestern. »Beweiskräftige Zeugen« unterstützten Hildegard durch den Nachweis, daß der auf dem Klosterfriedhof begrabene Edelmann vor seinem Tode von der Exkommunikation befreit worden war und somit die Begründung des Interdikts hinfällig sei. Der Kölner Erzbischof erschien persönlich in Mainz, um von den Domkapitularen die Aufhebung des Interdikts zu erwirken.

Nun kann sich auch Erzbischof Christian nicht mehr der Anerkennung von Hildegards Unschuld und ihrer Lossprechung vom kirchlichen Bannspruch entziehen. Aus Rom schreibt der Mainzer Erzbischof der ihm untergebenen Äbtissin im März 1179 einen erstaunlichen Brief, und schon im ersten Teil seines Schreibens hebt er Hildegards »offenkundige Zeichen eines heiligen Wandels« hervor. Er bekennt in einem Akt ungewöhnlicher Selbstüberwindung, »daß wir mit Recht unser Herz auf alles ausrichten und hinneigen müssen, wovon wir je erfahren, es entspreche deinen heiligen Wünschen«.

Ein solches Geneigtsein würde man freilich bei den Handlungen des Erzbischofs in den vergangenen Jahren vergeblich suchen. Aber noch einmal führt der auf seine eigene Rechtfertigung bedachte Diplomat die Feder. Mit einem nicht ganz überwundenen Vorbehalt schreibt er, es sei für die Äbtissin »im Hinblick auf die nicht zu umgehenden Satzungen der Väter höchst gefährlich, den Einspruch der Geistlichen zu mißachten und das Ärgernis vor der Kirche zu verheimlichen, bis durch das beweiskräftige Zeugnis rechtschaffener Männer... der Nachweis seiner (des Edelmannes) Lösung vom Bann erbracht war«. Der Kirchenfürst vergißt, daß diese Lösung ohne den hartnäckigen Widerspruch Hildegards niemals erbracht worden wäre.

Jedoch danach, am Ende seines Schreibens, schwindet die Selbstsicherheit des Diplomaten Christian von Buch. Der hochrangige Kirchenfürst, dessen Selbstbewußtsein nicht den geringsten Zweifel an seiner Machtposition zuläßt, findet in den letzten Zeilen seines Schreibens glaubhafte Worte, die eher einer von ihm am allerwenigsten erwarteten Übung der Demut entsprechen. »Inständig und flehentlich« bittet er Hildegard: »Wenn wir Euch in dieser Angelegenheit durch unsere Schuld oder Unwissenheit zur Last gefallen sind, so entzieht Euer Erbarmen nicht dem, der um Verzeihung bittet.«

Nahezu persönlich, weit entfernt von der üblichen distanzierten Amtssprache der Kichenoberen, endet der Brief des Erzbischofs Christian von Mainz: »Bittet auch den Vater der Barmherzigkeit, daß er uns gesund und wohlbehalten zu Eurer Heiligkeit und zur Mainzer Kirche zurückführe, Gott und Eurer Gemeinschaft zur Ehre und zum Heil unserer Seele.«

Über ein knappes Jahr zog sich der aufreibende Konflikt bis zur befreienden Klärung Ende März 1179 hin. Der beiderseitig in ungeschönter Freimütigkeit und Schärfe erhaltene Briefwechsel schließt eine später vorgenommene Manipulation aus. Möglicherweise scheute Wibert vom Gembloux, der eifrige Sammler und Herausgeber der Briefe, davor zurück, diesem so offenkundig bezeugten Vorgang durch die geringste Änderung etwas zu nehmen oder zu ergänzen.

Auf die Äbtissin Hildegard bezogen war es ein Lehrstück menschlichen Verhaltens unter widrigen, für die ihrem Gelübde verpflichtete Ordensfrau höchst gefährlichen Umständen. Ungewollt und deswegen in der Lösung um so glücklicher war Hildegard am Ende ihres erfüllten Lebens in eine äußerst bedrohliche Situation geraten, der sie ein Verhaltensmuster von beispielgebender Gewichtigkeit abtrotzte. Bedenkt man, daß der Konflikt in der von den Glaubenshütern rigoros überwachten religiös verbindlichen Welt des zwölften Jahrhunderts ausgetragen wurde.

Jene Eigenschaften, zu denen sich Hildegard in ihrem »Buch der Lebensverdienste«, dem *Liber vitae moritorum*, bekennt, gewinnen in ihrem Verhalten eine unmittelbare menschenwürdige Konkretheit: Ihr Bestehen auf der erkannten Wahrheit, gegen die Lüge, »das Laster der Unmenschlichkeit«. Ihre

Verwerfung von Herzenshärte und Feigheit und ihr Mut zur Barmherzigkeit wider die unbeugsame Gesetzeshörigkeit der ihr vorgesetzten Institution.

Wie anders hätte die Greisin Hildegard das als ihren Auftrag Erkannte erreichen können, wenn nicht durch ihre über alle Hoffnungslosigkeit beibehaltene Geduld, die *patientia*, mit der sie ihrem ureigenen Charisma zum Sieg verhalf und von sich selbst wie von der Barmherzigkeit sagen kann: »Übervoll ist mein Herz, jedwedem Hilfe zu schenken... Mit liebendem Auge berücksichtige ich alle Lebensnöte und fühle mich allem verbunden.«

23. Vollendeter Lebenslauf

Nicht nur Wibert von Gembloux, sondern auch der Vitaschreiber Theoderich verschweigt den von Hildegard kämpferisch ausgetragenen Vorgang um die Grabesruhe des Edelmannes auf dem Klosterfriedhof. Vielleicht empfanden die beiden Ordensmänner das Aufbegehren der Äbtissin gegen die Entscheidung der kirchlichen Obrigkeit und schließlich den Triumph der Ordensfrau als ungehörig. Zweifellos authentisch und zu genau überliefert der Briefwechsel das Vorgefallene, um von einer nachträglichen frommen Erfindung zu sprechen.

Die noch einmal mit unverminderter Energie bis zum glücklichen Ende durchstandene Auseinandersetzung mit der kirchlichen Institution hatte die Kräfte der nun Einundachtzigjährigen aufgezehrt. Noch ein halbes Jahr wird Hildegard leben, gepflegt von ihren Schwestern auf dem Rupertsberg. Zuletzt scheint sie nicht mehr gesprochen zu haben, kein Wort aus ihrem Mund ist aus dem ihr noch gebliebenen Halbjahr überliefert. Was sie zu sagen hatte, war gesagt. Nichts war dem von der Seherin Geschauten und Mitgeteilten hinzuzufügen. Selbst der stets bemühte Sekretär Wibert vermochte seiner greisen Äbtissin keine Weisung mehr zu entlocken.

Vielleicht war es wirklich so, wie es eine neuzeitliche Biographin schildert: »Hildegard ist abgemagert und schwach, sie liegt fast nur noch. Zwei Nonnen stützen sie, wenn sie aufstehen will. Augen, Lunge und Magen versagen ihr den Dienst. Schreiben will und kann sie nicht mehr.«

Ganz allgemein, ohne genauere Auskunft, berichtet Theoderich in seiner Hildegard-Vita von einer zum Sterben führenden Krankheit. Er beruft sich auf die Zeugen, auf Hildegards Schwestern, nach deren Worten ihre »heilige Mutter viele mühsame Kämpfe« zu bestehen hatte. Und sie »empfand Überdruß am gegenwärtigen Leben und wünschte täglich, aufgelöst und bei Christus zu sein«.

Vielleicht erinnerten sich die um ihre sterbende Mutter versammelten Schwestern an die Worte Hildegards, die dem »Tag der großen Offenbarung« galten, die aber ebenso die »kleine Offenbarung« betrafen, wenn »der Himmel die Auserwählte«, ihre Äbtissin, empfing. »Und alsbald erstrahlten alle Elemente in größter Heiterkeit, als wenn ihnen eine schwarze Haut abgezogen worden wäre. So verbrannte das Feuer nicht mehr, die Luft war nicht mehr getrübt, das Wasser tobte nicht mehr und die Erde war nicht mehr vergänglich. Auch die Sonne, der Mond und die Sterne funkelten am Firmament in hellem Glanz und großer Schönheit wie kostbarer Schmuck und blieben unbeweglich auf ihrer Kreisbahn stehen, so daß sie nicht mehr Tag und Nacht schieden. Auf diese Weise war es nicht Nacht, sondern Tag. Das Ende war da.«

Sie war zu schwach, um vor der Absolution das Sündenbekenntnis zu sprechen, und eine Nonne, vielleicht die Priorin, betete stellvertretend das Confiteor. Nach ihrer Absolution und dem Empfang der letzten Wegzehrung, der Kommunion, wurden ihre Augen, Ohren, ihre Nase, ihre Hände und Füße gesalbt. Die üblichen Sterberituale vollzog ein Priester, aber es wird nicht gesagt, ob der ihr vertraute Mönch Wibert von Gembloux am Sterbebett der heiligen Frau stand, wie von ihm auch merkwürdigerweise kein Wort über das Lebensende seiner verehrten Äbtissin überliefert ist.

In der Morgendämmerung des 17. September 1179, in der Montagfrühe, starb die Äbtissin Hildegard, umgeben von ihren Mitschwestern.

Erst der Vitaschreiber Theoderich berichtet von Hildegards »seligem Sterben hinüber zu ihrem himmlischen Bräutigam«. Er schildert, einige Jahre nach dem Tod der Äbtissin, was ihm gesagt worden war. »Ihre Töchter, deren ganze Freude und Tröstung sie gewesen, nahmen unter bitterem Weinen an dem

Heimgang der geliebten Mutter teil. Denn obwohl sie nicht daran zweifelten, Hildegard werde für sie bitten und ihnen Gnaden erwirken, so wurden sie doch beim Hinscheiden derjenigen, durch die sie stets getröstet worden waren, von tiefer Trauer erfüllt.«

Keine letzte gesprochene Tröstung ihrer Schwestern ist von der Äbtissin Hildegard überliefert. Aber es zählte, was die Seherin nach ihren Schauungen mitgeteilt, was die Prophetin vorausgesagt hatte und alles, was ihren Schwestern aus dem gemeinsamen Leben auf dem Disibodenberg und dem Rupertsberg vertraut war.

Nach der Klostergründung auf dem Rupertsberg vor nahezu drei Jahrzehnten, nachdem die Äbtissin in einer dramatischen Aktion von den Disibodenberger Mönchen alle für ihren Konvent lebensnotwendigen Zugeständnisse erreicht hatte, schrieb sie ihrer Schwesterngemeinschaft einen ausführlichen Bericht. Eben dieser präzise, temperamentvoll geschriebene und eher dem Triumph gewidmete Bericht enthält geradezu in der Sorge der Äbtissin für die ihr anvertrauten Schwestern ein vorweggenommenes Vermächtnis:

»Doch ach, welch große Klage werden meine Töchter nach dem Tode ihrer Mutter erheben, wenn sie an der Brust ihrer Mutter nicht mehr trinken, wenn sie unter Seufzen und Trauer und häufig unter Tränen so sprechen werden: ›Ach, ach, gern würden wir an der Brust unserer Mutter trinken, wenn wir sie jetzt noch unter uns hätten!‹ Deshalb, o Töchter Gottes, ermahne ich euch, daß ihr einander liebt, wie ich, eure Mutter, von meiner Jugend an euch ermahnt habe, damit ihr ob eures Wohlwollens gleich den Engeln hellstrahlendes Licht und stark in euren Kräften seid, wie euer Vater Benediktus lehrte …

Der Heilige Geist schenke euch seine Gnade, denn nach meinem Tode werdet ihr meine Stimme nicht mehr hören. Doch nimmer gerate meine Stimme unter euch in Vergessenheit, denn oft ertönte sie in Liebe unter euch.«

Das Geschehen um den Tod Hildegards ist nicht unmittelbar bezeugt und überliefert. Wir müssen zurückgreifen, das von Hildegard selbst Vorausgesagte und ihr menschlich wie religiös bewegendes, aber doch allzu früh geschriebenes Vermächtnis zitieren. Oder wir halten uns an den später verfaßten Bericht des Vitaschreibers Theoderich, der das Sterbedatum, den 17. September in Hildegards zweiundachtzigstem Lebensjahr, überliefert. Aber der Mönch und Magister Theoderich von Echternach, von seinem Abt zum Schreiben der Hildegard-Vita berufen, stand weder am Sterbelager Hildegards noch war er der Äbtissin zu deren Lebzeiten begegnet.

Zu den wenigen überlieferten und zeitnahen Beileidsbekundungen gehört ein Brief der Mönche des brabantischen Klosters Villers. Die Mönche schreiben an den Rupertsberger Konvent: »Wenn ihr sie (die verehrungswürdige Mutter) also liebt, freut Euch mit ihr, denn sie ging von der Mühsal zur Ruhe, vom Tod zum Leben, von der Welt zum Vater. Und nun, da sie in die Allmacht des Herrn eingegangen ist, kann sie Euch durch ihre Fürsprache Anteil geben an seinem wonnevollen Licht, das sie nunmehr genießt...«

Im selben Brief, am Ende, meldet sich der Realismus der Mönche. Hatten sie doch durch Wiberts Vermittlung der verehrten Äbtissin 1176 jenen schon genannten Katalog der achtunddreißig Fragen zugesandt und von Hildegard selbst nach wiederholtem Drängen keine Antwort erhalten. Nun bitten sie die Rupertsberger Nonnen in bündiger Direktheit: »Schickt uns die Lösungen unserer Fragen und die mystischen Worte, die die Gnade des Heiligen Geistes durch ihren Mund wie durch ein Sprachrohr verkündete.«

Es ist nicht überliefert, wie die Rupertsberger Nonnen auf die ziemlich abrupte und in einem Beileidsschreiben eher unangebrachte Aufforderung reagierten. Vielleicht gab es eine Vorverständigung der Nonnen durch den mit den Mönchen von Villers befreundeten Wibert. Er war ja der Vermittler, er hatte den vorwitzigen Fragebrief der Mönche mit einem Begleitschreiben der Äbtissin Hildegard zugesandt. Deswegen liegt es nahe, von Wibert als Mitwissenden oder gar Anreger der Nachfrage zu sprechen.

Der nun so schweigsame Wibert blieb noch bis zum Frühjahr 1180 auf dem Rupertsberg. Erst zu dieser Zeit, einige Monate nach dem Tod der Äbtissin, wurde er von seinem Abt nach Gembloux, seinem Heimatkloster bei Namur, zurückgerufen.

So rätselhaft Wiberts Schweigen sein mag, so gewiß ist sein Arbeitseifer unmittelbar nach dem Tod der Äbtissin. In der ihm von seinem Abt noch erlaubten Zeit bei den Schwestern auf dem Rupertsberg beschäftigte ihn die Bearbeitung von Hildegards Briefwechsel, auch dessen stilistische und einer nach seiner Vorstellung zur Überlieferung tauglich gemachten Bearbeitung. Wir sahen schon, daß Wibert keine Scheu kannte, in Einzelfällen Absender von Briefen auszutauschen oder Sätze und Partien in den Hildegard zugesandten Briefen zu streichen. Eine Arbeit, die Wibert von Gembloux offensichtlich so sehr in Anspruch nahm, daß er seine geplante und begonnene Lebensbeschreibung Hildegards als Fragment zurückließ.

Was Wibert versäumte, die Schilderung der mit dem Tod Hildegards verbundenen wundersamen Ereignisse, greift um so beflissener der Schreiber der Vita auf. Da Theoderich kein unmittelbarer Zeuge war, konnte er nichts anderes wiedergeben als die ihm nach mehreren Jahren berichteten und vielleicht im Weitererzählen durch fromme Phantasie überhöhten Ereignisse. Der heutige Leser seiner Schilderung kann nicht außer Acht lassen, daß die von den Zeitgenossen so wißbegierig erkundete mittelalterliche Welt weithin von unerklärbaren, die menschliche Vernunft übersteigenden Erscheinungen durchsetzt war. Wo anders als im Glauben konnte das Rätselhafte und Wunderbare eine einleuchtende Lösung finden?

»Der Ort des Wunderbaren schlechthin war natürlich der Himmel mit seinen Wolkengebilden, Sonnen- und Mondfinsternissen, Nordlichtern« und anderen rätselhaften und der religiösen Deutung anheimgegebenen Erscheinungen. So berichtet Theoderich ausführlich von einem himmlischen Lichtwunder in der Todesstunde Hildegards.

Als Hildegard »ihre Seele Gott zurückgab, erschienen zwei überaus helle Bögen von verschiedener Farbe am Himmel«. Die Bögen dehnten sich aus nach den vier Weltgegenden, von Norden nach Süden, von Osten nach Westen. Wo die Bögen sich kreuzten, erstrahlte ein »helles mondförmiges Licht«, das die nächtliche Dunkelheit vom Haus der verstorbenen Äbtissin vertrieb. In diesem Licht erblickte man ein »rotschimmerndes Kreuz«, das schnell »zu ungeheurer Größe anwuchs«. Dieses einzelne Kreuz aber umgaben unzählige verschiedenfarbige Kreise, in denen wiederum einzelne kleine rötliche Kreuze aufschimmerten. Die Erscheinung dehnte sich über das ganze Firmament und richtete sich schließlich auf das klösterliche Haus, »in dem die heilige Jungfrau heimgegangen war«, und hüllte den ganzen Rupertsberg »in strahlendes Licht«.

Theoderich ergänzt das ihm berichtete Ereignis durch seine eigene Deutung: »Wir müssen wohl glauben, daß Gott durch dieses Zeichen offenkundig machte, mit welcher Lichtfülle er seine Geliebte im Himmel verherrlicht hat.«

So dürftig auch die konkreten Angaben zur Aufbahrung und Grablegung der verstorbenen Äbtissin sind, auch die weiteren Rituale werden dem Gewohnten entsprochen haben. »Die Totenglocke läutet. Die Nonnen reinigen den Leichnam Hildegards und falten die Hände unter dem Ordenskleid, bevor sie es zunähen. Mit Weihrauch und Weihwasser segnen sie die mit der schwarzen Kutte umhüllte Tote und tragen sie in die Abteikirche. Dem aufgebahrten Leichnam legen sie den Äbtissinnenstab zur Seite. Die Totenwache beginnt.«

Aber der Vitaschreiber berichtet nun doch von einigen mit dem Ableben der bereits als heilig verehrten Äbtissin Hildegard verbundenen Wundern. Zwei unheilbar erkrankte Menschen, die den Leichnam der aufgebahrten Heiligen »in gläubiger Hoffnung zu berühren wagten«, werden von ihren Krankheiten geheilt. Aus den benachbarten Orten pilgern die Menschen zum Rupertsberg hinauf, um der verstorbenen Heiligen noch einmal nahe zu sein und von ihr eine heilbringende Hilfe zu erbitten.

Die Verstorbene fand ihr Grab zunächst auf dem Klosterfriedhof. Nichts anderes besagen die letzten Zeilen des Vitaschreibers, der die Verdienste Hildegards als Zeugnis ihrer Heiligkeit würdigt. »Auch stieg aus ihrem Grabe ein wunderbarer Duft auf, der Sinne und Brust vieler Menschen durchdrang. Daher hoffen und glauben wir ohne Zweifel, daß bei Gott ihr Andenken unsterblich ist, der ihr schon in diesem Leben den besonderen Vorzug seiner Gnade verlieh, wofür ihm Preis und Ehre sei von Ewigkeit zu Ewigkeit. Amen.«

Zum Ritual nach der Grablegung gehörte auch, daß die Nonnen nach dem feierlichen Totenamt und der Bestattung ihrer Äbtissin »dreißig Tage lang ... keine Kerzen brennen und keine Glocken läuten. Dreißig Tage lang singen die Frauen gemeinsam die Totenmesse. Dann kehrt der Alltag wieder ein.«

Nach einiger Zeit ließen die Nonnen Hildegards Leichnam umbetten und in einer »Gruft unterhalb des Altarraums der Abteikirche« ihres Klosters beisetzen. Offensichtlich hatten die Schwestern von der Umbettung ihrer inzwischen allzu spektakulär verehrten Äbtissin Hildegard ein weniger gestörtes Klosterleben erwartet.

Es war ein vergebliches Unternehmen. Der Zustrom der Pilger, der Leidenden und Verzweifelten, die heraufkamen und von der verstorbenen Heiligen eine Wunderheilung erhofften, hielt an und steigerte sich stetig. Jetzt erst recht kam es, wie an anderen Orten der mittelalterlichen Heiligenverehrung und Wundererwartung, vermehrt zu lärmenden und hysterischen Ausschreitungen der Pilger, so daß es auf dem Rupertsberg »schließlich zuging wie auf dem Jahrmarkt«.

Noch ein halbes Jahrhundert nach Hildegards Tod wird von merkwürdigen Wundererwartungen berichtet. Eine Chormeisterin namens Sophia soll ihrer Nichte bei Fieberanfällen Wasser gereicht haben, in dem angeblich die Gebeine Hildegards gewaschen worden waren. Nach einem zur selben Zeit erzählten Vorfall soll eine gewisse Mezza von Vecha Erde am Grab Hildegards geholt und »an einen weniger würdigen Ort« getragen haben. Aber die Heilige, so heißt es, sei der Mezza im Schlaf erschienen, habe sie getadelt und befohlen, die entwendete Erde zum Grab zurückzubringen.

Das Berichtete stammt schon aus einer Zeit, in der sich die Wundererwartungen nicht mehr nach den Wünschen der Gläubigen erfüllten. Vorausgegangen war eine verständliche Beschwerde der Nonnen, die durch das lärmvolle Treiben der Pilgerscharen keine Ruhe mehr fanden und ihr Beten und Singen vom Morgen bis in die Nacht hinein gestört sahen.

In ihrer Not wandten sie sich an den Erzbischof von Mainz mit der Bitte, ihrer »dahingeschiedenen Gründerin unter Gehorsamspflicht zu gebieten, keine Wunder mehr zu wirken«. Der Erzbischof reiste zum Rupertsberg, um sich von der Notwendigkeit des außergewöhnlichen Verlangens zu überzeugen. Er folgte der Bitte der Nonnen, und dem Einspruch des Mainzer Kirchenoberen gehorchte die heilige Äbtissin Hildegard. Sie wirkte fortan – so ist es überliefert – auf dem Rupertsberg keine Wunder mehr.

24. Über den Tod hinaus

Unter den mit dem Leben und Nachleben Hildegards verbundenen Merkwürdigkeiten nimmt die Frage nach Hildegard als einer Heiligen im Sinne der christlich-kirchlichen Tradition eine eher verwirrende Sonderstellung ein. Schon die einzelnen Titel der neueren Hildegard-Literatur bleiben vorwiegend ohne das kennzeichnende Beiwort der Heiligkeit, wie auch die entsprechende Thematisierung dessen, was Hildegards Heiligkeit beglaubigen könnte, in der neueren Literatur eher beiläufig und »nur am Rande« erfolgt.

Als außergewöhnlich wird Hildegards Leben hervorgehoben, als »Pfeiler im Strom«, herausragend aus ihrer Zeit, als »Schwester der Weisheit« und »Lehrerin des Glaubens«, als »ein Zeichen für ihre und unsere Zeit«. Ihren Werken gemäß wird Hildegard selbstverständlich und ohne Einschränkung als Seherin, Prophetin, Mystikerin gewürdigt. Nur mit der Bestimmung und Herausstellung der Heiligkeit Hildegards, obwohl deren Fest liturgisch jährlich am 17. September gefeiert wird, verhält es sich anders. Die Zurückhaltung in der Frage nach der Heiligen wird allenfalls überbrückt durch den Verweis auf der Verehrung Hildegards als »die ›inoffizielle‹ Heilige«, wie der Titel einer Abhandlung aus jüngerer Zeit lautet.

Nun ändert eine solche Kennzeichnung nichts an der menschlich wie christlich würdigen Persönlichkeit Hildegards, soweit ihr Leben, ihre Vorstellungen und ihre Handlungen durch die eigenen Schriften und durch eine glaubwürdige Überlieferung verbürgt sind. Jedoch nicht weniger stimmt die Frage nach der offiziellen Anerkennung oder der nicht erfolgten Kanonisation nachdenklich. Die Infragestellung wirft noch einmal über eine gewisse zeitbedingte Abhängigkeit hinaus ein Licht auf die sehr eigene Persönlichkeitsstruktur Hildegards und darf nicht verschwiegen werden.

Die unmittelbaren Zeitgenossen scheinen in der Frage nach der Heiligkeit der verstorbenen Äbtissin keine Bedenken gehabt zu haben. Bereits die mit Wibert befreundeten Mönche von Villers sprechen in ihrem Trostbrief an den Rupertsberger Konvent nach Hildegards Tod von deren Heiligkeit. »Denn sie ging Euch im Angesicht Gottes voran durch das Beispiel der Heiligkeit.« Und die Mönche wiederholen das Gemeinte und bekräftigen nochmals, daß die Äbtissin Hildegard »in einzigartiger Weise vom Vater erwählt und geliebt war, voller Gnade und Heiligkeit. Und wir glauben, daß Ihr alle von ihrer Fülle empfangen habt«. Ihrem Brief fügen die Mönche von Villers einen von ihnen geschriebenen und komponierten Festhymnus zu Ehren Hildegards hinzu, eine wahrhaft ungewöhnliche Ehrung, denn sie bezeugt die von den Mönchen anerkannte Heiligkeit der Verstorbenen.

In Gembloux, dem Heimatkloster Wiberts in Brabant, entstand im 13. Jahrhundert eine Zusammenfassung der Lebensberichte Hildegards, »in acht Lesungen unterteilt, also zu liturgischen Zwecken für den Festtag der Heiligen geschrieben«. Es liegt nahe, daß der 1180 nach Gembloux zurückberufene, später von seinem Konvent zum Abt gewählte und 1213 gestorbene Wibert am Zustandekommen der klösterlichen Leseübungen mitgewirkt hat.

Nicht nur die mit der Äbtissin über deren Tod hinaus verbundenen Mönche, sondern erst recht die einfachen Gläubigen blieben unbeirrbar in der Verehrung ihrer Heiligen. Unentwegt pilgerten sie hinauf zur Grabstätte auf dem Rupertsberg, um ihre verstorbene Heilige und Wohltäterin zu ehren und nicht weniger in der Erwartung jener mannigfachen Wunderheilungen, die den mittelalterlichen Glaubenserwartungen entsprachen.

Die Vitaschreiber Gottfried und Theoderich berichten von Hildegards »Wirken berühmter Wunderzeichen, die so groß sind an Zahl, daß selbst hervorragende Geister sie mit Worten kaum gebührend preisen können.« Jedoch wichtiger als diese allgemein formulierte und gewiß gutgläubige Übertreibung ist das in nicht wenigen Kapiteln und selbst in beiläufigen Bemerkungen wiederholte Überzeugtsein der Vitaschreiber von der Heiligkeit der Äbtissin.

Mit großer Wahrscheinlichkeit war Theoderich, der Vollender der Vita, nie, auch nicht als anonymer Besucher, mit Hildegard zusammengetroffen. Jedoch durch die Zitierung nicht weniger autobiographischer Aufzeichnungen Hildegards und die Handschrift zweier Biographen gewinnt die Vita ihre einzigartige, aus der zeitgenössischen Hagiographie herausragende Bedeutung. In einer 1997 veröffentlichten Abhandlung wurde die Hildegard-Vita mit Recht als »erste ›Autohagiographie‹ des Mittelalters« gekennzeichnet, ebenso als »die erste und einzige, die es uns möglich macht, das Selbstportrait einer heiligen Frau mit dem zu vergleichen, was Männer über sie berichtet haben«.

Dieses Außergewöhnliche der Hildegard-Vita herausgestellt zu haben, »die verschiedenen Perspektiven der drei Autoren, angefangen mit Hildegard selbst«, ist das Verdienst der Religionswissenschaftlerin Barbara Newman. Reichlich kühn, zunächst jedenfalls, mutet ihre Feststellung an, die Hildegard-Vita sei »von zwei Hagiographen für die Augen der ›Heiligmacher‹ in Rom verfaßt« worden. Aber war es nicht so, daß bereits Volmar, der langjährige Sekretär Hildegards, und schließlich vermehrt Wibert von Gembloux alles daran setzten, die vorhandenen, Hildegard zugesandten Briefe im Hinblick auf eine »Erhöhung« der Briefempfängerin zu stilisieren? Ein Unternehmen, das nach mittelalterlicher Handhabung möglich war, sofern keine wahrheitswidrige Charakterisierung entstand.

Möglicherweise war auch der Auftrag zum Schreiben der Vita »nur einer der vielen Schritte, den Hildegards Töchter, Freunde und Förderer unternahmen, um ihre Kanonisation zu sichern«. Unentwegt und eben deswegen auffallend betonen die Verfasser der Vita noch vor einer möglichen Heiligsprechung jene Hildegard eigenen Attribute und Verhaltensweisen, die zur Heiligsprechung geradezu herausfordern oder sie in den Augen der Gläubigen bereits vorwegnehmen.

Beide Vitaschreiber sprechen von der »heiligen Jungfrau«, jedoch vor allem Theoderich, der spätere Vollender der Hildegard-Vita, wird nicht müde, seinen Lesern die »von Gott geliebte Jungfrau« nahezubringen. Er spricht von der »erwählten Magd«, auf die Gott »gleich bei ihrer Geburt herabschaute und sie, die Geliebte, zur Herrlichkeit seiner Schau erhoben hat«. Er spricht von Hildegards »völlig heiligem Wandel« und von ihrer »Schau der Geheimnisse Gottes«. Und der Echternacher Mönch wird am Ende von der Verstorbenen sagen, »daß bei Gott ihr Andenken unsterblich ist«.

Hildegard selbst verhielt sich in diesem Anspruch des Berufenseins zur Heiligkeit zurückhaltend. Eher scheute sie davor zurück, wie schon als Kind, jemandem etwas von einer möglichen Berufung zu offenbaren. Selbst noch nach der päpstlichen Anerkennung ihrer ersten visionären Schrift *Scivias* wird sie allenfalls wiederholen, wie andere ihre Schau beurteilt haben: So »sagten alle, dies komme aus Gott und aus einer prophetischen Begnadung, durch die einst die Propheten gesprochen haben«. Dies von Hildegard selbst Geschriebene und glücklicherweise wörtlich von Theoderich in seiner Hildegard-Vita Zitierte entspricht ganz ihrem eigenen überlieferten Denken. Jedoch Hildegards Text kommentierend geht der Vitaschreiber einen Schritt weiter, indem er nun schreibt: »So erkennen wir aus der herrlichen Schau der heiligen Jungfrau und aus dem Bericht über ihre Furcht, die sie beim Namen des Hl. Geistes empfand, aus dem Segen des Papstes und seiner Erlaubnis zum Schreiben ganz offensichtlich, daß ihr geliebter himmlischer Bräutigam Jesus Christus ihr wirklich seine Hand, d.h. durch die Wirksamkeit und Eingebung des Hl. Geistes, durch die Öffnung, d.h. durch seine geheime Gnade gereicht hatte und daß ihr Leib erbebte bei seiner Berührung, d.h. bei der Eingießung seiner Gnade, wegen der ungewöhnlichen Kraft des Geistes und der Last, die sie innerlich spürte. Was wäre passender, was zutreffender?«

Man spürt geradezu, wie der Vitaschreiber bemüht ist, Hildegard ein Verhalten und eine Wesensart nach seiner Vorstellung aufzudrängen, Hildegard »als eine besondere Art Heilige, nämlich als eine ›Brautmystikerin‹ darzustellen«. Jedoch anders als in dieser überspannten Kommentierung bleibt Hildegards eigene und keineswegs zurückhaltende Selbstinterpretation, über eine zeitlich mittelalterlich bedingte Lesart hinaus, eher eindeutig und durchaus realistisch. Bei der zitierten Deutung des Vitaschreibers darf man sehr wohl begründet von »Theoderichs mangelnder Kenntnis Hildegards« sprechen.

Sie selbst beruft sich darauf, was *andere* von ihr sagen, nämlich dies alles, das heißt das von ihr Geschaute, »komme aus Gott und aus einer prophetischen Begnadung«. Und nur in dieser Hinsicht blieb ihr Anspruch unbeirrbar, in ihrem nie verschwiegenen und ausdrücklichen Selbstverständnis als Seherin und Prophetin. Das von ihr Gemeinte wiederholt sie oft und deutlich genug in ihrer dichten bilderreichen Sprache. Nur »wie eine Posaune« will sie sein, »eine Posaune, die den Ton zwar erklingen läßt, ihn aber selbst nicht hervorbringt. Denn ein anderer bläst in sie hinein, damit sie töne«.

Als Prophetin, als »Sprachrohr« und »nichts aus eigener Erfindung« sprechend und schreibend, kam Hildegard alsbald zu hohen Ehren. Das entsprach ganz ihrem vorgegebenen, ihrem ureigenen Verständnis. Sie hätte durchaus einer Bemerkung des Priors Gebeno von Eberbach zugestimmt, der um 1220 erklärte, in ihren Schriften sei »der Finger Gottes, der Hl. Geist, am Werk«.

Auch in Gebenos Kloster Eberbach im Rheingau kannten und lasen die Zisterziensermönche die »Lektionen von Gembloux« zur Feier der heiligen Hildegard. Aber der solchermaßen angeregte Prior Gebeno schrieb ein eigenes Buch, sein *Pentachronon*, in dem er vermerkt, viele Menschen seien abgeneigt, Hildegards visionäre Schriften zu lesen, weil die Verfasserin »unverständlich und in einem ungewöhnlichen Stil« schreibe. Der Prior Gebeno ergänzt jedoch: Eben dieser ungewöhnliche Stil sei »der Beweis echter Prophetie. Denn alle Propheten pflegen unverständlich zu reden«. Ob Hildegard selbst diese Erklärung hätte gelten lassen, mag fraglich sein. Allerdings erwies sich Gebeno von Eberbach als einer der entschiedenen Wegbereiter, der Hildegard »im Mittelalter als Prophetin eigentlich erst berühmt« machte. Und auch er läßt keinen Zweifel an der Heiligkeit Hildegards.

Was die Vitaschreiber vorwegnahmen, was die Mönche von Villers, Gembloux und nun auch von Eberbach ohne Scheu aussprechen, galt den mittelalterlichen Gläubigen ohnedies als selbstverständlich: die Nennung und Anrufung der *heiligen* Hildegard.

Es bedurfte dieser Vorgaben, denn sie dokumentieren einen nicht unwesentlichen Teil jener Serie von Merkwürdigkeiten um die verstorbene, kirchenamtlich gesprochen allenfalls »inoffizielle Heilige«. Dazu gehört nicht weniger, daß nahezu fünf Jahrzehnte nach Hildegards Tod vergingen, bis ein erster Antrag zur Heiligsprechung in die Wege geleitet wurde und nach Rom in die Hände des Papstes Gregor IX. gelangte.

Den von den Rupertsberger Nonnen gestellte Antrag beantwortete Gregor IX. im ersten Jahr seines Pontifikats mit höchstem Wohlwollen. Ohne Verzug trifft er die nötigen Vorkehrungen zur Einleitung des Heiligsprechungsprozesses. Er selbst, der am 19. März 1227 zum Papst Gewählte, gibt seiner Freude Ausdruck, »auf Erden die zu erhöhen, die der Himmel geehrt hat, d.h. sie heilig zu sprechen und ihren Namen in die Liste der Heiligen einzutragen«. Nach üblichem Verfahren beauftragt der Papst Ende Januar 1228 eine Kommission mit der Beweisaufnahme der Würdigkeit der Verstorbenen. Der Dompropst und andere Mainzer Kleriker sollten das Leben Hildegards überprüfen, »ihren Leumund und ihre Verdienste, vor allem aber die Wunder, die sie noch zu ihren Lebzeiten, aber auch nach ihrem Tode an ihrem Grabe wirkte«.

Nichts, so schien es, konnte im ersten Anlauf des Verfahrens dem erwartungsvollen Enthusiasmus der Rupertsberger Nonnen abträglich sein. War es nicht selbstverständlich, daß ihre doch schon seit der Grablegung als Heilige verehrte Äbtissin zur offiziellen Kanonisation berufen sei? Eine Formsache, nicht mehr.

Um 1230 stellen die Nonnen eine Altardecke her, ein auffallend kostbares Antependium für den Hochaltar ihrer Abteikirche. Das Grundgewebe aus purpurfarbener byzantinischer Seide gehörte zu den Luxusgütern der damaligen Zeit. In Brokatstickerei werden mehrere Personen dargestellt, die den in der Mandorla thronenden Christus flankieren. An der rechten Außenseite, neben dem Klosterpatron Rupertus, steht Hildegard, in der rechten Hand ein Kirchenmodell. Als einzige der Heiligen und fürstlichen Wohltäter trägt Hildegard ein um ihren Kopf gelegtes und herabfallendes schmales weißes Seidentuch, das wohl an die festliche Kleidung Hildegards und ihrer Schwestern anläßlich besonderer Eucharistiefeiern erinnern sollte. Hildegards Haupt umkränzt schon jetzt und erstmals aller Welt sichtbar ein Heiligenschein, ein Nimbus, was noch einmal die über jeden Zweifel erhabene Erwartung der Nonnen bestätigt.

Den offiziellen Bescheid aus Rom warteten die Rupertsberger Benediktinerinnen erst gar nicht ab. Sie schmückten mit dem so deutlich gekennzeichneten hochwertigen Antependium an besonderen Festtagen ihren Hauptaltar. Jedoch ihrem so lange gehegten und so sehr berechtigten Wunschdenken blieb die Erfüllung versagt.

Es ist nicht überliefert, wie die Nonnen reagierten, als nach mehr als fünfjähriger Prüfung, am 16. Dezember 1233, der Bericht der Mainzer Prüfungskommission vorlag und in Rom negativ beurteilt wurde. Über die Hintergründe wurde viel gerätselt. Jedoch am allerwenigsten konnte Papst Gregor IX. bei der negativen Entscheidung Genugtuung empfunden haben. Hatte er doch den ersten Antrag zur Heiligsprechung Hildegards mit Freude aufgenommen. Zudem konnte man Gregor IX. auch keine allgemeine Zurückhaltung bei Heiligsprechungen nachsagen. Er förderte während seines Pontifikats die Kanonisationen der großen Heiligen Franziskus von Assisi, Antonius von Padua, Dominikus und Elisabeth von Thüringen.

Im Hinblick auf die Beweisaufnahme der Mainzer Kommissare waren die Bedenken des als Absolvent der Schulen von Paris und Bologna gelehrten Theologen und Kirchenrechtlers Gregor IX. nicht unberechtigt. Seine Einwände galten einem zu ungenauen und fehlerhaften Antrag. Der Papst beklagte mangelhafte Zeugenverhörungen und »daß bei den vielen angeführten Heilungen ... die Angaben von Personen, Orten und Zeiten fehlten. Er kritisierte außerdem, daß die Aussagen der Äbtissin (Hildegard) von denen der Nonnen nicht hinreichend voneinander getrennt seien«.

Rom und zumal Gregor IX., so wurde der Vorgang in der Neuzeit folgerichtig interpretiert, erwiesen sich in diesem erscheckend mißlungenen Prozeß als die zum Guten Agierenden, während »Mainz mit großen Verzögerungen der reagierende Teil« war. Wenn gesagt wurde, daß von den Mainzern »die Chancen zur offiziellen Heiligsprechung Hildegards... nicht genutzt wurden«, so ist dies noch milde gesagt und bedarf der Konkretisierung.

Noch einmal, am 6. Mai 1237, beruft Gregor IX. eine aus hohen Mainzer Klerikern zusammengesetzte Kommission, um dem Prozeß zur Kanonisation Hildegards erneut Auftrieb zu geben. Jedoch fehlt jeglicher Hinweis über ein Tätigwerden der Mainzer Beauftragten, so daß auch dieser päpstliche Antrieb folgenlos blieb und durch den Tod Gregors im Jahre 1241 zunächst in Vergessenheit geriet.

Ein drittes Mal gab es wiederum eine römische Initiative zur Heiligsprechung Hildegards. Der 1243 gewählte Papst Innozenz IV. beauftragte im ersten Jahr seines Pontifikats, am 24. November 1243, erneut eine Mainzer Kommission, die bisher versäumten Ergänzungen und Verbesserungen des Protokolls vorzunehmen. Nachweislich befolgten die Kommissare das ihnen Aufgetragene. Sie verbesserten das vorliegende Protokoll an 53 Stellen und fügten einige von ihren Vorgängern vergessene Wunderheilungen hinzu. Nur bleibt es fraglich, ob dieses neue Protokoll von den Mainzern überhaupt auf den Weg gebracht wurde und nach Rom gelangte.

Was war da geschehen? Was bedeutet diese offensichtliche Verzögerungstaktik der Mainzer Kommissare? Zeigte sich eine gewisse Interesselosigkeit, möglicherweise ausgelöst durch die Erinnerung der Mainzer an das nicht immer konforme Verhalten der Äbtissin Hildegard? Erinnerten sie sich – wie vermutet wurde – an Hildegards Verhalten während des Interdikts im Jahre 1178, als die Äbtissin rebellierte und »ihr Charisma am Ende über das formale Kirchenrecht« und die ihr vorgesetzten Mainzer Prälaten triumphierte?

Die maßgeblichen Gründe für ihre Verzögerung oder Desinteressiertheit ließen die für den Rupertsberger Konvent zuständigen Kirchenoberen unausgesprochen. Jedoch der Vergleich ihrer Unwilligkeit mit dem nicht unbegründeten dreimaligen Drängen der römischen Päpste läßt den Verdacht einer bewußten Verhinderung der Kanonisation aufkommen. Soviel muß zu sagen erlaubt sein: Die nicht erfolgte Heiligsprechung der Äbtissin Hildegard ist aufs engste verknüpft mit der Verweigerung der Mainzer Prälaten. Ihr Schweige-Urteil erwies sich als endgültig.

Vereinzelte Berichte über eine Heiligsprechung Hildegards aus den nachfolgenden Jahrhunderten gehören der Legende an. So vermerkt der Abt Johannes Trithemius in seiner Sponheimer Chronik einen angeblichen, freilich nicht zu Ende gebrachten Versuch zur Heiligsprechung Hildegards am Anfang des 14. Jahrhunderts. Demnach habe der damalige Papst Johannes XXII. einen Auftrag erteilt zur Prüfung »des Lebens, der Heiligkeit und der Wunder der Hildegard, die früher Meisterin der christlichen Jungfrauen auf dem St. Rupertsberg bei Bingen war«. Auch der päpstliche Vorgänger Clemens V. sei mit der Kanonisation einverstanden gewesen.

Solchen Nachträgen fehlt jegliche Beweiskraft. Sie sind legendär, aus welchen Gründen auch immer zustandegekommen. Der überlieferten Wahrheit näher kommt eine Beschreibung des zu seiner Zeit vielbeachteten Nürnberger Physikus und Chronisten Hartmann Schedel, der 1493 in seiner *Weltchronik* auf die Äbtissin Hildegard hinwies: »... von der man sagt das sie künftige ding verkünndet hab« und die »von künftiger betrübnus der pfafheit geschriben«.

Diese knappe Charakterisierung verdiente und verdient Beachtung. Mußte nicht Hildegards radikale Offenheit in der Anprangerung des Fehlverhaltens von Klerikern, selbst von höchsten kirchlichen Würdenträgern diesen zum Ärgernis gereichen? Und wie hätten die Mainzer Prälaten vergessen können, daß die greise Äbtissin die von ihnen befohlene Ausgrabung des gestorbenen Edelmannes verweigert hat, daß sie, eine Klosterfrau, den unerhörten Mut besaß, ihren vorgesetzten Kirchenoberen das »härteste Gericht« anzudrohen. Noch unerhörter der nach hartnäckigem Widerstand errungene Sieg der Klosterfrau zur Beschämung der Prälaten.

Aber es gab eine tiefer reichende Problematik, die mit großer Wahrscheinlichkeit in den Köpfen der mit der Äbtissin vom Rupertsberg beschäftigten Kirchenoberen Unruhe stiftete und ihr Verhalten beeinflußte.

Einerseits bestand nicht der geringste Zweifel an der beispielgebenden Frömmigkeit Hildegards, an ihrer zeitgebundenen Glaubenstreue, auch wenn ihr Erfindungsreichtum in ihren Visionen die mittelalterliche Geschlossenheit sprengte und eine »Bilderwelt von kosmischer Dimension« hervorbrachte. Der überquellende Bilderreichtum, der den einfachen Gläubigen des Mittelalters nicht weniger Leseschwierigkeiten bereitete als den heutigen Lesern, wurde der Seherin und Prophetin zugutegehalten.

Auf der anderen Seite – und daran mag sich der Unmut der Prälaten entzündet haben – bezeugt Hildegard mit Blick auf die erdgebundene menschliche Realität ein wahrhaft außergewöhnliches Selbstverständnis. Sie besaß die Kühnheit, den Menschen in seiner Ganzheit zu sehen und demnach sein Wesen zu bestimmen, in seiner kreatürlichen Gottbezogenheit wie in seiner unverkümmerten Leiblichkeit. Die Menschenkennerin Hildegard scheute nicht davor zurück, von den Verhaltensweisen in der menschlichen Paarbeziehung von Mann und Frau zu sprechen. Dieses auf die Ehe bezogene »personale Denken« war zu ihrer Zeit »noch alles andere als selbstverständlich«. Hildegard kennt und beschreibt »die Formen und Reaktionsweisen menschlicher Leiblichkeit und Geschlechtlichkeit« und »sieht als ehebegründend« über die menschliche Natur hinaus eine »Form der Liebe, die zwischenmenschliche Beziehungen in der Gottesliebe verankert.«

Im Hinblick auf die menschliche, die menschenwürdige Realität legte die Seherin und Prophetin Hildegard ihrem Freimut keine Zügel an. Aber um so mehr mußte die theologisch doch ungelehrte Frau das Mißtrauen einer auf die orthodoxen Regularien der mittelalterlichen kirchlichen Verfassung festgelegten Obrigkeit wecken. Schon ihr Facettenreichtum, die Mehrdeutigkeit ihrer Äußerungen, war einer Klosterfrau unangemessen. Gründe genug boten sich den klerikalen Beurteilern an, der eigenwilligen Äbtissin den Vorbildcharakter der Heiligkeit abzusprechen.

Trotz ihres Eingebundenseins in die mittelalterliche Glaubenswelt richtete Hildegard ihren Blick auf den zum Heil berufenen ganzen Menschen, eine Bestimmung, die bereits über ihre Zeit hinauswies. Es war nicht weniger als eine Blicköffnung zu einer »neuen Heilskunde«, wegweisend zu »einem eher mystisch orientierten als dogmatisch erstarrten und moralistisch verkürzten religiösen Denken und Handeln«. Allein dies genügt schon, die Stärke und Größe der Seherin Hildegard zu erkennen. Noch in der Welt des beginnenden 21. Jahrhunderts ist ihre Präsenz ungebrochen.

Anhang

Zeittafel

Hildegard von Bingen

1098	Geburt Hildegards in Bermersheim bei Alzey in Rheinhessen. Zehntes und letztes Kind einer Adelsfamilie.
1106	Die achtjährige Hildegard wird zur religiösen Erziehung Jutta von Sponheim zugeführt. Erziehung in der Burg Sponheim, teilweise unter Aufsicht der Witwe Uda von Göllheim.
1112	Hildegards, Juttas und einer dritten Novizin Gelübde als Benediktinerin. »Einschließung« in der Nonnenklause des Mönchsklosters auf dem Disibodenberg.
1136	Tod der Meisterin Jutta von Sponheim. Hildegards Wahl zur Nachfolge als Meisterin.
1141	Visionäre Berufung Hildegards zur Niederschrift ihrer Schauungen.
1141–1151	Hildegard verfaßt ihr erstes visionäres Werk *Scivias*, Wisse die Wege. Ihre Helfer: der Mönch Volmar und die junge Nonne Richardis von Stade. Neben ersten Liedkompositionen und geistlichen Gedichten entsteht das geistliche Singspiel *Ordo virtutum*.
1146/47	Briefwechsel mit Bernhard von Clairvaux. Beginn eines ausgedehnten Briefwechsels, von dem etwa 390 Briefe überliefert sind.

1147/48	Kirchliche Reformsynode in Trier. Papst Eugen III. läßt Hildegards erste Vision prüfen und bestätigt ihre Sehergabe.
1150	Hildegard verläßt ihre Klause auf dem Disibodenberg und übersiedelt mit achtzehn Nonnen auf den Rupertsberg bei Bingen.
1151	Die vertraute Mitarbeiterin Richardis von Stade wird zur Äbtissin des Stifts Bassum bei Bremen gewählt. Hildegards vergebliche Bemühung zur Annullierung der Wahl.
1151–1158	Abfassung der naturkundlichen und heilkundlichen Schriften *Physica* und *Causae et curae*.
1.5.1152	Einweihung der Klosterkirche auf dem Rupertsberg durch Erzbischof Heinrich von Mainz.
29.10.1152	Richardis von Stade stirbt in ihrem Stift Bassum.
ca. 1154	Hildegard begegnet Kaiser Friedrich Barbarossa in der Kaiserpfalz von Ingelheim.
1158	Urkundliche Bestätigung der Rechtsstellung des neuen Klosters durch den Erzbischof Arnold von Mainz. Zusicherung der freien Äbtissinnenwahl und der freien Wahl eines Propstes vom Disibodenberg.
Zwischen 1158 u. 1160	Erste Predigtreise Hildegards u.a. nach Mainz, Würzburg und Bamberg.
1158–1163	Das zweite visionäre Werk entsteht: *Liber vitae meritorum*, Das Buch der Lebensverdienste.
1159	Beginn des achtzehnjährigen kirchlichen Schismas; erster Gegenpapst Victor IV.
1160	Zweite Predigtreise Hildegards u. a. nach Trier und Lothringen. Öffentliche Pfingstpredigt in Trier.
1161–1163	Dritte Predigtreise rheinabwärts nach Boppard, Andernach, Siegburg. Öffentliche Predigt in Köln.
1163	Kaiserliche Schutzurkunde für Hildegards Kloster auf dem Rupertsberg. Hildegard wird erstmals *abbatissa* genannt.

1163–1173	Das dritte visionäre Werk entsteht: *Liber divinorum operum,* Das Buch der Gotteswerke. (Nach der Genter Fassung *De operatione dei* genannt.)
1165	Gründung des zweiten Klosters: Eibingen oberhalb von Rüdesheim.
1167–1170	Dreijährige schwere Erkrankung Hildegards.
ca. 1170	Vierte Predigtreise Hildegards u.a. nach Maulbronn und Hirsau.
1173	Der Mönch Volmar, Hildegards Sekretär seit der Niederschrift von *Scivias,* stirbt.
1174/75	Der Mönch Gottfried vom Disibodenberg, Nachfolger Volmars als Sekretär, beginnt mit der Niederschrift der Hildegard-Vita.
1177	Nach dem Tod Gottfrieds (Anfang 1176) wird Wibert von Gembloux Sekretär Hildegards.
1178	Begräbnis eines exkommunizierten Edelmannes auf dem Rupertsberger Friedhof. Wegen verweigerter Exhumierung wird über Hildegards Kloster das Interdikt verhängt.
Frühjahr 1179	Aufhebung des Interdikts.
17.9.1179	Hildegard stirbt in ihrem Kloster auf dem Rupertsberg.
Zwischen 1180 und 1190	Der Mönch Theoderich vollendet die von Gottfried begonnene Hildegard-Vita, (Buch II und Buch III).

Anmerkungen

Vorwort

Hildegards Niederschrift von *Scivias* aus »himmlischer Eingebung«, begonnen im Alter von »42 Jahren und 7 Monaten«: Scivias S. 7 u. 5 (nach Vollendung des Buches geschrieben).

Gott hat »die Gestalt des Menschen nach dem Bauwerk des Weltgefüges ... gebildet« und »jedes Geschöpf mit einem anderen verbunden«: Welt und Mensch, S. 152 u. 33.

Hildegard habe ihre Gesichte »nicht im Traum, nicht im Schlaf ..., sondern in »wachem Zustand« empfangen: Scivias S. 5, 6.

Auf die Fragwürdigkeit einer reduzierten Hildegard-Medizin verweisen: Schipperges, Hildegard S. 116; H.-B. Gerl-Falkovitz in: Festschrift Forster 1997, S. 30 u.a. Hierzu auch: Physica, Einführung S. 11 ff.

»Mann und Frau sind auf solche Weise miteinander vermischt«: Welt und Mensch S. 164. Hierzu auch: Gössmann S. 59 ff; Schipperges, Die Welt der Hildegard S. 89 ff.

Zu Hildegards Begreifen der Einheit von »Leib und Seele«: Schipperges, Die Welt der Hildegard S. 77 ff; Diers S. 71 u. 95.

»Doch besitzt die Seele alles in allem die umarmende Liebe zu ihrem Leibe«: Welt und Mensch S. 100. Hierzu auch: Welt und Mensch S. 131, 168 u.a.

Die menschliche Seele »hat in sich einen Wohlklang«, die Befähigung zum Einklang und Zustimmen, zur großen Symphonie: Buch der Lebensverdienste S. 210. Hierzu auch: H.-B. Gerl-Falkovitz in: Festschrift Forster 1997, S. 41 ff.

»Alles nämlich, was in der Ordnung Gottes steht, antwortet einander«: Buch der Lebensverdienste S. 94.

1. Kapitel: Von Kindheit an

»Sie war jugendlichen Alters«: Zu Jutta von Sponheim, in: Die Klausnerinnen, Briefwechsel mit Wibert S. 102.

Jutta wurde »mit großer Liebe« erzogen und ihr Gelübde »gegen den Willen aller Verwandten«: Leben der Jutta, Festschrift Forster 1997, S. 70.

Hildegard »gleichsam als Zehnten dargebracht«: Briefwechsel mit Wibert S. 101.

Die Eltern »in die Sorgen der Welt verwickelt«: Das Leben der hl. Hildegard S. 53; künftig als *Vita* zitiert. Dort auch, S. 149, Hinweise zu den Verfassern der Vita: Gottfried, Benediktiner, Hildegards Sekretär von 1174 bis zu seinem Tode Ende 1175 oder Anfang 1176, schrieb den ersten Teil der Vita. Der Mönch Theoderich schrieb ca. 1180–1190 den zweiten und dritten Teil. Die Vita wird ergänzt durch Einfügungen aus Hildegards Autobiographie.

Daß die Eltern Hildegard »unter Seufzern Gott weihten«: Vita S. 71.

Auf die Witwe Uda von Göllheim, »die im Habit der hl. Religion lebte«, verweist die 1137 verfaßte Jutta-Vita, deutsch: Leben der Frau Jutta, in: Festschrift Forster 1997, S. 69–81. Zur korrigierten Datierung der vorklösterlichen Jugendjahre Hildegards: Franz Staab, Aus Kindheit und Lehrzeit Hildegards, in: Festschrift Forster 1997, S. 58–68; Koring, Katalog Mainz S. 5; Nikitsch, Kloster Disibodenberg S. 18.

»Im Alter von acht Jahren...«: Vita S. 53. Ebenso dort S. 71: »In meinem achten Lebensjahr wurde ich Gott für das geistliche Leben dargebracht.« Als »ungeschickte Verkürzung« gekennzeichnet von Staab, in: Festschrift Forster 1997, S. 64.

Disibod »von der Schönheit der Naturlandschaft überwältigt«: Beyer, Die andere Offenbarung S. 15.

Zur Geschichte des Disibodenbergs. Nikitsch, Kloster Disibodenberg S. 12 ff. Dort, S. 15, des Erzbischofs Willigis (975–1011) Gelöbnis, »den verwüsteten Ort wiederherzustellen«.

Der 1. November 1112 als klösterliches Eintrittsdatum Hildegards: Leben der Jutta, in: Festschrift Forster 1997, S. 71. Ebenso dort S. 64, 65.

Zur Mitgift anläßlich des Klostereintritts: Staab, in: Festschrift Forster 1997, S. 66.

»Viele Persönlichkeiten von hohem u. mittleren Rang«: Briefwechsel mit Wibert S. 104. Zur »Übergabeformel« des Vaters: Kerner S. 28.

»Es gab nur ein kleines Fenster«: Briefwechsel mit Wibert S. 105.

Juttas »heilsame Ermahnungen u. Ratschläge« und »Von ringsum her kamen Leute«: Festschrift Forster 1997, S. 72.

»Von Kindheit an« und »Dem König gefiel es...«: Briefwechsel S. 31. Das Wortbild von der »kleinen Feder« auch: Briefwechsel S. 44, an Magister Odo von Paris.

»Viele äußere Dinge erfuhr ich nicht« und »Beinahe von Kindheit an«: Vita S. 72 u. 55.

Daß die Krankheit Hildegards »nicht durch visionäre Empfindlichkeit und Labilität« ausgelöst wurde, betont besonders Beyer, Die andere Offenbarung S. 20. Hierzu auch: Schipperges, Hildegard, S. 29, 30, 71, 72.

»In meinem dritten Lebensjahr sah ich« und »Bis zu meinem fünfzehnten Lebensjahr«: Vita S. 71, 72. Dort auch die Befragung der Amme.

»Ich bin sehr bekümmert ob dieser Schau«: Briefwechsel S. 25. Hildegards erster Brief, an Bernhard von Clairvaux i. J. 1147.

2. Kapitel: Auf dem Disibodenberg

»die fromme gottgeweihte Frau Jutta ... unterwies sie«: Vita S. 53. An Bernhard von Clairvaux: »durch keinerlei Schulwissen über äußere Dinge ...«: Briefwechsel S. 26.

Brief des Priors Albert vom Disibodenberg: »Wir wissen ja, wie Ihr bei uns erzogen wurdet«: Briefwechsel S. 110.

Die von Caesarius von Heisterbach berichtete Verwechslung von Mensch und Ziegenbock wird von Hildegard-Biographen gern zitiert. Nachzulesen bei: Feldmann S. 35; Schäfer S. 22. Zitiert nach O. Borst, Alltagsleben im Mittelalter, Frankfurt 1983.

Hrotsvith von Gandersheim, Kanonissin im Stift Gandersheim, lebte von etwa 935 bis nach 973. Die Klausnerin Ava stammte aus Kärnten oder Steiermark; sie starb 1127 bei Melk a. d. Donau. Elisabeth von Schönau lebte 1129 bis 1164, Benediktinerin im Kloster Schönau nahe St. Goarshausen am Rhein. Ihr Einfluß »auf die Zeitgenossen ...«: Briefwechsel S. 191.

Ehe sie »zur Fülle der Lebenskraft gelangt war«: Scivias S. 5, in Hildegards Einführung.

»Vor allem ihr Denken und inneres Schauen«: Briefwechsel S. 21.

Auf dem Humanisten Langius und dessen Äußerung« »es grenze an Blasphemie« verweist: Vorwort zu »Welt und Mensch«, S. 7.

Volmar wurde von Abt Kuno von 1141 bis zu seinem Tode 1173 Hildegard als Mitarbeiter zugeteilt. Volmar, »der die Feile hat« Vita S. 69. Dort auch: Ihre Visionen »umsichtig und lauteren Herzens«. Bemerkenswert ist die Betonung der ungeteilten Autorschaft Hildegards durch »eigenhändig« und »mit eigenem Munde«.

Nach neuester Forschung entstanden die frühesten Miniaturen zu *Scivias* etwa 1190. Hierzu: Saurma-Jeltsch, Die Miniaturen im Liber Scivias. Die 35 originalen Bildtafeln des Rupertsberger Codex, ursprünglich in der Hessischen Landesbibliothek Wiesbaden, werden seit 1945 vermißt. Es sind jedoch Faksimile angefertigt worden, aufbewahrt in der Abtei S. Hildegard in Eibingen. Hierzu: Newman S. 34 und Anm. 50 S. 315; Schipperges S. 18.

Sie sei »ungelehrt«: Briefwechsel S. 227. An Wibert von Gembloux, der danach fragte, ob sie ihre Visionen lateinisch oder deutsch diktiere.

»Mit Anerkennung und Freude gewahrte dies«: Vita S. 54. Hildegards »Betonung der eigenen ›Unbildung‹«: Rosel Termolen, Einleitung zu *Scivias*, S. XV. »Bescheidenheitstopos« und »bedient sie sich geradezu des Frauenbildes«: Gössmann S. 36.

»Nicht gelehrt wie die Philosophen«: Briefwechsel S. 227, an Wibert von Gembloux. »himmlische Liturgie«: Schipperges S. 22.

»Voller Furcht und zitternd...«: Scivias S. 5, zitiert nach der Übersetzung von Walburga Storch OSB.

3. Kapitel: Die Welt draußen

»Im Jahre 1100 nach der Menschwerdung Christi«: Vita S. 71. Hildegard wurde 1098 geboren. Das Jahr 1100 versteht sich als »abgerundete« Zeitangabe.

Zu Peter von Amiens und zur Ausrottung der Ungläubigen i. J. 1096: Werner/Erbstösser, Kleriker, Mönche, Ketzer S. 134 ff. Bischöfliche Verurteilung von »Zangstaufe und Mord«: Ebd. S. 142.

Zu Bernhard von Clairvaux; gegen »die Geister der Rache«; die Juden »unsere Brüder«, »dürfen nicht verfolgt werden...«: Seiferth, Synagoge und Kirche S. 102, 108 ff.

»Da ich von deiner Weisheit und Vaterliebe«: Briefwechsel S. 26. Hildegard zählte 49 Jahre, als sie an Bernhard von Clairvaux schrieb. »deine unwürdige Dienerin«. Briefwechsel S. 25.

Zur Gründung des Zisterzienserordens »aus Liebe zur Armut«: Werner/Erbstösser, Kleriker, Mönche, Ketzer S. 190 ff., 215 ff.

»Ihr seid kein Halt für die Kirche«; »Die Magister und Prälaten...«: Briefwechsel S. 170 u. 167.

»Steh auf ebenem Weg...«: Briefwechsel S. 32. Hildegards zweiter Brief an Papst Eugen III., 1152, bereits nach der Übersiedlung auf den Rupertsberg geschrieben.

»Prinzip gottbegründeter unwandelbarer Ordnung« und

zum »Ordogedanken« des Mittelalters: Bosl, Europa im Aubruch, S. 314 ff.

»Alle festgelegten Ackergrenzen...«; »Von wilder Wut aufgestachelt...«: Briefwechsel S. 34. »Denn Gott hat dem Volk auf Erden...«: Briefwechsel S. 203, an die Meisterin Tengswich des Kanonissenstifts St. Martin von Andernach.

Zu Petrus Abaelard: »Er geht über das ihm Zugemessene hinaus«: Bernhard von Clairvaux in einem Brief an Papst Innozenz II. Entnommen: Feldmann S. 20.

»Über die Furcht des Herrn«: Scivias S. 11; Erste Vision, zweiter Abschnitt. (Um einheitlich zu verfahren, zitiere ich stets die neuere vollständige Scivias-Übersetzung und -Herausgabe von Walburga Storch, Freiburg 1992.)

4. Kapitel:
Schreibe, was du siehst und hörst

»Es geschah im Jahre 1141«: Scivias S. 5. Hildegard verfaßte die Vorrede nach oder am Ende ihrer zehnjährigen Schreibarbeit von 1141 bis 1151.

»Erkenne die Verflechtungen«: Scivias S. XVI. Zitiert nach der Einleitung von Rosel Termolen.

»Ich wurde in dieser Schau unter heftigen Schmerzen...«: Vita S. 72, 73.

Hildegards »prophetisches Selbstbewußtsein« und zum literarisch-stilistischen Vorbild der alttestamentlichen Propheten: Newman S. 42–45.

»Ich sah etwas wie einen eisenfarbenen Berg«: Scivias S. 10.

Den »eigenen Reiz« der Sprache Hildegards und die »stark individuelle Sprache, die zeitweise unbeholfen...« hebt hervor: Newman S. 41, nach Zitierung von P. Dronke, Poetic individuality in the Middle Ages, Oxford 1970, S. 178 ff.

Auf einige Erklärungsversuche wie »Beweis wahrer Prophetie« und die sprachlichen Mängel durch »Wiederholungen, unbeholfene Konstruktionen...« verweist: Newman S. 40.

Hildegards Brief an Wibert von Gembloux, bei den erbetenen Korrekturen dufte »nichts hinzugefügt, weggelassen werden...«: Briefwechsel mit Wibert, zitiert nach Newman S. 41.

Hildegard als »bemerkenswerte ›poetische‹ Stilistin«; »... erhebt sich ein Abschnitt zu einer Höhe lyrischer Intensität«: Newman S. 43.

»Dann sah ich ein überhelles Licht ...«: Beginn der zweiten Vision des zweiten Teils: Scivias S. 118.

Die zitierte Beschreibung des Welteies, »eiförmige Gestalt des Weltalls« und Verbundenheit mit dem Schöpfer-Gott: Scivias S. 40/41. Zum Urei als »Symbol des stofflichen Urgrunds«: J. J. Bachofen, Mutterrecht und Urreligion, Stuttgart 1941, S. 32 ff. »Indem Hildegard das Weltall in Gestalt eines Eies ...«: Gössmann S. 16.

»O Mensch, schau den Menschen an!«: Das Zitat, das so deutlich Hildegards Menschenbild kennzeichnet, entnahm ich ihrem unmittelbar nach Scivias, nach 1150/51, entstandenen Buch *Causae et Curae*, Heilwissen, S. 24.

Der »Gottesliebe« nach dem Evangelisten Johannes widmet Hildegard einen eigenen Abschnitt am Anfang der 2. Vision des 2. Teils, Scivias S. 119. Dort auch, S. 120: »Durch den Lebensquell des Wortes ...«

Zur Weiblichkeit Gottes: Barbara Newman S. 62–113; Gössmann S. 188 ff u. 217 ff. Die beiden Zitate »das Weibliche auch eine Dimension Gottes« und »die Weiblichkeit ...«: Newman S. 88 u. 111.

»Mit keinerlei mystischer Weltverklärung zu tun ...«: Schipperges S. 40.

»Begriff der Mystik bei Hildegard«; »Ihr mystisches Erleben«: Einführung zu *De operatione Dei*, Welt und Mensch, S. 13.

»einzige nichtekstatische Mystikerin«: Gössmann S. 46/47, mit Hinweis auf: Peter Dinzelbacher, Vision und Visionsliteratur im Mittelalter, Stuttgart 1981, 88.

Vorrede zu *Scivias*: siehe Zitierung am Kapitelanfang. »Gabe dieser Schau«; »Ich sehe sie einzig in meiner Seele ...«: Briefwechsel S. 227.

5. Kapitel: Gerufen aus der Verborgenheit

Zur Haltung des Abtes Kuno, »ungewöhnliches Ereignis«, seine Aufforderung zum Weiterschreiben: Vita S. 56.

Zur Kirchenversammlung in Trier, »ohne Aufsehen und Erregung von Neugier«: Vita S. 57.

»Und im starken Vertrauen«: Vita S. 73, notiert von Theoderich im zweiten Teil der Vita.

Papst Eugen III., Zisterzienser, »geistlicher Sohn« Bernhards, starb 1153. Hildegards Briefzitate: Briefwechsel S. 30, 32. Dort S. 33 der Brief des Papstes an Hildegard.

»erbärmlich und mehr als erbärmlich ...«: Briefwechsel S. 25; der erste überlieferte Brief Hildegards.

Die erste christliche Denkerin »ernsthaft und positiv...«: Newman S. 12. »polares Menschenbild« Hildegards: Gössmann S. 36.

»Wirf das Auge nicht vom Auge...«: Briefe an Eugen III., siehe oben.

»Symbolsprache des hohen Mittelalters«: Schipperges S. 115. Schipperges betont mit Recht, daß es um »die Situation des realen Menschen in seiner alltäglichen Existenz« geht.

Hildegards letztes visionäres Werk *Liber divinorum operum,* die »reifste und zentrale schöpferische Leistung«: Schipperges S. 19.

Der Benediktinermönch Volmar, dem sie »die großen Geheimnisse offenbarte...«: Vita S. 76.

»Hildegard vom Heiligen Geist jene Stätte gezeigt...«: Vita S. 58. Ihre Krankheit anläßlich der Verweigerung des Wechsels und schließlich Einwilligung des Abtes: Vita S. 58, 59, 60.

Die Wahl des Rupertsberges verrate »einiges über die weiterreichenden Absichten ...«: Beyer S. 26.

»Wollt ihr aber euren Widerstand ...«: Briefwechsel S. 105; »Wie ich in wahrer Schau ...«: Briefwechsel S. 252.

»Loslösung« vom Disibodenberger Kloster: Vita S. 63.

Zum Einzug auf den Rupertsberg, Weihe der Kirche durch Erzbischof Heinrich und dessen Stiftung einer Mühle: Vita S. 152; Briefwechsel S. 35.

6. Kapitel: Klosterleben

»Dem himmlischen Schöpfer muß man...«: Scivias S. 608.

Kloster Rupertsberg mit »rund fünfzig Schwestern« und weitere Kennzeichnung: Briefwechsel S. 233, Wibert von Gembloux an Bovo.

»So große Widerwärtigkeit...«: Vita S. 78. »Niemals habe ich geruhsam...«, »Gott verstrickte mich...«: Vita S. 94 u. 95.

»aus Furcht vor den Menschen...«: Vita S. 127.

Von »nicht unbedingt heiliger List« spricht: M. Fumagalli Beonio Brocchieri, in: Bertini, Acht Frauenporträts, S. 193.

Kaum jedoch hatte Abt Kuno zugestimmt, »erhob sie sich schnell«: Vita S. 60.

»Züge einer Hysterikerin«: Feldmann S. 78. Hildegards Selbstbekenntnis »aus weiblicher Schau...«: Vita S. 55.

»Selbstproduzierte Krankheitssymptome«: Feldmann S. 79. Hildegards »pathische Grundverfassung«: Schipperges S. 72.

»Ich werde durch Krankheiten stark gehemmt«: Briefwechsel S. 227, an Wibert von Gembloux.

»So daß die Adern...« und »›Ei, ei, Adler, warum schläfst du«: Vita S. 84.

»Aber solange ich es schaue...«: Briefwechsel S. 15.

»Sie verhielten sich wie Felsgestein«: Liber vitae meritorum, Buch der Lebensverdienste, S. 100.

»Es gibt Frauen, die sind mager«: Scivias S. 120. Daß sich Hildegard »wahrscheinlich... als Melancholikerin verstand«, schreibt: Newman S. 160. Auf die Melancholikerin verweist auch: M. Fumagalli Beonio Brocchieri, a.a.O. S. 192.

»Von zitternder Furcht« und »So strecke ich meine Hände aus«: Briefwechsel S. 226, an Wibert von Gembloux.

»Denke aber daran...«: Briefwechsel S. 131, an Abt Manegold von Hirsau.

Auf die »anthropologisch orientierte Weltsicht« Hildegards verweist: Schipperges S. 40.

Der Tadel der Meisterin Tengswich des Kanonissinnenstiftes St. Marien in Andernach und Hildegards Antwortbrief: Briefwechsel S. 201, 202.

»Berücksichtige die Körperschwäche...«: Briefwechsel S.

136, an Abt Helmrich des Benediktinerklosters in Bamberg.

»Der Mensch soll beides haben...«: *Liber divinorum operum*, Buch der Gotteswerke; zitiert nach der Ausgabe: Welt und Mensch S. 214.

»Die danach verlangen...«: Briefwechsel S. 196, Brief an Elisabeth von Schönau. Die Benediktinerin lebte im Nonnenkloster von Schönau nahe St. Goarshausen am Rhein. Elisabeth starb 1165, sechsunddreißigjährig. Sie hinterließ drei Visionsschriften.

7. Kapitel: Richardis von Stade

Zur Bildtafel mit Volmar im Buch *Scivias*: siehe 2. Kapitel mit Anmerkung. Die Miniatur mit Volmar und Richardis im dritten und letzten visionären Werk Hildegards *Liber divinorum operum*, dem Buch der Gotteswerke: Fol. 1 des Codex Latinus 1942 der Biblioteca Statale di Lucca, entstanden um 1230.

»Als ich das Buch *Scivias* schrieb...«: und »danach neigte sie sich...«: Vita S. 79, 80.

Über die Markgräfin Richardis von Stade und ihre Tochter Richardis informiert: Briefwechsel S. 93 mit Stammtafel S. 289; Vita S. 154. Hartwig, der Bruder der Richardis, war 1148 bis 1168 Erzbischof von Bremen.

Die auszugsweise zitierten Briefe Hildegards: an Erzbischof Heinrich von Mainz: Briefwechsel S. 95; an die Markgräfin von Stade: S. 95, 96; an Erzbischof Hartwig von Bremen: S. 96, 97; an Richardis: S. 99.

Die diplomatische Antwort des Papstes Eugen III. im Brief an Hildegard: Briefwechsel S. 33.

»Geschichte einer enttäuschten Liebe«: Feldmann S. 91.

Hildegard habe »gefehlt aus Liebe zu einem edlen Menschen«; Briefwechsel S. 98, im Brief an Richardis.

Auf die »übermächtige Autorität der Muttergestalt Hildegard« verweist: Riedel S. 44.

Erzbischof Hartwig von Bremen nahm von Mitte bis Ende Oktober 1152 an einer Reichsversammlung in Würzburg teil. Er konnte demnach erst Anfang November an Hildegard schreiben. Seine Nachricht, »unter Tränen aus ganzem Herzen...« und von der Erlaubnis seiner Schwester zur Rückkehr zu Hildegard: Briefwechsel S. 99.

»unter Tränen aus ganzem Herzen« und Nachricht vom Tode der Richardis am 29. Oktober (1152): Briefwechsel S. 99; der letzte Brief des Erzbischofs von Bremen an Hildegard.

»daß Richardis an diesem Konflikt mit Hildegard starb« und »die für Richardis übermächtige Autorität«: Riedel S. 44.

»Unsere Schwester, meine, nein deine ...« und folgende Zitierung: Briefwechsel S. 99, aus dem letzten Brief Erzbischof Hartwigs.

»Mein Herz war voll von Liebe...« und folgende Zitierung: Briefwechsel S. 100, Hildegard an Erzbischof Hartwig.

8. Kapitel: Eine himmlische Symphonie

»Man sagt, daß du in den Himmel erhoben...«: Briefwechsel S. 43. »Aber auch Lieder und Melodien zum Lobe Gottes«: Vita S. 73.

»Hat sie jedoch von ihrem ersten Anhauch an...«: Buch der Lebensverdienste, *Liber vitae meritorum* S. 210.

Vom Jubel der »ganzen himmlischen Harmonie«: Buch der Gotteswerke, *Liber divinorum operum* V, 40; zitiert nach Welt und Mensch S. 230.

Die erweiterte, aufgeführte Fassung des *Ordo virtutum*: Lieder S. 300–315 (zweisprachig). »O Jungfräulichkeit, du stehst im königlichen Brautgemach« und »Die Blume des Feldes«: Lieder S. 305 u. 307.

»Der Böse hat keine Lieder« und »ein Klanggefühl, das gegenüber der Gregorianik...«: J. Schmidt-Görg in der Einführung zu: Lieder S. 10 u. 14.

»O unermeßlich weite Kirche«: Antiphon zu einer Kirchweihe: Lieder S. 285.

Ursula wird »zu einer Gestalt der Virginitas...«: Newman S. 259. Die Anfangsverse der Sequenz »O Kirche, deine Augen gleichen einem Saphir« zitiere ich wieder nach der Übersetzung von A. Führkötter in: Lieder S. 271.

»Voller Freude war dein Leib« und O *virga ac diadema* mit der auszugsweisen Übersetzung: Lieder S. 225 und 224, 225.

»Die Luft lebt im Grünen« und »die Seele die grüne Lebenskraft«: Buch der Gotteswerke, *Liber divinorum operum*, I,2 und IV,21; zitiert nach Welt und Mensch S. 25 u. 91.

Ergänzend und ausführlich zu Hildegards Begriff der *viriditas*, der Grünkraft: Riedel S. 12 ff und 162 ff. Hildegards Responsorium »O edelstes Grün«: Lieder S. 259. Dort auch, S. 258, der lateinische Text.

Hildegard habe »nichts aus eigener Erfindung« geschrieben: Scivias S. 7.

Hildegards Brief an die Mainzer Kirchenbehörde aus dem Jahr 1178, dem die letzten Zitierungen des Kapitels entnommen wurden: Briefwechsel S. 236–240.

Hildegard richtete ihren ausführlichen Brief an die Mainzer Prälaten, weil Erzbischof Christian von Mainz zu einem Konzil in Rom weilte. Trotz des Schreibens der Äbtissin beharrten die Prälaten auf der Gültigkeit ihres Urteils. Erst nach März 1179 wurde das Interdikt aufgehoben. Der Erzbischof bat die nun 81jährige Äbtissin um Verzeihung. Hierzu: Briefwechsel S. 243–246. Ausführlich zum »Interdikt«: 22. Kapitel.

9. Kapitel: Heilkräfte der Natur

Hinwendung zur »leibhaftigen Existenz« ... und »Konsequenz ihres Denkens«: Schipperges, Hildegard S. 64.

»daß die vorhandenen Handschriften *nicht* in allen Teilen das Original wiedergeben«: Physica S. 12, Einführung zur Ausgabe »Heilkraft der Natur«.

Hildegard vermittelt »ihre Gedanken viel häufiger mit zu wenig als zu viel Worten«, weswegen »manche Stellen bei ihr dunkel sind«: Bertha Widmer, Heilsordnung und Zeitgeschehen in der Mystik Hildegards von Bingen, Basel 1955.

Hinweise zu den fragwürdigsten Stellen und Kriterien für die Echtheit von Textstellen sind der Einführung zur Physica entnommen, ebenso »die Mystikerin verabscheut die Magie«: Physica S. 12, 13.

Der vollständig zitierte Abschnitt »Vom Dinkel« wurde entnommen: Physica Cap. 1–5, S. 45.

Als Ärztin wird Hildegard meist bezeichnet. So u.a. bei: Schipperges, Die Welt der Hildegard, S. 105 ff; Feldmann S. 97 ff. »Erste Ärztin Deutschlands«: Beyer S. 66. Auf keine »ärztliche Tätigkeit im heutigen Sinne, sondern charismatische Heilungen« wird in der Einführung zu Physica, S. 14, verwiesen. Hingegen heißt es in der Einführung zu Causae et Curae, Heilwissen, S. 5: »erste schreibende Ärztin«.

»Die Gabe der Krankenheilung erstrahlte…«: Vita S. 101, am Beginn der Aufzählung von Krankenheilungen Hildegards.

»Alles in allem geht es in Hildegards Heilkunde«: Schipperges, Die Welt der Hildegard, S. 110.

Hildegard als »eine der besten Pflanzen- und Tierkennerinnen«: Riedel S. 12.

Zu Hildegards *viriditas*: siehe 8. Kap. »Eine himmlische Symphonie«, mit Anmerkungen- »Es gibt eine Kraft« u. Viriditas als »ein Spiegelbild für jene lebensfrische Urkraft«: Schipperges, Ein Zeichen, S. 89; Die Welt der Hildegard, S. 111.

Natürliche Kraft, »welche alle Lebensvorgänge durchwirkt«: Beyer S. 66.

Gott wolle »Barmherzigkeit, nicht Opfer«: Briefe S. 136, an den Benediktinerabt Helmrich von St. Michael.

Die Zitierungen aus der *Physica* wurden den dort namentlich gekennzeichneten Einzelbeschreibungen entnommen. Einflüsse altgermanischer Naturmagie, »alter Drudenweisheit«: Feldmann S. 101, Schäfer S. 133.

Bis in die Neuzeit habe »niemand die Fischfauna des Rheins so gründlich…«: Peter Riehe, in: Hildegard v. Bingen, Naturkunde, Salzburg 1959, S. 89. Auch: Feldmann S. 102.

Übernahme »mittelalterlichen Bildungsgutes« und »Analyse ihres Wortschatzes«: Schipperges, Die Welt der Hildegard, S. 51. Dort auch der Hinweis auf Bischof Siward von Uppsala.

Auf die in einem Satz des Vorworts »angewandte Theologie (von) Hildegards Weltanschauung« verweist: Newman S. 177.

Zum Buch der Edelsteine: Neben den in der *Physica* beschriebenen 25 Edelsteinen werden 15 weitere in einer anderen Fassung zusätzlich genannte Steine als »unechte Zusätze« bezeichnet: Physica S. 333.

Zwölf Edelsteine, die die »zwölf Apostel des Lammes«, als Schmuck der Grundmauern der heiligen Stadt Jerusalem: Johannes Offb.21,19 f.

Hildegards Beschreibung des Saphir und des Sarder: Physica S. 306 u. 309.

»Den Geist der mittelalterlichen Medizin scheint mir... die Frau Hildegardis am reinsten verkörpert zu haben«, schreibt der medizin. Wissenschaftler und führende Hildegard-Forscher und -Herausgeber Prof. Heinrich Schipperges in: Hildegard S. 65.

10. Kapitel: Charismatisches Heilwissen

Hildegards »Zentralgedanken, das innere Ordnungsgefüge der Schöpfung...«: Diers S. 95

Deren »Konzept der vier Elemente und Säfte«: Schipperges, Hildegard, S. 69.

»Im übernatürlichen Sinne wird aber die Welt«: Isidor von Sevilla, in Einführung zu Causae et Curae, Heilwissen, S. 14.

»Als Gott die Welt erschuf«: Heilwissen S. 44 u. 77. Die Erläuterung zu Feuer, Luft, Wasser, Erde: Heilwissen S. 44 ff.

Hildegards »Betonung psychisch-sexueller Merkmale« und »als Praxisanleitungen gesehen«, als Hilfe für Frauen zum Verständnis der »eigenen Psychosomatik«: Newman S. 159, 160.

Zu den vier Temperamenten, auf Frauen bezogen: Heilwissen S. 118–120. »daß Hildegard ihr eigenes Temperament als melancholisch verstand«: Newman S. 160.

»Sorge für die Kranken vor und über allen Pflichten«: Regula Benedicti Kap. XXXVI.

»innerhalb der Grenzen ihrer Zeit durchaus sinnvolle...«: Müller, Die pflanzlichen Heilmittel S. 15.

»Wie das Feuer von Vulkanen« und »Die große Liebe, die in Adam war«: Heilwissen S. 172. »Gefühl für die Schönheit der leidenschaftlichen Liebe«: Newman S. 159.

Nie »einer Vertierung oder Verteufelung weiblicher Sexualität verfallen«: Beyer S. 62.

Bei der Vereinigung »ein lustvolles Hitzegefühl« und »Ist der Samen an die richtige Stelle...«: Heilwissen S. 137.

»Die Liebe der Frau ist im Vergleich ...«; »Wie nämlich eine Speise ...« und Ackerland, »das vom Pflug durchfurcht«: Heilwissen S. 172, 173, 137.

Zwischen Mann und Frau »völlig natürlicher, gegenseitiger Akt«: Newman S. 125. Hildegards »polares Menschenbild« hebt besonders hervor: Gössmann S. 36.

»Die Frau ist um des Mannes willen geschaffen«: Scivias I,2, S. 22.

Die Heilung der Sigewiza: Vita S. 112–125. »Gemeinschaftstherapie«: Schipperges, Die Welt der Hildegard, S. 109. »An der Besessenen haben wir ...«: Briefwechsel S. 53, 54, an Erzbischof Arnold von Trier..

»Denn der gute Arzt...«: Briefwechsel S. 154, an Abt Bertulf des Klosters St. Eucharius in Trier.

»Sehnsucht nach dem Himmel« und »Sorge um die leibliche Notdurft«; der Seele »allumarmende Liebe zu ihrem Leibe«: Welt und Mensch S. 214 u. 100.

»So liebt die Seele in allen Dingen das diskrete Maß«; »Wann immer der Körper ohne Diskretion«: Welt und Mensch S. 99; IV,27.

Hinweise zum »mäßig langen« Schlaf, zu Störungsursachen des Schlafs: Heilwissen S. 116 ff.

»Was Hildegards Heilkunde auszeichnet ...«: Schipperges, Die Welt der Hildegard, S. 110.

Seele und Körper »haben ein gleiches Maß«: Welt und Mensch S. 93; IV, 22

11. Kapitel: Die Äbtissin und der Kaiser

Der Titel Äbtissin kommt am ehesten der Kloster-Vorsteherin Hildegard nahe, obwohl er dem heutigen Begriff nicht ganz entspricht. Die »freie Äbtissinnenwahl« bestätigt urkundlich der Mainzer Erzbischof Arnold am 22.5.1158: Katalog Mainz 1998, S. 11. Kaiser Friedrich Barbarossa nennt in seinem Schutzbrief vom 18. April 1163 ausdrücklich »Antrag und Bitte der ehrwürdigen Frau Äbtissin Hildegard«, der »dominae Hildegardis venerabilis abbatissae«: Briefwechsel S. 85.

»Von allen Seiten strömten Scharen ...«: Vita S. 75.

»Hilfe durch Gebete und Ermahnungen« erbat von Hildegard bereits der König Konrad III., der erste Staufer als König, der nach gescheitertem Kreuzzug und einer unglücklichen Regierung Grund zum Hilfeerbitten hatte. Er starb 1152, überreichte vor seinem Tod die Reichsinsignien seinem Neffen Friedrich.

»Räuber und Abirrende ...«: aus Hildegards erstem Brief an Barbarossa: Briefwechsel S. 82. Der einzige Brief des Kaisers an Hildegard: Briefwechsel S. 83.

Hildegards »Buch der Lebensverdienste« als »moralischer Kampfschrift«: R. Termolen: Scivias S. XXI, Einleitung.

Zur kaiserlichen Schutzurkunde vom 18. April 1163: Briefwechsel S. 85 u. 47. Hierzu auch: Schipperges, Die Welt der Hildegard S. 32.

Zeugen der Schutzurkunde: Erzbischof Eberhard von Salzburg: Briefwechsel S. 72, 73; Erzbischof Konrad von Mainz: Briefwechsel S. 47, 48; Bischof Eberhard von Bamberg: Briefwechsel S. 66–71.

Zu Hildegards Selbstbezichtigung als »ungelehrte Frau«, als *femina indocta*, ihr »Bescheidenheitstopos«: Gössmann S. 36; R. Termolen: Scivias S. XV, Einleitung. Hierzu auch ausführlich: 2. Kapitel, »Auf dem Disibodenberg«.

Hildegards zweites Schreiben an Kaiser Friedrich Barbarossa bezeichnet als möglichen Dankbrief für die im April 1163 ausgestellte kaiserliche Schutzurkunde die Herausgeberin des Briefwechsels. Dort S. 85.

»Gott aus ganzem Herzen bitten« und »Dem alle Gewalt und Herrschaft«: Briefwechsel S. 84, 85. Aus dem zweiten Brief Hildegards an Kaiser Friedrich Barbarossa.

12. Kapitel: Das Schisma

Die Papstwahl 1159, die zunächst »normalen Verhältnissen« entsprach, und »Die Mehrheit ...«: Wilhelm Neuss: Die Kirche des Mittelalters, Bonn 1946, S. 165.

»Kaum wollte man ihm, der sich dessen sträubte ...«: Ferdinand Gregorovius: Geschichte der Stadt Rom im Mittelalter, dtv Klassik München 1988, Bd. II,1, S. 237.

»Noch hast du Zeit...« und »den Widerstand derer, die Mir trotzen«, die beiden letzten Schreiben Hildegards an den Kaiser: Briefwechsel S. 86.

»Das Wüten der kaiserlichen Truppen in Bingen und anderen Orten«: Feldmann S. 210.

»Du sollst aber dem Räuber...«: Briefwechsel S. 91, Hildegard an König Heinrich II. von England. Thomas Becket wurde bereits 1173 heiliggesprochen. An seinem Grab leistete König Heinrich öffentlich Buße.

»Die Feigheit spricht...«: Buch der Lebensverdienste I,19, S. 34.

Der Mönch Gottfried, Nachfolger Volmars und seit 1174 Propst auf dem Rupertsberg, verfaßte den ersten Teil der Hildegard-Vita. Er starb Anfang 1176.

»In der Kirche, die – seit langem durch die Finsternis der Spaltung verwirrt...«: Briefwechsel S. 118; Hildegards Brief an Papst Alexander III.

Die von Alexander III. erhobene, von Kaiser Friedrich I. 1177 in Venedig bestätigte Forderung auf eine unabhängige Papstwahl erlangte durch das 3. Laterankonzil 1179 kirchenrechtliche Gültigkeit. So wurde noch zu Lebzeiten Alexanders, der 1181 starb, eine im wesentlichen noch heute verbindliche Wahlordnung festgelegt, vor allem die zur Papstwahl nötige Zweidrittelmehrheit.

13. Kapitel: Elisabeth von Schönau

Eine »Wolke von Verwirrung« sei über sie gekommen, und »ich bin wirklich ein Engel Gottes«: Briefwechsel S. 192 u. 193, Elisabeths erster Brief an Hildegard.

»Das Himmlische sollen sie dem überlassen«: Hildegards Erwiderung, Briefwechsel S. 197.

»Ein Instrument des Heiligen Geistes bist du«: Briefwechsel S. 197, Elisabeth in ihrem kurzen Dankschreiben.

Elisabeths *Liber viarum Dei* (1156) und »Das ist das Buch der Wege Gottes« in: F. W. E. Roth (Hrsg.), Die Visionen der heiligen Elisabeth von Schönau und die Schriften der Äbte Ekbert und Emecho von Schönau, Brünn 1884, S. 91.

»Lerne Maßhaltung!«: Hildegards letzter Brief an die »Tochter Gottes« Elisabeth: Briefwechsel S. 199.

Elisabeths Vision des sie verfolgenden Priesters: F. W. E. Roth, Die Visionen..., S. 176. Auch in: Beyer, Die andere Offenbarung, S. 81 ff. Dort auch, S. 82: »handelt es sich um eine Angstvision«.

»der pechschwarze Vogel, der Teufel«: Briefwechsel S. 199.

Hildegard bestreitet für sich »ein Erlöschen des Tages- und Umweltbewußtseins«: Gössmann S. 46 ff, mit Erläuterungen zu den gegensätzlichen Positionen der beiden Mystikerinnen.

»Die Geschichte aber, die ich sah...«: Hildegard in der Einführung zu Scivias, S. 5 ff.

»einzige nichtekstatische Visionärin des Hochmittelalters«: Gössmann S. 46 ff, nach P. Dinzelbacher, Vision und Visionsliteratur im Mittelalter, Stuttgart 1981, S. 88.

Hildegards Schauungen als »Lehrvisionen«: Schipperges, Die Welt der Hildegard, Glossar. Auch bei: Gössmann S. 47.

Elisabeths Vision von Männern und Frauen vor der »unaussprechlichen Trinität«: F. W. E. Roth (Hrsg.), Die Visionen..., S. 182 f. Die Frauen »den Männern gleichberechtigt...«: Beyer, Die andere Offenbarung S. 85.

Der Mann als »Sämann, die Frau aber empfängt den Samen« und die *potestas viri*: Scivias I,2,11; Wisse die Wege S. 21. »Die Frau ist um des Mannes willen...«: Scivias I,2,12; Wisse die Wege S. 22. Hierzu ausführlich: Gössmann S. 46–70 (Das Menschenbild der Hildegard von Bingen und Elisabeth von Schönau vor dem Hintergrund der frühscholastischen Anthropologie). Hierzu auch das 10. Kapitel: Charismatisches Heilwissen.

»Mann und Frau sind auf eine solche Weise miteinander vermischt...«: *Liber divinorum operum*, das Buch der Gotteswerke, zitiert nach »Welt und Mensch« S. 164. Anstelle von »miteinander vermischt« übersetzt E. Gössmann (S. 60) »einander beigegeben«. Im latein. Originaltext: *adinvicem admisti sunt*.

»Die Verschiebung von dem hierarchischen Menschenbild der Scholastik...« und das Bild des »Kosmosmenschen... inmitten der kosmischen Kreise...«: Gössmann S. 228 u. 60.

14. Kapitel:
Der Mensch in der Verantwortung

Geplagt »durch viel Krankheit«, »Verkünde nun...« und »Rede auch jetzt wieder...«: Buch der Lebensverdienste, Liber vitae meritorum, S. 27.

»Ich sah einen Mann«, »Sein Antlitz aber erstrahlte«: Buch der Lebensverdienste S. 28.

Zu Hildegards Singspiel »Spiel der Kräfte«: siehe 8. Kapitel, Eine himmlische Symphonie.

Es geht »um den Kairos der Gegenwart«: Buch der Lebensverdienste S. 17, Einführung.

Das Buch der Lebensverdienste als »moralische Kampfschrift«: R. Termolen in der Einleitung zu Scivias S. XXI.

Hildegard, »die ihre literarische Bildung bewußt herabsetzte, um als ungebildete Prophetin zu gelten«: Gössmann S. 48 u. 36.

Eine »verborgene Beschreibung mittelalterlichen Rechtsempfindens...«: R. Termolen in Scivias S. XXI.

In der »Tiersymbolik Anklänge an den spätantiken Physiologus: Buch der Lebensverdienste S. 296, Nachwort.

Weil »ihrer Vision völlig der Charakter eines Lehrgedichts abgeht«: Buch der Lebensverdienste w.o.

»Vor dem Ursprung der Tage« und »alle Kraft und alles, was da lebt«: Buch der Lebensverdienste S. 39; I, 33 u. 32.

»Der gewaltig starke Gott«: w.o. S. 266 u. 268; VI, 3 u.8.

»Ob man sich wohl an nur einen Menschen...« und »Und so kann sich der Mensch...«: w.o. S. 118 u. 144; II, 65 u. III, 27.

»Unter allen Übeln das schlimmste« und »nur ein grausamer Blick unbarmherzig...«: S. 61 u. 34; I, 83 u. 17.

»Vom Herzen aber geht Heilung aus«: Briefwechsel S. 40.

»Übervoll ist mein Herz«: Buch der Lebensverdienste S.34; I, 17.

»Ich bin ein großer Arzt«: Scivias S. 55; I, 3. »Ohne den Geruch der Tyrannei«: Briefwechsel S. 154, an Abt Bertulf.

Die Lüge, »das Laster der Unmenschlichkeit«: Buch der Lebensverdienste S.125; II, 83.

»Der gläubige Mensch aber ergreife den Pflug«: w.o. S. 216; IV, 76.

15. Kapitel: Erste Predigtreisen

Leiden unter »quälenden Schmerzen« und »wurde das Gefäß meines Leibes...«: Vita S. 86. Ebenso dort: »Während ich noch an diesen Schmerzen litt«.

»Vom göttlichen Geist nicht nur angetrieben« und die Aufzählung von Hildegards Predigtorten: Vita S. 110 ff.

Auf eine »Mahnpredigerin in der Traditionsfolge der Propheten« verweist: Diers S. 103.

»Der Apostel (Paulus) erlaubte nicht...«: Wibert im Herbst 1175, in: Briefwechsel mit Wibert S. 42. Hinweis auf den Paulus-Brief: 2 Kor 4, 7.

Der Bittbrief des Trierer Klerus, »Weil der Herr in Euch ist« und »Wir wissen nämlich«: Im Feuer der Taube, Die Briefe, S. 411.

»Ich armseliges Geschöpf« und »Die Lehrer und Magister wollen nicht...«: Im Feuer der Taube S. 412.

Schon in Mainz »sagten alle, dies kommt von Gott«: Vita S. 73.

»weil du furchtsam bist zum Reden«: Scivias S. 5, in Hildegards Einleitung.

»Zitternde Furcht« und »denn keine Sicherheit irgendeines Könnens«: Briefwechsel S. 226, an Wibert von Gembloux im Herbst 1175.

Was »ich sah und hörte« und »Die Lehrer und Vorsteher...«: Im Feuer der Taube S. 415. Dort ebenso: »Du wirst zu einer kleinen Zahl« und »einem gewissen Tyrannen«.

Zum Papstschisma in den Jahren 1159 bis 1177 siehe Kapitel 12. Das Schisma.

»Zeit des Irrtums« und »Gerechte und gute Menschen«: Im Feuer der Taube S. 416.

16. Kapitel: Gegen die Katharer

»Wenn Euer Gott anhängender Geist«: Im Feuer der Taube, Die Briefe S. 41. Anschließend Hildegards Predigttext.

Zu den späteren zwei »Einschüben«: Schrader/Führkötter, Die Echtheit des Schrifttums der hl. Hildegard S. 169 f. Hierzu auch: Gössmann S. 163-173. Dort S. 166 nennt Gössmann den ersten Einschub »von echtem Hildegard-Gepräge, ursprünglich an einen anderen Ort« gehörend, was ähnlich auch für den zweiten Einschub gilt.

Die Hildegard-Zitate »Eure Zungen aber sind stumm« bis »Ihr seid kein Halt« und »Durch euer geschwätziges Getue«: Im Feuer der Taube S. 42-44.

Die Katharer als die »Armen Christi«, »Sie allein, nicht die reichen Prälaten« und »Gleichklang von Leben und Lehre«: Borst, Die Katharer S. 75.

»Der Teufel ist bei diesen Menschen«; Im Feuer der Taube S. 46.

»Und hinterher treiben sie doch«: Briefwechsel S. 171.

»Gegenkirche mit Massenanhang«: Kleriker, Mönche, Ketzer S. 315.

Auf die »leiblich-seelisch-geistige Einheit« bei Hildegard verweist: Schipperges, Hildegard, S. 49. Hildegards »theologischen Grundüberzeugungen zuwider« nennt Diers, S. 107, die »Ablehnung von Leib und Welt«. – »Die Seele durchströmt den Körper«: Scivias I, 4, 25.

Die Bitte der Mainzer Domkapitularen um Hildegards »Schreiben über die Irrlehre der Katharer«: Im Feuer der Taube S. 317. Hildegards Antwortbrief: w.o. S. 321.

Der Feuertod in Köln, »draußen vor dem Judenfriedhof«, am 5. August 1163: Diers S. 109. Zitierung nach der Kölner Königschronik, in: Geschichtsschreiber der deutschen Vorzeit, Bd. 69.

»Die Seele ist die grüne Lebenskraft« und weitere Zitierung: De oerationen Dei, Welt und Mensch, S. 91 u. 100. »Der Mensch ein Wesen mit Leib und Seele«: w.o. S. 168.

»Ich armselige Frau ...«: Im Feuer der Taube S. 321.

17. Kapitel: Die Briefschreiberin

»Laßt nicht zu, daß sie durch die Gewalt der üppig lebenden Prälaten«: Briefwechsel S. 32. Die folgenden Zitate bis »Ihr seid Nacht«: Briefwechsel S. 86, 36, 38, 76, 211 u. 170.

»Wir sehnen uns«: Briefwechsel S. 154.

Von teilweise auch »massiven inhaltlichen Umformungen« spricht W. Wilhelmy in: Katalog Mainz 1998, S. 138.

Von »ungefeilten lateinischen Worten«: Briefwechsel S. 227. Was Hildegard »eigenhändig niederschrieb«: Vita S. 69.

Von »einer bewußten Bearbeitung« der Briefe: Monika Klaes, in: Festschrift Forster 1997, S. 166. Dort S. 153–170 ausführliche Anmerkungen zur Überlieferung der Briefe. Dort S. 161 zu den Eingriffen bei der Papstkorrespondenz.

»Mittelalterl. Briefe sind nicht privater Natur«: Diers S. 53.

Schreiben an Erzbischof Arnold »setzt sich aus drei älteren Briefen«: Monika Klaes S. 162. »den Eindruck erwecken«: Diers S. 54.

»Bernhards knappe Antwort«: Monika Klaes S. 158.

Zur Kritik der Meisterin Tengswich: Vgl. 6. Kapitel: Klosterleben. Hierzu: Briefwechsel S. 200–204. Zur Abschwächung der Kritik: Monika Klaes S. 159; Diers S. 53–55.

»Im Hinblick auf eine potentielle Heiligsprechung«: W. Wilhelmy, in: Katalog Mainz 1998, S. 142.

»Übervoll ist mein Herz«: Buch der Lebensverdienste S. 34; I, 17.

»die Sehnsucht nach dem Himmel«: Welt und Mensch S. 214; V, 27.

»Denn Gott hat Himmel und Erde: Briefwechsel S. 136, an Abt Helmrich des Klosters St. Michael in Bamberg.

Die Untergebenen »nicht mit furchterregenden Worten erschrecken«: Briefwechsel S. 77, an Erzbischof Philipp von Köln.

»Ich sah die schöne Gestalt...«: Briefwechsel S. 57, an Bischof Heinrich von Beauvais (1141–1162).

Zu Richardis von Stade: vgl. das 7. Kapitel.

»das vorhandene Material einer bewußten Bearbeitung unterzogen«: Monika Klaes S. 166.

18. Kapitel: Die Klostergründerin

Zur Krankheit Hildegards in den Jahren 1167–1170; Vita S. 126; Anmerkungen S. 156, 157.

»Innerhalb kurzer Zeit«: Briefwechsel S. 232 ff., Wibert von Gembloux an Bovo.

Zum ehemaligen Kloster Eibingen: W. Lauter, Das alte Kloster Eibingen, in: Wirkungsstätten S. 14–16. Das Fehlen »genauer Bildquellen« zur ersten Klosteranlage und die »Vier-Flügel-Anlage" des barocken Klosters, in: Katalog Mainz 1998, S. 112.

Heilung des blinden Jungen nach der Bitte der Mutter »flehentlich unter Tränen«: Vita S. 111. »Geh an den Teich Siloe«: Joh 9, 11.

Heilung der geistesgestörten Frau Sigewiza: vgl. 10. Kapitel, Charismatisches Heilwissen. Ausführlich geschildert in: Vita S. 112–115.

»Nicht Menschenwerk, sondern Gotteswerk«: Abt Gedolph (auch Gerold genannt) von Brauweiler an Hildegard, in: Vita S. 115.

»Weder durch Tadel verängstigen noch durch Lob verführen lassen« und »Die mit ihr im Konvent lebenden Nonnen«: Vita S. 91 u. 75 ff.

Vermutliche Aufnahme auch nichtadliger Töchter im Eibinger Kloster: Kerner S. 142; Feldmann S. 70.

Der Vorwurf der Meisterin Tengswich »erstarrt und ratlos« und ihre weitere Zitierung: Briefwechsel S. 201. Zu anderen Vorwürfen der Meisterin des Andernacher Kanonissenstifts: vgl. 6. Kapitel, Klosterleben; 17. Kapitel, Die Briefschreiberin.

»Mutter und Vorsteherin einer so großen Schar«: Briefwechsel mit Wibert S. 99, Wibert von Gembloux an Bovo. »Mutter und Führerin einer großen Heerschar«: Briefwechsel S. 233.

19. Kapitel: Welt und Mensch

Das Buch *De operatione dei* gilt als älteste überlieferte Hildegard-Handschrift, entstanden 1170 bis 1173, also noch zu Lebzeiten Hildegards und wohl aus der Schreibstube auf dem Rupertsberg stammend. Aufbewahrt als Kodex 241 der Genter Universitätsbibliothek. Spätere Abschriften, so im sogenannten RIESENKODEX der Hessischen Landsbibliothek in Wiesbaden, tragen den Titel: *Liber divinorum operum*, Buch der Gotteswerke. Hierzu: Welt und Mensch S. 10 ff., Einführung von H. Schipperges.

»In jener Zeit hatte ich in der wahren Schau ...«: Im Nachwort des o.g. Riesenkodex. Deutsch von A. Führkötter in: Festschrift Brück 1979, S. 45. Auch in: Briefwechsel S. 165.

Zu Volmar: siehe 2. Kapitel, Auf dem Disibodenberg.

Die Dreiteilung als »Glaubenskunde«, »Lebenskunde« und »Welt- und Menschenkunde«: A. Führkötter in: Festschrift Brück 1979, S. 44.

»Mitten im Weltenbau ...« und »Gott hat die Gestalt des Menschen ...«: Welt und Mensch S. 44, II. Schau 15 und S. 152, IV. Schau 97.

»Daher jubelt die ganze himmlische Harmonie«: Welt und Mensch S. 230, V. Schau 40.

Die Liebe, in der sich »alles Sein spiegelt« und von der »kommenden Friedenszeit«: Welt und Mensch S. 266 u. 300.

»Theologische Weltsicht« und »nirgendwo dogmatisch fundiert«: Schipperges, Hildegard S. 39.

Das »mittelalterliche Erkenntnisinteresse«: Diers S. 77.

Der Hinweis auf Gebeno von Eberbach i. J. 1220: Newman S. 39.

»Die Luft lebt im Grünen«, »Gottes Wort« und »die Seele als grüne Lebenskraft«: Welt und Mensch S. 25, 172 u. 91.

»ganz wachen Leibes« und »Ich schaute es mit dem inneren Auge«: Welt und Mensch S. 21, 22, Vorspruch.

»Solcherart ist des Menschen Gestalt«, »Die Seele bewohnt ihren Leib« und »so ist der Mensch«: Welt und Mensch S. 168, 132, 167.

20. Kapitel: Die Unbekannte Sprache

Zur Kritik der Meisterin Tengswich vgl. 6. Kapitel: Klosterleben. Hierzu: Briefwechsel S. 200–204.

»Unterschiebung« und »keinen Beweis für die Echtheit...«: Beate Widmer S. 16.

Die Echtheit der Unbekannten Sprache bestätigen, »wenngleich die Lingua ignota... ungeklärt ist«: Schrader/Führkötter, Die Echtheit des Schrifttums. Weitere Bestätigungen: Robert Wolff, in: Festschrift Brück 1979, S. 239–262; Einführung zu Physica, S. 24–29, Die Unbekannte Sprache, von Marie-Louise Portmann.

Hildegards eigene Anzeige ihrer Schrift »Die unbekannte Sprache«: Buch der Lebensverdienste S. 27.

Brief an Papst Anastasius IV., 1153 oder 1154 geschrieben (in der Zeit seines Pontifikats): Briefwechsel S. 40.

»Himmelsfreuden der Jungfrauen«, die »eine völlig neue Sprache...«: Buch der Lebensverdienste S. 283.

Antiphon »Zur Kirchweihe«: Lieder S. 284, 285. Auch bei Newman S. 234. Dort wird die Antiphon als »phantastische Lyrik« und »synästhetische Glanzleistung« bezeichnet.

Die »ursprünglich gegebene Sprachsubstanz nicht verändert«: Robert Wolff, in: Festschrift Brück 1979, S. 240.

Die von den Überlieferern »bewußt komponierte« Briefsammlung Hildegards: Monika Klaes, in: Festschrift Forster 1997, S. 154.

Die Übersetzung »nachträglich, aber von gleicher Hand...«: Marie-Louise Portmann, in: Physica S. 24, Zur Unbekannten Sprache.

Die zitierten Wörter der Unbekannten Sprache sind entnommen den gruppierten Wörterverzeichnissen bei: Robert Wolff, in: Festschrift Brück 1979, S. 241–246.

Der von Schrader/Führkötter, Die Echtheit des Schrifttums, hervorgehobene Wiesbadener Kodex, auch Riesenkodex genannt, befindet sich in der Hessischen Landesbibliothek Wiesbaden. Als Entstehungszeit des älteren Zwiefaltener Kodex gelten die Jahre 1154–1170.

Zur Zweckbestimmung der Geheimen Sprache: Vermeidung »bestimmter, in der Umgangssprache vielleicht obszön klingender Wörter« und »Sprachbarriere zwischen Nonnen und niederen Dienstmägden«: Robert Wolff, in: Festschrift Brück 1979, S. 244.

Die Aufzählung »182 Bäume und Sträucher...«: Robert Wolff, w.o. S. 243.

Hildegard »verabscheute aber die Magie«: Marie-Louise Portmann, in Physica S. 13, Hinweise auf Echtheit von Textstellen.

Übergewicht des »anatomisch-medizinischen und botanisch-pharmakologischen Sachbereichs«: Robert Wolff, w.o. S. 245.

Die Unbekannte Sprache als Vermittlerin »geheimer Nachrichten...«: Robert Wolff, w.o. S. 245.

Der Dichter Stefan George (1868–1933) »aufs äußerste gefesselt« von Hildegard, und »Das ist bei uns so in Bingen...«: Edith Landmann, Gespräche mit Stefan George. Düsseldorf und München 1963, S. 84 u. 175. Auch in: Festschrift Brück 1979, S. 246.

21. Kapitel: Volmars Nachfolger

Bitte des Abtes Helenger um die Niederschrift der Vita des hl. Disibod: Briefwechsel S. 116.

»Denn wir sind jetzt in großer Trauer«: Briefwechsel S. 118, Hildegard an Papst Alexander III. Das Antwortschreiben des Papstes, gerichtet an Propst Wezelin: Briefwechsel S. 119.

Zur Berufung des Mönchs Theoderich als Vitaschreiber durch die Echternacher Äbte Ludwig (1173–1181) und Gottfried II. (1181–1210): A. Führkötter, Anmerkungen, Vita S. 149. Ebenso, mit der Entstehungszeit der Vita 1181–1187: Walter Berschin, in: Festschrift Forster 1997, S. 120–125. Dort auch: Theoderich habe Hildegard »möglicherweise nur flüchtig oder gar nicht gekannt«.

Theoderich hat zu jedem der drei Teile der Vita ein Vorwort geschrieben; Die Zitierung aus seinem ersten Vorwort: Vita S. 51.

Die »ersten Zeichen für den Niedergang des Männerklosters«: Kerner S. 156.

Wiberts Frage in seinem ersten Brief, »ob es wahr ist, was bei uns das Gerücht ...«: Briefwechsel S. 224.

Der ausführliche Brief Wiberts: »wie verzückt vor Bewunderung« und »Worte des Heiligen Geistes«: Briefwechsel mit Wibert S. 35 und 38, 39.

»Von meiner Kindheit an ...«: Briefwechsel S. 226, 227.

Der Brief mit den sogenannten 38 Fragen, an Hildegard gerichtet, ist nicht im Gesamt-Briefwechsel enthalten, sondern im »Briefwechsel mit Wibert« (so auch jeweils zitiert), herausgegeben von W. Storch OSB. Hildegards Antworten sind zugefügt.

»Sizilianische Fragen« des Kaisers Friedrich II.: Eberhard Horst, Friedrich der Staufer, Eine Biographie, Claassen Verlag München 11. Aufl. 1997, S. 181 ff.

Hildegard könne ihre »Tränen nicht zurückhalten«, der Tod Gottfrieds, »Stab meines Trostes«: Briefwechsel mit Wibert S. 80.

Wibert wolle »alles ... in einer Schrift sammeln« und »durch Briefe herbeigerufen«: Briefwechsel mit Wibert S. 92 u. 97.

Der Abt von Gembloux drängt zur Rückkehr Wiberts, »alle Herzen von Trauer erfüllt«: Briefwechsel S. 233.

»Nun weile ich bei dir...«: Briefwechsel S. 232, Wibert an Bovo.

Wiberts kurze, unvollendete Lebensbeschreibung Hildegards »Die Klausnerinnen«, in: Briefwechsel mit Wibert S. 100–114.

Auf die »bewußte Bearbeitung« (der Brieftexte), »um den Eindruck eines möglichst breitgefächerten Korrespondentenkreises zu erwecken«, verweist: M. Klaes, Festschrift Forster 1997, S. 166. Berufung auf: Van Acker, Der Briefwechsel der hl. Hildegard von Bingen, Vorbemerkungen 2, S. 151 f.

»Mittelalterliche Briefe sind privater Natur ...«: Diers S. 53.

Ob Hildegard »möglicherweise selbst an der Umarbeitung beteiligt war«: M. Klaes, Festschrift Forster 1997, S. 166.

Auf »Schönungen, die ihren Ruhm vermehren sollen« verweist: Kerner S. 160.

22. Kapitel: Das Interdikt

Der gesamte Vorgang zur Verhängung des Interdikts ist durch überlieferte Briefe genau belegt: Briefwechsel S. 235–246.
»Deshalb maßen wir uns nicht an ...«: a.a.O. S. 237.
Wiederholt bezeugt »standen sich die kirchliche Behörde ... und das geistliche Charisma Hildegards schroff ... gegenüber«: Schipperges, Hildegard S. 32.
Aufforderung zu »größter Behutsamkeit« und »Ehe ihr den Mund derer ...«: Briefwechsel S. 239.
»Die also den Schlüssel des Himmels besitzen«: Briefwechsel S. 240. Wie oben: Hildegard an die Mainzer Prälaten.
»Da aber ihre Augen so verfinstert waren« und »Daraufhin habe ich ... zum wahren Licht aufgeschaut«: Briefwechsel S. 242, Hildegard an Erzbischof Christian.
»Verklammerung von Geistlichem und Weltlichem«: Briefwechsel S. 235. Anmerkung von A. Führkötter OSB.
Zum Schisma der Jahre 1159 bis 1177 und zum Frieden von Venedig: siehe 12. Kapitel »Das Schisma«.
»Offenkundige Zeichen eines heiligen Wandels« und weitere Briefzitate des Erzbischofs Christian von Mainz: Briefwechsel S. 243, 244.
Lüge als »Laster der Unmenschlichkeit«: Buch der Lebensverdienste S. 125; II, 83.
Gegen »Herzenshärte« und »Feigheit«: Buch der Lebensverdienste S. 60, 61; I, 83 u. 84.
Zur Barmherzigkeit und »Übervoll ist mein Herz«: Buch der Lebensverdienste s. 34; Erstes Kapitel 17.

23. Kapitel: Vollendeter Lebenslauf

»Hildegard ist abgemagert und schwach«: Kern S. 165.
Theoderichs Vermerk über »viele mühsame Kämpfe« und Hildegard »empfand Überdruß am gegenwärtigen Leben«: Vita S. 131.
»Tag der großen Offenbarung« und »Und alsbald erstrahlten alle Elemente«: Scivias S. 579 u. 581; Teil III, 12.
Von Hildegards »seligem Sterben« und »Ihre Töchter, deren

ganze Freude und Tröstung sie gewesen« berichtet Theoderich: Vita S. 131.

Hildegards Ritt zum Disibodenberg, ihr Auftritt vor den Mönchen wird im 5. Kapitel, Gerufen aus der Verborgenheit, geschildert. Hierzu: Briefwechsel S. 104–106.

»Doch ach, welch große Klage«: Briefwechsel S. 105. Den Brief an ihre Schwesterngemeinschaft schrieb die Äbtissin Anfang der fünfziger Jahre.

Daß der Vitaschreiber Theoderich die Äbtissin »möglicherweise nur flüchtig oder gar nicht gekannt hat« und Näheres zu seinem Schreiben vermerkt W. Berschin in: Festschrift Forster 1998, S. 120 ff.

»Wenn ihr sie also liebt« und »Schickt uns die Lösungen«, im Beileidsbrief der Mönche von Villers, übersetzt von A. Führkötter, in: Festschrift Brück 1979, S. 53. Zu den 38 Fragen der Mönche von Villers: siehe 21. Kapitel, Volmars Nachfolger.

Rückkehr Wiberts von Gembloux zu seinem Heimatkloster im Frühjahr 1180: Briefwechsel mit Wibert, Nachwort, S. 117. Wibert wurde 1194 Abt seines Klosters. Er starb 1213.

»Der Ort des Wunderbaren...«: H. Fichtenau, Lebensordnungen des 10. Jahrhunderts, München 1992, S. 417.

»Als Hildegard ihre Seele Gott zurückgab« und die Schilderung des Lichtwunders: Vita S. 131 ff.

»Die Totenglocke läutet« und »dreißig Tage lang...«: Kerner S. 168 u. 169.

Beisetzung Hildegards in der »Gruft unterhalb des Altarraumes der Abteikirche«: Ines Koring, in: Katalog Mainz 1998, S. 20. Hier auch: Festschrift Brück 1979, S. 385 f.

Daß es auf dem Rupertsberg »schließlich zuging wie auf dem Jahrmarkt«: Feldmann S. 231.

Der Wunderbericht von der Chormeisterin Sophia und von Mezza von Vecha: A. Simon, Die Reliquien der Heiligen Hildegard und ihre Geschichte, in: Festschrift Brück 1979, S. 372.

Die Bitte der Rupertsberger Nonnen, ihrer »dahingeschiedenen Gründerin unter Gehorsamspflicht zu gebieten...«: Newman S. 31, nach Patrologia Latina, tom. 197, 138 c, Parisiis 1882.

24. Kapitel: Über den Tod hinaus

»Die neue Hildegardliteratur beschäftigt sich nur am Rande mit Hildegard als Heiliger« und »Die ›inoffizielle‹ Heilige«: Josef Krasenbrink, in: Festschrift Forster 1997, S. 496.

»Pfeiler im Strom« (R. Schneider), »Schwester der Weisheit« (B. Newman) u.a. lauten Titel von Büchern oder Abhandlungen über Hildegard.

»Denn sie ging Euch im Angesicht Gottes voran«: Trostbrief der Mönche von Villers, übers. von A. Führkötter, in: Festschrift Brück 1979, S. 53, 54. Dort auch der Hinweis auf den Festhymnus von »neun metrischen vierzeiligen Strophen«.

Im Kloster von Gembloux »in acht Lesungen unterteilt...«: Helmut Hinkel in: Festschrift Brück 1979, S. 386.

Hildegards »Wirken berühmter Wunderzeichen...«: Vita S. 100.

Theoderich »nie mit Hildegard zusammengetroffen« und »erste ›Autohagiographie‹ des Mittelalters«: B. Newman in: Festschrift Forster 1997, S. 127 u. 126. Ebenso dort, S. 126, der Hinweis auf »die verschiedenen Aspekte der drei Autoren«.

Der Auftrag zum Schreiben der Vita »nur einer der vielen vielen Schritte...« zur Sicherung der Kanonisation: B. Newman a.a.O. S. 141.

Die Zitierung der Vitaschreiber zur »heiligen Jungfrau« Hildegard: Vita S. 65, 67, 66, 100 u. 132.

So »sagten alle, dies komme aus Gott«: Vita S. 73, zur päpstlichen Anerkennung der ersten Schrift Hildegards Scivias.

»Wie eine Posaune, die den Ton zwar erklingen läßt...«: Briefwechsel S. 197, Hildegard an Elisabeth von Schönau.

Hildegard »sprach und schrieb nichts aus eigener Erfindung«: Scivias S. 7, Vorwort.

Daß in ihren Schriften »der Finger Gottes, der Hl. Geist, am Werk ist«: Gebeno von Eberbach im Prolog zu seinem »Pentachronon«. Nach: B. Newman, in Festschrift Forster 1997, S. 138. Dort ebenso die weitere Zitierung Gebenos.

Daß Gebeno von Eberbach Hildegard »im Mittelalter als Prophetin eigentlich erst berühmt gemacht hat«: H. Hinkel in: Festschrift Brück 1979, S. 388.

Die Papstwahl Gregors IX. erfolgte am 19. März 1227. Folglich konnte er nicht bereits am 27. Januar 1227 die Kanonisation Hildegards eingeleitet haben, wie gelegentlich behauptet wird. Richtiger ist, daß Gregor IX. am 28. Januar 1228 den Auftrag zur Prüfung erteilte. Hierzu J. Krasenbrink in: Festschrift Forster 1997, S. 500 ff.

Gregors IX. Freude, »auf Erden die zu erhöhen, die der Himmel geehrt hat«: Zitiert nach B. Newman in: Festschrift Forster 1997, S. 141.

Überprüfung von Hildegards »Leumund und ihre Verdienste...«: W. Wilhelmy in: Katalog Mainz 1998, S. 156.

Das beschriebene, um 1230 entstandene Antependium ist abgebildet in: »Die Zeit der Staufer«, Stuttgart 1977, Katalog II, Abb. 599–601, beschrieben in Katalog I, S. 638 ff. Aufbewahrt wird das Antependium in Brüssel, Musées Royaux d'Art et d'Histoire, Inv.-Nr. 1284.

Kritik des Papstes Gregor IX., »daß bei den vielen angeführten Heilungen...« Beweise fehlten: J. Krasenbrink in: Festschrift Forster 1997, S. 501.

Daß »Mainz mit großen Verzögerungen der reagierende Teil« war und »die Chancen« zur Heiligsprechung Hildegards »nicht genutzt hat«: J. Krasenbrink, a. a. O. S. 501.

Nachweise zum dreimaligen Drängen der Päpste zur Kanonisation Hildegards: J. Krasenbrink, a. a. O. S. 500–502; H. Hinkel in: Festschrift Brück 1979, S. 386 ff.

Hinweise zur Sponheimer Chronik des Abtes Trithemius (1462–1516); H. Hinkel, a. a. O. S. 389 ff. Zitierung des Papstes Johannes XXII. zur Prüfung »des Lebens...«: J. Krasenbrink, a. a. O. S. 502. Zitierung aus der »Weltchronik« von Hartmann Schedel (1440–1514): F. Jürgensmeier in: Festschrift Brück 1979, S. 288.

Das »härteste Gericht« drohe den Mainzer Prälaten, »wenn sie nicht... ihr Vorsteheramt mit Sorgfalt führen«. Das betraf das genannte Verhalten der Prälaten: Briefwechsel S. 240, Hildegard an die Prälaten.

Auf den »geschlossenen Kosmos« und Hildegards »Bilderwelt von kosmischer Dimension« verweist vor allem: Diers S. 77.

Die Hinweise auf »personales Denken« Hildegards und ihre

Beschreibung der »Formen und Reaktionsweisen menschlicher Leiblichkeit« verdanke ich: E. Gössmann S. 99, 100. Auch bei E. Gössmann in: Festschrift Forster 1997, S. 176 f.

Was hier nur verkürzt und abschließend zu Hildegards Vorstellung von der »Paarbeziehung« von Mann und Frau und von deren »Gleichwertigkeit« gesagt werden kann, wurde ausführlicher erörtert am Ende des 13. Kapitels, »Elisabeth von Schönau«.

Zur »neuen Heilskunde« und einem »eher mystisch orientierten als dogmatisch erstarrten... Denken und Handeln«: Schipperges, Hildegard ... Bingen, München 1995, S. 116, 117.

Ausgewählte Bibliographie

Die Werke Hildegards von Bingen werden nach den ins Deutsche übersetzten und in Einzelausgaben leicht zugänglichen Schriften zitiert. Eine weiterführende Bibliographie mit den Angaben der lateinischen Quellen, der Kritischen Werkausgaben und einer guten Auswahl der Sekundärliteratur bis zur gegenwärtigen Zeit bietet: Heinrich Schipperges, Die Welt der Hildegard von Bingen, Freiburg i. Br. 1997, S. 157–160.

1: Werke Hildegards von Bingen

Scivias – Wisse die Wege. Übersetzt und hrsg. von Walburga Storch OSB. Freiburg, Basel, Wien 1992. Herder Spektrum 1996. (Zitiert: Scivias)

Heilkraft der Natur – Physica. Übersetzt und hrsg. von Marie-Louise Portmann. Augsburg 1991. Herder Spektrum 1997. (Zitiert: Physica)

Heilwissen. Von den Ursachen und der Behandlung von Krankheiten. (Causae et Curae). Übersetzt und hrsg. von Manfred Pawlik. Augsburg 1990. Herder Spektrum 1996. (Zitiert: Heilwissen)

Der Mensch in der Verantwortung. Das Buch der Lebensverdienste. (Liber vitae meritorum). Übersetzt und erläutert von Heinrich Schipperges. Salzburg 1972. Herder Spektrum 1994. (Zitiert: Buch der Lebensverdienste)

Welt und Mensch. (De operatione Dei. Liber divinorum operum). Übersetzt und erläutert von Heinrich Schipperges. Salzburg 1965. (Zitiert: Welt und Mensch)

Symphonia. Gedichte und Gesänge. Lateinisch und deutsch. Hrsg. von Walter Berschin und Heinrich Schipperges. Heidelberg 1995.

Lieder. Hrsg. von Pudentiana Barth, Immaculata Ritscher und Joseph Schmidt-Görg. Salzburg 1992. (Zitiert: Lieder)

Briefwechsel. Übersetzt und erläutert von Adelgundis Führkötter. Salzburg 1965. (Zitiert: Briefwechsel)

Im Feuer der Taube. Die Briefe. Vollständige Ausgabe. Übersetzt und hrsg. von Walburga Storch. Augsburg 1997. (Zitiert: Im Feuer der Taube)

Briefwechsel mit Wibert von Gembloux. Hrsg. und übersetzt von Walburga Storch. Mit einem kunstgeschichtlichen Beitrag von Dr. Werner Lauter. Augsburg 1993. (Zitiert: Briefwechsel mit Wibert)

II. Lebensbeschreibungen (Viten)

Das Leben der heiligen Hildegard. Berichtet von den Mönchen Gottfried und Theoderich. Aus dem Lateinischen übers. und komment. von Adelgundis Führkötter. Salzburg 1980. (Zitiert: Vita)

Die Klausnerinnen. Unvollendete Lebensbeschreibung Hildegards durch Wibert von Gembloux. In: Briefwechsel mit Wibert von Gembloux. Hrsg. und übers. von Walburga Storch, S. 100–114. (Zitiert: Briefwechsel mit Wibert)

Leben der Frau Jutta, Inkluse. In: Franz Staab: Aus Kindheit und Lehrzeit Hildegards. In: Festschrift Forster 1997, S. 69–86. (Zitiert: Leben der Jutta)

III. Sammelwerke

Hildegard von Bingen 1179–1979. Festschrift zum 800. Todestag der Heiligen. Hrsg. von Anton Ph. Brück, Mainz 1979. Neuaufl. 1998. (Zitiert: Festschrift Brück 1979)

Hildegard von Bingen. Prophetin durch die Zeiten. Festschrift zum 900. Geburtstag. Hrsg. von Edeltraud Forster und dem Konvent der Benediktinerinnenabtei St. Hildegard, Eibin-

gen. Freiburg, Basel, Wien 1997, 2. Aufl. 1998. (Zitiert: Festschrift Forster 1997)
Hildegard von Bingen 1098–1179. Hrsg. von Hans-Jürgen Kotzur. Bearbeitet von Winfried Wilhelmy u. Ines Koring. Mainz 1998. (Zitiert: Katalog Mainz 1998)

IV. Ausgewählte Literatur

Aus der wachsenden und kaum noch überschaubaren Zahl der Bücher über Hildegard wurden lediglich solche Werke aufgenommen, die meiner Arbeit hilfreich waren oder die zur weiterführenden Lektüre empfehlenswert sind. Einige der jeweils kurz zitierten Werke wurden bei den Anmerkungen notiert.

Acker, Lieven van: Der Briefwechsel der heiligen Hildegard von Bingen. Vorbemerkungen zu einer kritischen Edition. In: Revue Bénédictine 98 (1988) S. 141–168 und 99 (1989) S. 118–154.
Ders.: Der Briefwechsel zwischen Elisabeth von Schönau und Hildegard von Bingen. In: Instrumenta Patristica 23 (1991), S. 409–417.
Angenendt, Arnold: Geschichte der Religiosität im Mittelalter. Darmstadt 1997.
Batselier, Dom Pieter (u.a.): Benedictus. Symbol abendländischer Kultur. Stuttgart und Zürich 1997.
Bayer, Rolf: Die andere Offenbarung. Mystikerinnen des Mittelalters. Bergisch-Gladbach 1989.
Betz, Otto: Hildegard von Bingen. Gestalt und Werk. Mit einem Beitrag von Felicitas Betz. München 1996.
Böckeler, Maura: Das große Zeichen. Die Frau als Symbol göttlicher Wirklichkeit. Salzburg 1941.
Bonn, Caecilia: Der Mensch in der Entscheidung. Gedanken zur ganzheitlichen Schau Hildegards von Bingen. Eltville 1986.
Dies.: Mut zur Ganzheitlichkeit. Aspekte bei Hildegard von Bingen. Eltville 1990.
Dies.: Du führst den Geist ins Weite. Grunderfahrungen des geistlichen Weges bei Hildegard. In: Festschrift Forster 1997, S. 284–293.

Borst, Arno: Die Katharer. Mit einem Nachwort von Alexander Patschovsky. Freiburg, Basel, Wien 1991.

Bosl, Karl: Europa im Aufbruch. Herrschaft, Gesellschaft, Kultur vom 10. bis zum 14. Jahrhundert. München 1980.

Brede, Maria Laetitia: Die Klöster der heiligen Hildegard, Rupertsberg und Eibingen. In: Festschrift Brück 1979, S. 77–94.

Bühler, Johannes: Klosterleben im Mittelalter. Frankfurt a.M. 1989.

Chávez Alvarez, Fabio: Die brennende Vernunft. Studien zur Semantik der ›rationalitas‹ bei Hildegard von Bingen. Stuttgart-Bad Cannstadt 1991.

Dempf, Alois: Sacrum Imperium. Geschichts- und Staatsphilosophie des Mittelalters und der politischen Renaissance. München 1962.

Diers, Michaela: Hildegard von Bingen. Portrait. München 1998.

Dronke, Peter: Problemata Hildegardiana. In: Mittellateinisches Jahrbuch 16 (1981), S. 97–131.

Eltz, Monika zu: Hildegard. Freiburg, Basel, Wien 1963.

Feldmann, Christian: Hildegard von Bingen. Nonne und Genie. Freiburg, Basel, Wien 1995.

Führkötter, Adelgundis: Hildegard von Bingen. Salzburg 1972, 3. Aufl. 1983.

Dies.: Hildegard von Bingen. Leben und Werk. In: Festschrift Brück 1979, S. 31–54.

Dies. (Hrsg.): Kosmos und Mensch aus der Sicht Hildegards von Bingen. Mainz 1987.

Fumagalli Beonio Brocchieri, Mariateresa: Hildegard, die Prophetin. In: Heloise und ihre Schwestern. Hrsg. von Ferrucio Bertini. München 1991, S. 192–221.

Gerl-Falkovitz, Hanna-Barbara: Brückenschlag. Ein Versuch zur Aktualität der Hildegard von Bingen. In: Festschrift Forster 1997, S. 30–44.

Gössmann, Elisabeth: Hildegard von Bingen. Versuche einer Annäherung. München 1995.

Dies.: Spiegel der göttlichen Liebe. Zur Anthropologie und Geschlechtersymbolik bei Hildegard von Bingen. In: Festschrift Forster 1997, S. 172–188.

Gronau, Eduard: Hildegard von Bingen 1098–1179. Stein a. Rhein 1985, 2. Aufl. 1991.

Herwegen, Ildefons: Sinn und Geist der Benediktinerregel. Einsiedeln-Köln 1944.

Hilpich, Stephanus: Die Regel des hl. Benedikt. Düsseldorf 1927.

Hinkel, Helmut: Hildegards Verehrung im Bistum Mainz. In: Festschrift Brück 1979, S. 385–411.

Hönmann, Maria Assumpta: Die Regula Sancti Benedicti im Kommentar der heiligen Hildegard von Bingen. In: Arzt und Christ 27 (1981), S. 32–45.

Jürgensmeier, Friedhelm: St. Hildegard »Prophetissa Teutonica«. In: Festschrift Brück 1979, S. 273–293.

Kastinger, Riley, Helene M.: Hildegard von Bingen. Monographie, rororo TB 1997.

Kerner, Charlotte: Alle Schönheit des Himmels. Die Lebensgeschichte Hildegards von Bingen. Weinheim und Basel 1993.

Klaes, Monika: Zur Schau und Deutung des Kosmos bei Hildegard von Bingen. In: A. Führkötter (Hrsg), Kosmos und Mensch aus der Sicht Hildegards von Bingen, S. 37–124.

Dies.: Von der Briefsammlung zum literarischen Briefbuch. Anmerkungen zur Überlieferung der Briefe Hildegards von Bingen. In: Festschrift Forster 1997, S. 153–170.

Koring, Ines: Hildegard von Bingen 1098–1179. In: Katalog Mainz 1998, S. 2--24.

Krasenbrink, Josef: Die ›inoffizielle‹ Heilige. Zur Verehrung Hildegards diesseits und jenseits des Rheins. In: Festschrift Forster 1997, S. 496–513.

Lautenschläger, Gabriele: Hildegard von Bingen. Die theologische Grundlegung ihrer Ethik und Spiritualität. Stuttgart-Bad Cannstadt 1993.

Lauter, Werner: Hildegard-Bibliographie. Wegweiser zur Hildegard-Literatur I und II. Alzey 1970 bis 1984.

Ders.: Das Nachleben der hl. Hildegard von Bingen. Hrsg. von der Stadt Rüdesheim a. Rhein 1979.

Liebeschütz, Hans: Das allegorische Weltbild der hl. Hildegard von Bingen. Leipzig 1930, Nachdruck Darmstadt 1964.

Müller, Gerhard: Die heilige Hildegard im Kampf mit den Häresien ihrer Zeit. Zur Auseinandersetzung mit den Katharern. In: Festschrift Brück 1979, S. 171–188.

Müller, Irmgard: Die pflanzlichen Heilmittel bei Hildegard von Bingen. Heilwissen aus der Klostermedizin. Freiburg i. Br. 1993.

Dies.: Krankheit und Heilmittel im Werk Hildegards von Bingen. In: Festschrift Brück 1979, S. 311–349.

Dies.: Wie ›authentisch‹ ist die Hildegardmedizin? Zur Rezeption des ›Liber simplicis medicinae‹ Hildegards von Bingen im Codex Bernensis 525. In: Festschrift Forster 1997, S. 420–430.

Newman, Barbara: Hildegard von Bingen. Schwester der Weisheit. Aus dem Amerikanischen von Annette Esser und Mónica Priester. Freiburg i. Br. 1995.

Dies.: Seherin-Prophetin-Mystikerin. Hildegard-Bilder in der hagiographischen Tradition. In: Festschrift Forster 1997, S. 126–152.

Nikitsch, Eberhard J.: Kloster Disibodenberg. Religiosität, Kunst und Kultur im mittleren Naheland. Regensburg 1998.

Pernoud, Régine: Hildegard von Bingen. Freiburg i. Br. 1996.

Riedel, Ingrid: Hildegard von Bingen. Prophetin der kosmischen Weisheit. Stuttgart 1994, 2. Aufl. 1996.

Saurma-Jeltsch, Lieselotte E.: Die Miniaturen im Liber Scivias der Hildegard von Bingen. Wiesbaden 1998.

Schäfer, Thomas: Visionen. Leben, Werk und Musik der Hildegard von Bingen. München 1996.

Schipperges, Heinrich: Die Welt der Engel bei Hildegard von Bingen. Salzburg 1979. TB Freiburg i. Br. 1995.

Ders.: Hildegard von Bingen. Ein Zeichen für unsere Zeit. Frankfurt a.M. 1981, 2. Aufl. 1988.

Ders.: Einführung zu: Hildegard von Bingen, Der Mensch in der Verantwortung. Freiburg i.Br. 1994, S. 11–24.

Ders.: Hildegard von Bingen. München 1995.

Ders.: Die Welt der Hildegard von Bingen. Panorama eines ungewöhnlichen Lebens. Freiburg i. Br. 1997.

Schneider, Reinhold: Heilige Frauen. In: Pfeiler im Strom. Wiesbaden 1958, S. 177–181.

Schrader, Marianne: Die Herkunft der heiligen Hildegard. Neu bearbeitet von A. Führkötter. Mainz 1981.
Schrader, Marianne / Führkötter, Adelgundis: Die Echtheit des Schrifttums der heiligen Hildegard von Bingen. Köln u. Granz 1956.
Seiferth, Wolfgang: Synagoge und Kirche im Mittelalter. München 1964.
Sölle, Dorothee: O Grün des Fingers Gottes. Die Meditationen der Hildegard von Bingen. Wuppertal 1989.
Staab, Franz: Aus Kindheit und Lehrzeit Hildegards. In: Festschrift Forster 1997, S. 58–68.
Sudbrack, Josef: Hildegard von Bingen. Schau der kosmischen Ganzheit. Würzburg 1995.
Termolen, Rosel: Hildegard von Bingen. Biographie. Augsburg 1990.
Dies.: Einleitung zu: Hildegard von Bingen, Scivias – Wisse die Wege. Freiburg i. Br. 1996, S. IX–XXIII.
Unger, Helga (Hrsg.): Der Berg der Liebe. Europäische Frauenmystik. Freiburg, Basel, Wien 1991.
Werner, Ernst / Erbstösser, Martin: Kleriker, Mönche, Ketzer. Das religiöse Leben im Hochmittelalter. Darmstadt 1992.
Widmer, Bertha: Heilsordnung und Zeitgeschehen in der Mystik Hildegards von Bingen. Basel 1955.
Wilhelmy, Winfried: Zwiefaltener Briefhandschrift. In: Katalog Mainz 1998, S. 138–144.
Ders.: Protokoll zur Heiligsprechung Hildegards. In: Katalog Mainz 1998, S. 156–158.

Bildnachweis

Der Verlag dankt dem Archiv für Kunst und Geschichte, Berlin für das Veröffentlichungsrecht der Bilder 1, 2, 4, 5, 7, 8 und 11.
Außerdem dankt der Verlag der Abtei St. Hildegard, Eibingen für die freundliche Unterstützung.

»Mein ganzes Leben glaubte ich Deutscher zu sein.« Max Liebermann, 1934

»*In Liebermann bewundere ich Berlin*«, äußerte Thomas Mann einst und brachte damit die fast symbiotische Beziehung des großen Malers und seiner Familie mit der preußisch-deutschen Hauptstadt zum Ausdruck. Tatsächlich haben die Liebermanns das Gesicht Preußens und Berlins maßgeblich mitgeprägt. Mit eindringlicher Erzählkraft gelingt es Regina Scheer, die 200-jährige Geschichte dieser deutsch-jüdischen Familie lebendig werden zu lassen.

Regina Scheer
»Wir sind die Liebermanns«
Die Geschichte einer Familie

Taschenbuch
www.ullstein.de

ullstein

Wie wird eine Frau zur Heldin?

»Ich bin nach wie vor der Meinung, das Beste getan zu haben, was ich gerade jetzt für mein Volk tun konnte.« Das sagte Sophie Scholl nach ihrer Verhaftung im Februar 1943, so steht es im Protokoll der Geheimen Staatspolizei. Doch wie gelangte die 21-Jährige zu dieser Überzeugung? Was musste geschehen, damit aus einem begeisterten Hitlermädchen eine entschlossene Widerstandskämpferin wurde? Auf der Basis bisher unveröffentlichter Dokumente zeigt Robert M. Zoskes empathische Biografie Sophie Scholl in einem neuen Licht.

Robert M. Zoske
Sophie Scholl: Es reut mich nichts
Porträt einer Widerständigen

Taschenbuch
Auch als E-Book erhältlich
www.ullstein.de

Der *New York Times*-Bestseller über das größte Genie der Menschheitsgeschichte

Leonardo da Vinci war eine Ausnahmeerscheinung in der Gesellschaft des 15. und 16. Jahrhunderts. In dieser einzigartigen Biografie schildert Bestsellerautor Walter Isaacson Leonardos lebenslangen Enthusiasmus bei seinen Versuchen, wissenschaftliche, technische und künstlerische Grenzen zu überschreiten – beim Malen der Mona Lisa bis hin zum Entwurf von Flugapparaten.

»Neben kundiger Recherche bietet dieses Buch auch eine Studie darüber, was Kreativität ausmacht und wie man sie erlangt.«
The New Yorker

»Eine eindeutige Leseempfehlung.«
Deutschlandfunk

Walter Isaacson
Leonardo da Vinci
Die Biografie

Aus dem Englischen von Karin Schuler und
Andreas Thomsen
Klappenbroschur
Auch als E-Book erhältlich
www.ullstein.de

Eine völlig neue Sicht auf das Leben auf unserem Planeten

Sie sind in der Erde, in der Luft, in unserem Körper. Pilze sind überall, aber man übersieht sie leicht. Sie halten uns am Leben, bauen Schadstoffe in der Atmosphäre ab und verändern das Verhalten von Tieren. Sie beeinflussen, wie wir Menschen fühlen und denken, und sind für alle Lebensformen unverzichtbar. Sie existieren an der Grenze zwischen Leben und Tod. Der größte bekannte Pilz umfasst zehn Quadratkilometer, wiegt mehrere Hundert Tonnen und ist zwischen 2000 und 8000 Jahre alt. Pilze verfügen über eine eigene Intelligenz ohne zentrales Gehirn und können ihre Umwelt manipulieren. Mit wahrem Forschergeist dringt der renommierte Wissenschaftler Merlin Sheldrake ein in das verborgene Netzwerk der Pilze.

Merlin Sheldrake
Verwobenes Leben
Wie Pilze unsere Welt formen und unsere Zukunft beeinflussen

Aus dem Englischen von Sebastian Vogel
Klappenbroschur
Auch als E-Book erhältlich
www.ullstein.de

ullstein

Raus aus der Gegenwartsfalle

Das anrollende Klimachaos, die zunehmenden Konflikte zwischen Arm und Reich und die Polarisierung unserer Gesellschaften zeigen deutlich: Weitermachen wie bisher ist keine Option. Das Wohlstandsmodell des Westens fordert seinen Preis. Die Wissenschaft bestätigt, dass wir um ein grundsätzliches Umdenken nicht herumkommen. Das Buch veranschaulicht, welche Denkbarrieren wir aus dem Weg räumen sollten, um künftig klüger mit natürlichen Ressourcen, menschlicher Arbeitskraft und den Mechanismen des Marktes umzugehen – jenseits von Verbotsregimen und Wachstumswahn.

Maja Göpel
Unsere Welt neu denken
Eine Einladung

Taschenbuch
Auch als E-Book erhältlich
www.ullstein.de